ÁLIIN SIITOYE JAATA

La résistance par le chant

Odile Tendeng-Weidler

ÁLIIN SIITOYE JAATA

La résistance par le chant

Préface de Pr Penda Mbow

L'Harmattan Sénégal

10 VDN, Sicap Amitié 3, Lotissement Cité Police, DAKAR

senharmattan@gmail.com
senlibrairie@gmail.com

ISBN : 978-2-336-56812-6
EAN : 9782336568126

À toutes les femmes qui,
comme Áliin Siitoye,
inspirent, osent et se battent
pour l'avènement d'une société stable.

REMERCIEMENTS

Les témoins de l'époque, ceux issus de la famille de Áliin Siitoye tout comme ceux rencontrés ailleurs, ont largement contribué à la naissance de ce livre : Ñakasaar et Dembulo, les chevilles ouvrières des rencontres, Niakayela et toutes les autres femmes de la Cité des Vieilles à Kabrousse m'ont ouvert des portes dont je ne soupçonnais même pas l'existence. Je me rappellerai toujours leurs chants et leurs fous rires quand la « amassora[1] » que j'étais, donnait une interprétation erronée de leurs propos. Elles n'en étaient nullement choquées, elles en riaient gaiement ; puis, patiemment, elles me fournissaient les explications nécessaires. Après m'avoir légué en héritage l'histoire de Áliin Siitoye, elles sont parties l'une après l'autre rejoindre le séjour des ancêtres. Aucune de ces femmes n'aura l'occasion de prendre ce livre dans ses mains. Qu'elles soient vivement remerciées pour leur engagement et pour tout ce qu'elles ont livré à la postérité.

J'adresse également ma profonde gratitude à Aribannakaay et à Jikamut à Kabrousse, à Joseph Kájumba Diatta, à Diembereng, tous, en plus des témoignages livrés sur Áliin Siitoye ont aussi permis de laisser voir les traits caractéristiques de l'organisation sociale et les mythes qui, depuis la nuit des temps, ont nourri les femmes et hommes de leurs terroirs ; à Adiouma Tendeng, à Essyl, pour m'avoir fait revivre l'atmosphère des caravanes de pèlerins et de messagers des villages qui, dans un concert de chants, sillonnaient les sentiers qui menaient à Nialou, le quartier de Áliin Siitoye. Les deux anciens combattants de la Seconde Guerre mondiale, Lesner et Libert, ne seront pas en reste. Malgré la douleur que je voyais pointer dans leurs regards, comme de bons soldats, stoïques, ils se sont prêtés jusqu'au bout au jeu des interviews. Qu'ils soient vivement remerciés pour les récits et les plaies qu'ils ont accepté de rouvrir pour me conter leurs douloureuses aventures humaines et les humiliations subies. Enfin, Ekousse et Emmanuel Fodde, derniers desservants du culte de báliba dans leur quartier, pour avoir partagé leurs souvenirs malgré la solitude et le sentiment qu'ils avaient de n'être plus utiles.

[1] Terme qui signifie « étranger, étrangère. »

Mes remerciements vont aussi à mon fidèle informateur, Edouard Bábayi. C'est lui qui m'a ouvert les portes de Kabrousse et m'a fourni les ficelles pour apprendre à comprendre la société Eer. Je n'oublierai jamais non plus le soutien indéfectible de Alphonse Mamba. Neveu de Áliin Siitoye, il n'avait de cesse de m'encourager à persévérer dans l'effort quand il lui semblait que le découragement du chercheur solitaire me gagnait. Qu'il trouve ici l'expression de ma profonde reconnaissance.

Le premier jet de ce livre a été lu et corrigé par notre regretté Charles Becker. En historien émérite averti, il avait su mettre le doigt sur les failles historiques contenues dans le texte, aiguillonner mes recherches et donner de précieux conseils. Merci pour l'accompagnement et le temps investi.

Le professeur Ousseynou Faye qui malgré un calendrier très chargé n'a cessé de me prodiguer des conseils, de jeter un coup d'œil sur le manuscrit et d'y apporter des remarques qui m'ont permis de rebondir dans l'écriture. Merci pour la fidélité et la disponibilité.

J'ai bénéficié du soutien de beaucoup d'autres collègues et amis. En particulier Madame Annie Coly Sané. Merci pour la relecture, les corrections et surtout pour les échanges.

Je suis grandement redevable à ma famille pour son soutien et sa patience.

AVANT-PROPOS

Ce que ce livre n'est pas…

Ce livre qui traite de l'histoire de Áliin Siitoye n'est cependant pas un livre d'histoire. ***Áliin Siitoye Jaata. La résistance par le chant*** aborde le récit de la vie de Áliin Siitoye sous l'angle du témoignage. Ceux qui l'ont connue ont livré, pour les besoins de ce livre, un visage précis de Áliin Siitoye et un témoignage de ce que fut le culte du *kasarahak* et le mouvement du *husarahak.* Ils nous ont aussi confié ce qui a changé dans leur vie à cette époque. Au fil des témoignages passaient en revue des épisodes de l'histoire de la province d'Oussouye à l'époque où Áliin Siitoye était revenue au village pour y délivrer « la parole ». « L'Histoire » de la Province que racontent les témoins passe sous le prisme de cette « parole-là ». Une parole magique par laquelle les greniers devaient à nouveau se remplir parce que cette parole avait la faculté d'ouvrir les vannes du ciel et de laisser tomber des trombes d'eau pour nourrir la terre. La « parole » permettait de relier à nouveau les hommes avec la terre de leurs ancêtres et, avec *báliba,* à travers la voix des ancêtres qui sont toujours évoqués dans les cérémonies. La terre boirait l'eau à satiété et offrirait aux populations des fruits en abondance. Cette audacieuse entreprise avait fait renaître chez des milliers de gens beaucoup d'espoir et susciter des attitudes de courage pour relever les défis de leur époque traversée par de nombreuses crises : sécheresses à répétition, guerres inter-villageoises, installation de « maîtres » qui organisaient et réorganisaient le pays en subdivisions administratives et territoires ethniques et imposaient un autre mode de vie. Suivant en cela une vieille tradition jóola, le chant occupera une place centrale dans le Kasarahak : autour du lieu de culte lui-même, à travers les bois, les forêts et les plaines, on chantera pour magnifier báliba, mais aussi pour apaiser son âme et cultiver le sentiment d'une identité commune. Le chant sera aussi le moteur de la résistance contre les « maîtres » du moment. Ainsi, comme nous le voyons, la perspective ici n'est pas celle de l'historien qui aligne des dates ou interrogent des événements; mais bien celle de témoins qui, eux, s'attachent à relater les faits tels qu'ils les ont vécus.

Depuis l'arrestation de Áliin Siitoye, la peur et la honte avaient paralysé bon nombre de ses parents et des témoins de l'époque. La peur – disaient-ils – de subir le même sort que Áliin Siitoye et ses compagnons. Le système politique du Sénégal après-indépendance n'a pas effacé complètement la peur de tout ce qui ressemble à l'organisation sociale et politique de l'époque coloniale qu'ils ont connu : l'arrestation et la prison existent toujours, les impôts aussi, même s'ils n'y sont plus contraints par des soldats. Dans une société dans laquelle arrestation et emprisonnement sont compris comme un moyen de ravaler l'homme au rang de l'animal, ces deux instruments modernes de gestion de la société repris par l'État du Sénégal inspiraient toujours méfiance et peur. On se devait alors de contrôler sa parole.

Et pour les proches de Áliin Siitoye, la peur et la méfiance qui habitaient tous les témoins de l'époque les avaient aussi paralysés. Sa sœur, de même que son mari, allaient se cacher dès qu'on sollicitait une interview pour parler de Áliin Siitoye. Ce n'est que soixante-dix ans après la déportation de Áliin Siitoye que sa sœur s'est enfin décidée, après plusieurs discussions, à s'exprimer devant une caméra[2]. Leur mutisme était dicté aussi par la conscience de porter une co-responsabilité dans la disparition de ceux qui avaient été arrêtés ce 29 janvier 1943 faisant dans Kabrousse et dans d'autres villages des veuves et des orphelins. Une situation qui couvre tous les proches de Áliin Siitoye d'un voile de culpabilité. Parler de l'histoire de Áliin Siitoye était synonyme d'un manque d'empathie qui mettrait en mal le « vivre-ensemble ». Ils se sont alors imposé le silence pour sauvegarder l'unité du village.

Áliin Siitoye avait été accusée d'avoir entravé le recrutement des jeunes gens pour la Seconde Guerre mondiale. Les anciens combattants de cette période rencontrés au cours de la recherche devaient aussi parler de leur recrutement et de leur participation à la guerre. Aux questions de savoir comment on appelait la guerre à laquelle ils avaient été appelés à participer et qui les avait recrutés, ils avaient répondu invariablement : « ***hutik haku hata babu di kúlulumaku*** » ce qui veut dire « la guerre qui a eu lieu là-bas chez les Blancs ». C'est par cette périphrase qu'ils désignaient la guerre à l'effort de laquelle on leur avait demandé de participer. On leur avait dit qu'un certain Hitler avait été à l'origine de cette guerre, mais que voulait-il, cet Hitler ? Ils ne le savaient pas. Certains racontent qu'on leur avait dit que « Hitler était

[2] Ce livre fait suite à un film de 45 minutes tourné en 2008 à Kabrousse sous le titre *Et si Áliin Siitoye nous était contée.*

un féroce guerrier et que sans l'aide des Noirs, les Blancs n'avaient aucune chance de gagner la guerre contre l'armée de Hitler». Une telle reconnaissance de leur valeur guerrière les avait galvanisés. Eux, que les administrateurs sur place traitaient de primitifs et de paresseux, les voilà devenus tout d'un coup ceux qui allaient sauver la France des griffes d'Hitler. Ils pensaient qu'après un tel service, les colons seraient plus reconnaissants et les traiteraient sur le même pied d'égalité. Des raisons profondes qui ont conduit à la situation de guerre en Europe et dans le monde, ils n'en savaient pas grand-chose. Les anciens combattants que nous avons rencontrés ont donné plutôt des témoignages clairs de leur mode de recrutement : une simple convocation qui arrivait par le chef de canton de la localité et le sort de la recrue était scellé. Parents et amis venaient encourager les parents comme on le fait lors d'un décès.

D'autres en revanche ont avoué s'être portés volontaires parce qu'on leur avait fait miroiter un meilleur statut, plus près de celui du « Blanc » ; ils étaient persuadés qu'ils gagneraient beaucoup d'argent et pourraient à leur retour être des chefs. La déception a été très grande lorsqu'à la fin de la guerre le montant de la pension d'anciens combattants avait été calculé en fonction de leur lieu d'origine. La mort, le froid et les viscissudes de la guerre, ils les avaient affrontés de la même manière que leurs camarades européens. Pire, certains d'entre eux qui avaient été engagés dans les opérations dites de pacification en terre africaine ont été considérés comme des traîtres par leurs propres gens.

Au vu des inquiétudes suscitées par les mesures d'appel au drapeau, Áliin Siitoye avait en effet questionné la démarche même du recrutement. « Pourquoi on ne nous parle pas ? Pourquoi on ne demande pas notre avis ? » aurait-elle dit au cours d'une séance du *kasarahak* à Kabrousse. Les témoignages recueillis dans l'ancienne province d'Oussouye et qui constituent la base de ce travail ont permis de comprendre l'attitude de panique que la liberté de ton que l'on trouve dans les chansons de Áliin Siitoye avaient pu susciter chez les autorités coloniales. Une région qui, d'après les propos du colonel Sajous, était restée quasi ingouvernable depuis son occupation. L'attitude de refus et l'indocilité qui caractérisent les habitants de cette région se seraient accentués avec le mouvement de Áliin Siitoye[3]. Dans son rapport le colonel Sajous reconnaît implicitement que Áliin n'était pas directement à l'origine de l'attitude de refus que les autorités coloniales rencontraient dans la mise en œuvre

[3] ANS 11/D1/226. Rapport d'ensemble tendant à faire interner la visionnaire de Kabrousse, Alinsitoué, et ses principaux adeptes.

de leur politique. Il insinuait plutôt que ces « populations restées très primitives (…)[4] » se laissaient manipuler par Áliin Siitoye. Mépris ne pouvait être plus grand face au refus d'accepter la position de l'autre. Ce que les autorités administratives, obnubilées par la condescendance qu'ils manifestaient vis-à-vis de ces populations, ne voulaient pas ou ne pouvaient pas reconnaître, c'est qu'en effet, les propos que Áliin Siitoye disait détenir du Dieu qui l'habitait, n'avaient fait que renforcer les gens dans la conviction qu'ils avaient raison de refuser l'ordre colonial, parce que, en plus d'être injuste, cet ordre allait à l'encontre de l'ordre divin.

Les témoignages recueillis auprès de tous ceux qui ont vécu cette période sont d'une importance capitale en ce sens qu'ils apportent non seulement un autre éclairage au contexte social dans lequel les rapports des administrateurs coloniaux ont été produits ; mais ils permettent de palper l'impossible communication entre les acteurs en présence : les autorités coloniales qui eux, se croyaient imbus de savoir pour dicter à d'autres leur propre vision du monde et les populations locales qui n'avaient d'autre choix que le refus. Entre les deux, il y avait ceux qui servaient de tête de pont entre les deux cultures : les auxiliaires indigènes. La collision entre ces deux mondes était devenue quasi-inévitable.

Ce livre n'est pas non plus une étude sur les rites religieux du monde jóola, même si, en filigrane, se dessinent des pratiques religieuses dont le *Kasarahak* ne représente qu'une infime partie des rites autrement plus complexes.

Le *Kasarahak* est traversé par les courants qu'Áliin Siitoye portait en elle-même. De sa vie de petite domestique à Dakar, ville cosmopolite des années 1930, bouillonnante d'activités politiques et sociales, Áliin Siitoye y avait beaucoup appris. Elle était une toute jeune fille venue du fin fond de sa Casamance et, comme tous les travailleurs issus des villages, qu'ils soient saisonniers ou pas, elle avait appris à adopter le style citadin et avait intériorisé les codes en vigueur. Elle vivait comme beaucoup d'autres femmes de la Casamance à la périphérie de la ville. Elle y était une domestique[5], devint femme mariée et mère d'une petite

---

[4] *Idem*

[5] Des rumeurs font état d'un emploi de domestique que Áliin Siitoye aurait eu chez un couple européen. Aucun des témoins de l'époque ne confirme cette rumeur. Sa cousine Abajebe qui a aussi vécu à Dakar à la même époque réfute catégoriquement cette affirmation. Elle ajoute : « Áliin Siitoye a vécu comme nous toutes. Quand elle trouvait un travail de domestique, elle essayait de s'y accrocher le plus longtemps possible. Et quand ça n'allait pas, elle allait voir ailleurs. C'est comme cela que nous vivions. Et pour améliorer le quotidien, on vendait de petites choses à côté. »

fille. Et c'est cette femme qui, entre 1941 et 1942, revint définitivement au village, porteuse d'une « parole » qu'elle disait détenir de Dieu. De retour au village, elle rentre à nouveau dans le mode et la pensée de la tradition jóola. Même si – et il faut le souligner – Áliin Siitoye n'était plus le pur produit de chez elle. Et cela, tous les témoins le disent. Elle avait ramené de la ville non seulement « la parole », mais aussi d'autres modes de pensée et d'action qu'elle introduisit dans ce monde qu'elle avait quitté des années auparavant. C'est en cela que Áliin Siitoye n'est ni une prêtresse traditionnelle au sens où on l'entendrait dans les sociétés traditionnelles jóola, ni une combattante comme on pourrait le dire de Yenenga et d'autres femmes de l'histoire de l'Afrique. Elle était plutôt un mélange des deux. Áliin Siitoye n'avait pas d'armée, mais par sa parole, elle avait raffermi l'ardeur guerrière de certains groupes dans les villages et réarmé psychologiquement certains jeunes gens qui, au lieu de prendre la fuite à l'approche des recrutements comme ils faisaient à l'accoutumée, refusaient leur convocation ou les renvoyaient à la résidence à Oussouye[6]. C'est pourquoi il est, à notre avis, un peu trop court d'affirmer, comme certains le font, que Áliin Siitoye n'était qu'une simple « fétichiste » et que son statut d'héroïne nationale est une fabrication des intellectuels des années 1970.

Ce livre n'est donc pas fait pour remplacer une étude historique sur l'époque et la situation liée à l'apparition de Áliin Siitoye, encore moins pour se substituer à une étude anthropologique sur les pouvoirs charismatiques qui, comme nous le savons, ont été portés majoritairement par des femmes dans le monde jóola. Le livre fournit des témoignages oraux qui viendront contribuer – nous l'espérons en tout cas – à éclairer le fait historique. Les récits des témoins de l'époque, tout en donnant un aperçu sur le fonctionnement du *husarahak* comme mouvement, et du *kasarahak* comme rite, relatent aussi des faits historiques vécus d'en bas. La perspective ici est celle de l'administré et pas celle de l'administrateur qui, comme nous le verrons dans les rapports politiques que nous serons amenée à exposer dans ce travail, présentera Áliin Siitoye comme un ennemi public qu'il fallait écarter de la région avec interdiction de retour même après de longues années[7].

---

[6] ANS 11/D1/226. Rapport d'ensemble tendant à faire interner la visionnaire de Kabrousse, Alinsitoué, et ses principaux adeptes.

[7] ANS 11/D1/226. Fiche individuelle d'interrogatoire. Application du décret du 15 novembre 1924, articles 22 et 25.

D'ailleurs, après la déportation de Áliin Siitoye et de ses compagnons, la propagande menée par les administrateurs sur le danger que représentait Áliin Siitoye avait fait son effet chez une partie de la population de la province d'Oussouye. Certaines personnes racontaient qu'elles avaient suivi Áliin Siitoye par peur de ses pouvoirs maléfiques qui lui permettaient de tuer ceux qui allaient à l'encontre de ce qu'elle préconisait. Ils se sentaient donc soulagés à l'idée qu'elle ait été mise hors d'état de nuire. C'était pourtant les mêmes qui l'acclamaient quelques mois auparavant ! Des réminiscences de ce conflit reviennent encore aujourd'hui çà et là dans les propos de certains interlocuteurs dans le département de Ziguinchor. Que ceux-là soient ses proches ou ceux qui sont accusés à tort ou à raison d'avoir été les oreilles des administrateurs et qui, après coup, prétendent avoir été dans le *husarahak* par peur de représailles.

PRÉFACE

ÁLIIN SIITOYE JAATA
La résistance par le chant

À travers cette œuvre de dimension exceptionnelle, pour la première fois, un travail d'une telle envergure se trouve consacré à une figure féminine. Est-ce lié à la complexité d'Áliin Siitoye Jaata, son rôle de grande résistante à une période charnière de l'histoire coloniale, la disponibilité des sources la concernant ou l'intérêt suscité par l'héritage historique du personnage ?

Odile Tendeng, un mélange des grands **traditionalistes** comme Wa Kamissoko, Youssou Tata Cissé d'une part, et des chercheurs féministes de la trempe d'Aicha Imam, Fatou Sow[8] d'autre part, dans un monde où la mémoire collective gomme systématiquement les femmes.

Dans une démarche d'historienne - même si les anthropologues peuvent revendiquer ce travail - Odile Tendeng s'est appuyée sur les traditions orales, les témoignages des contemporains d'Áliin Siitoye, les rapports des services secrets, etc. Elle a cherché à être la plus complète possible.

Originaire du village de Kabrousse, Áliin Siitoye Diatta a fait l'objet de plusieurs études, concernant son culte, le Kasila (Jean Girard 1969), son statut d'héroïne nationale, son appropriation-instrumentalisation (Toliver-Diallo 2005), sa prophétie et le processus d'héroïsation (R. Baum 2016), , son appropriation-instrumentalisation par les idéologues de la rébellion casamançaise.

On évoque rarement le processus d'héroïsation de cette prêtresse sujette à une concurrence mémorielle entre l'État et le Mouvement des forces démocratiques de la Casamance; desservante du culte de la pluie

---

[8] Wa Kamissoko (1925-1976) était un griot traditionaliste malien qui a joué un grand rôle dans la reconstitution du grand geste du Mali et Youssouf Tata Cissé (1935-2013), maître chasseur, grand initié en quête de vérités tous les deux, ont une maîtrise de la tradition orale.
Quant à la recherche féministe, elle a remis au cœur de la mémoire collective, la femme et son action. Je vous renvoie à « Engedering African Social Sciences » sous la direction d'Ayesha; Amina Mama, Fatou Sow. Dakar CODESRIA, 1997.

mais aussi sa résurrection par le mouvement féministe sénégalais à partir des années 80.

Finalement Áliin finit par être le prétexte pour étudier son environnement, la culture diola, le rôle des femmes dans la religion traditionnelle, les formes à la fois spirituelle et physique de la résistance face aux exigences du colonisateur durant la Seconde Guerre mondiale et le rôle de Dakar, en pleine mutation.

Áliin Siitoye, une femme infirme (ce qui nous renvoie un peu à la légende de Soudjata Keita au XIIIe siècle), possédée par des esprits, a su transformer son handicap en une puissance réelle, une force qui l'a propulsée à la tête de la résistance spirituelle avec comme seule arme la Parole. La « Parole » permettait de relier à nouveau les hommes avec la terre de leurs ancêtres et, par cette voie, avec *báliba* à travers la voix des ancêtres qui sont toujours évoqués dans les cérémonies nous dit l'auteure.

L'aura de la Dame de Kabrousse relève aussi du traitement que lui infligea l'autorité coloniale. Elle connut l'exil et la déportation. Elle mourut loin de sa terre natale à Tombouctou.

Odile Tendeng par sa persévérance a su vaincre la peur des membres de la famille d'Áliin pour recueillir des témoignages des proches de notre héroïne qui avaient pris peur depuis la vague d'arrestations au sein de leur village natal en 1943.

Professeur Penda Mbow,
mars 2025

PREMIÈRE PARTIE

SUR LES TRACES DE ÁLIIN SIITOYE JAATA

1. Les lieux de mémoire qui racontent l'histoire de Áliin Siitoye

Au début de l'année 2000, le nom de Áliin Siitoye était sur toutes les lèvres. La mission de recherche envoyée sur ses traces en septembre 1983 par le président Abdou Diouf avait rapporté la nouvelle de sa disparition : elle était morte un 22 mai 1944 à Tombouctou des suites de scorbut grave.

Après la présentation du rapport de la mission de recherche, son histoire fit la une des journaux nationaux et internationaux : des bribes de sa vie, de sa mission, de son combat, reconstruites ou construites, apparurent çà et là. Un arrêté ministériel du 23 novembre 1998 finit de l'installer définitivement dans l'histoire du Sénégal en l'introduisant dans les manuels scolaires et dans l'imaginaire populaire comme une icône de la résistance contre le colonisateur. Son nom est porté sur les frontons des écoles, collèges et d'édifices commerciaux.

Y avait-il encore quelque chose de nouveau à découvrir sur la vie de Áliin Siitoye ? En effet, en 2000, au moment où nous formalisions ce projet de recherche, tout semblait avoir été dit sur elle. Le rapatriement de ses restes était même envisagé, du moins une rumeur laissait entendre que les autorités politiques sénégalaises seraient disposées à le faire. Rapatrier les restes de Áliin Siitoye cinquante ans après sa mort ? La question laissait muets certains Jóola qui s'étonnaient de cette manière de faire. Que voulait dire les « restes d'une personne » Comment allait-on procéder ? Ouvrir une tombe ? La société jóola à laquelle appartient Áliin Siitoye n'avait, à notre connaissance, aucune expérience de la réception des restes d'une personne. De plus, dans cette société, il est strictement interdit de toucher les os d'un mort.

Nous savions que certains membres de sa famille mettaient à l'époque toujours en doute la version selon laquelle elle serait morte à Tombouctou. Des femmes de la génération *Junonuloli* à laquelle appartenait Áliin Siitoye vivaient encore à Kabrousse au moment où la nouvelle de sa mort leur parvinrent. En 2000, trois d'entre elles étaient encore en vie dans le village. Áliin Siitoye était trop jeune pour mourir, disaient-elles.

Dans les cultures jóola, il est possible d'organiser des funérailles en l'absence du corps. À Kabrousse, lorsqu'une personne est morte et enterrée ailleurs que dans son milieu d'origine, ceux qui ont été témoins de son enterrement ramènent virtuellement le défunt vers sa concession d'origine où ses funérailles seront alors organisées afin de lui permettre de rejoindre définitivement le séjour des morts. Le processus qui consiste à ramener un mort chez lui se passe comme suit : les personnes chargées de ramener virtuellement le défunt chez lui se procurent un coq blanc qu'ils remettent à une « *áriman* », une femme de la concession du défunt ou de la défunte. Pour le voyage, on prépare également la valise du défunt ou de la défunte comme on le fait quand on voyage : on y range ses habits et toutes les choses nécessaires pour le voyage. Le matin du départ, l*'áriman* prend le coq, prononce trois fois le nom du défunt ou de la défunte en lui enjoignant de se lever et de les suivre. Durant tout le trajet, chaque fois que la voiture ou l'avion reprend la route, *l'áriman* réitère son injonction à l'endroit du défunt. Une fois à la maison, le coq et les habits sont déposés au pied de *hutiit*, l'autel familial du défunt ou de la défunte. Le coq y sera sacrifié et sa chair consommée par les neveux utérins ou, en l'absence de ceux-là, par les « jeunes-vieux », ceux qui ont quitté l'arène pour rejoindre le banc des vieux.

De Áliin Siiitoye, il n'y a rien eu de tout cela. Pas de corps, aucun témoin de sa mort. La nouvelle de son décès a été rapportée par des chercheurs qui l'ont portée à la connaissance de son mari qui était en convalescence à Dakar. Tous les autres membres de la famille et ceux du village l'ont appris à la radio ou par ouï-dire.

La question du rapatriement des restes de Áliin Siitoye pose religieusement et culturellement problème. Ce fut pour nous la question centrale par laquelle nous voulions marcher sur ses traces. D'abord qui l'avait connue ? Y avait-il des membres de sa famille qui vivaient encore et qui accepteraient de nous parler d'elle ? Quelles cérémonies ont été organisées pour elle à l'annonce de son décès ? Au vu des articles qui étaient déjà publiés sur elle, comment aborder l'histoire de Áliin Siitoye sans risquer d'agacer ses parents qui ont peut-être donné mille fois les mêmes réponses à tous les chercheurs et journalistes qui n'ont pas manqué de les solliciter ? Pire, comment éviter le piège d'obtenir une version préfabriquée de la vie de Áliin Siitoye que l'on sert à tous les curieux qui passent par là pour éviter de parler de tous les interdits qui entourent les gens de cette contrée ?

Pour entrer en contact avec cette population d'habitude assez méfiante vis-à-vis de « l'étranger », je me suis attachée les services d'un informateur, quelqu'un de suffisamment charismatique pour ouvrir ces visages qui se refermaient à la seule évocation du nom d'Áliin Siitoye. Je trouvais ce relais en la personne de Bábayi. Jeune, dynamique, il savait surtout se taire quand les paroles devenaient superflues. Ses activités de formateur en langues nationales l'avaient familiarisé avec les méthodes des interviews et lui avaient donné une certaine aisance à aborder avec des dépositaires d'enjeux des questions même parmi les plus délicates.

Les premières semaines, Bábayi les consacra à me familiariser avec son quartier, m'indiquant avec une attention particulière chaque lieu de mémoire et m'expliquant l'importance que les gens y attachaient. Parmi ces lieux, l'emplacement du Kasarahak, une place ombragée; mais ouverte sur tous les sentiers qui conduisent aux autres quartiers et dans les rizières. Au milieu de la place, une clôture faite de bois de palétuvier protège un lieu de culte. C'est là que Áliin Siitoye a implanté son culte il y a de cela 57 ans[9]. Et c'est là que des foules venaient de toute l'ancienne province d'Oussouye et en dehors de celle-ci pour se rassembler autour de Áliin Siitoye, la jeune prêtresse qui redonnait espoir à tout un peuple en proie à une inquiétude générale.

Nos pas nous conduisirent vers une petite mare, une source d'eau aux abords du village. Cette mare qu'on appelle en Eer *kagiil* du nom d'un tronc d'arbre qui gît dans le bas-fond et qui, comme un fossile, semble braver l'effet de l'eau et du temps, Áliin, voulant sans doute offrir de l'eau potable à la population de son village, en avait fait un point d'eau à usage exclusivement domestique. Pour éviter que l'eau ne soit souillée par les animaux qui vaquent en saison sèche ou par des baigneurs qui seraient tentés d'y plonger pour se rafraîchir, la mare a été entourée par une clôture en bois de palétuvier. Áliin Siitoye interdira toute autre utilisation de cette eau que celle des besoins domestiques. Une petite partie de la mare séparée par des diguettes a été réservée aux animaux comme lieu d'abreuvoir. Après cette action de Áliin Siitoye, les autorités coloniales viendront creuser un puits aux abords de la mare qu'ils entoureront d'une margelle[10] comme pour dire que le meilleur moyen de protéger une eau contre toute souillure n'était pas de clôturer l'endroit, mais de procéder comme eux ils venaient de le faire. L'eau du puits serait, à leur avis plus potable que celle de la mare Kagiil. Mais la population de Kabrousse continuait à puiser directement dans Kagiil dont l'eau est considérée – encore aujourd'hui - comme curative.

Aujourd'hui, même si Kabrousse est raccordé à un système de distribution d'eau par un forage géré par le village et qui permet à

[9] Lorsque nous menions les recherches à Kabrousse, cela faisait exactement 57 ans que le culte avait été implanté à l'endroit où il se trouve aujourd'hui, à Nialou.
[10] Voir photo, page 66.

chaque famille d'avoir accès à l'eau potable, *Kagiil* est toujours entretenue avec soin par les femmes : elles entretiennent la clôture et enlèvent les mauvaises algues. Aucun homme, fût-il le plus puissant du village, n'ose l'utiliser comme abreuvoir pour ses bœufs ou ses chèvres. L'eau de *Kagiil* n'est utilisée aujourd'hui qu'en période de cérémonie du Kasarahak, juste pour préparer le petit plat qui est déposé à l'intérieur du lieu de culte.

Au fur et à mesure que je découvrais le système religieux et culturel de Kabrousse, j'entrais par ce biais en contact avec les dépositaires d'enjeux : la famille de Áliin Siitoye ; mais aussi avec des hommes et des femmes du village, témoins de l'histoire de l'implantation du Kasarahak et de l'arrestation de Áliin Siitoye. Ce sont eux qui nous mettront sur la piste de certains témoins encore en vie qui, dans d'autres villages, avaient été envoyés à l'époque à Kabrousse pour y apprendre le culte et/ou les chants du Kasarahak.

"Une vraie rencontre, une rencontre décisive,
c'est quelque chose qui ressemble à un destin.[11]*"*

2. Des témoins racontent

2.1 Áliin Siitoye racontée par ses proches

À la suite des lieux de mémoire, mon jeune compagnon choisit de m'introduire à Nialou auprès d'une femme d'environ quatre-vingts ans et qui s'appelait Ñakasaar. Elle est la fille de Álugay, le mari de Áliin Siitoye. Femme énergique et pleine d'entrain, Ñakasaar travaillait presque sans relâche aussi bien aux champs qu'à la maison. Les mauvaises langues racontaient qu'elle était habitée par l'idée d'être aussi riche que son père Álugay l'était. Pour nous, elle avait pourtant pris le temps de s'arrêter pour nous tisser les fils des rencontres, dresser les portraits des différents dépositaires d'enjeux qui sont encore en vie aussi bien dans son village qu'en dehors de celui-ci.

À partir de la date de notre première rencontre, Ñakasaar seconda intelligemment mon jeune informateur. Bábayi, en passant discrètement le relais à Ñakasaar, m'indiquait par-là les frontières invisibles qui enferment les gens de la contrée dans des rôles liés au sexe ou à l'ancienneté. Ñakasaar accomplit ce devoir avec beaucoup de pragmatisme et de tact. Son premier geste fut d'abord d'établir la

[11] Tahar Ben Jelloun. *L'Auberge des pauvres*, Paris 2004.

communication entre les anciens des différentes concessions et nous. Aussitôt le fil de la communication établi, elle s'effaçait et laissait à mon jeune compagnon la tâche de me conduire chez les gens. La concession Bahemb à laquelle elle appartient fut la première à être visitée. Une concession qui, comme toutes les anciennes concessions du village, est située à l'intérieur des terres du quartier Nialou. Les cases presque toutes d'aspect traditionnel sont construites autour d'une vaste cour au centre de laquelle trône la case de l'ancien. Son nom est Aribannakaay, un vieillard magnifique d'environ quatre-vingt-dix-huit ans, au regard perçant et au rire contagieux. Aribannakaay était le desservant de l'autel familial de la concession Bahemb. Son statut de sage, par les expériences accumulées au cours de sa vie et par ses fonctions, faisait de lui le communicateur de sa lignée. Il était, à l'intérieur de sa lignée, le lien fort qui assure l'équilibre entre ses différents membres et à l'extérieur, celui qui la représente au sein du collège des sages issus d'autres lignées. Il avait environ 25 ans lorsque Áliin Siitoye revenue de la ville avait apporté « la parole » ainsi qu'il le disait lui-même. Il avait participé à différentes rencontres organisées à Mossor comme à Nialou. Il était là le jour de l'arrestation. « Une journée bien triste », dira-il d'emblée.

Assis sur un tronc d'arbre, la tête légèrement inclinée, les yeux mi-clos comme s'il cherchait à cacher l'émotion qui se dégageait de ses traits, il raconte :

> « Je m'appelais autrefois Áwuen. J'ai abandonné ce prénom pour m'appeler maintenant Aribannakaay[12]. J'habite Nialou, j'y suis né, j'y ai grandi et passé ma jeunesse. J'y ai construit ma maison et pris femme. Álugay est mon frère. J'ai connu Áliin Siitoye avant même que Dieu ne lui ait accordé ses faveurs. Son père s'appelait Silosia et sa mère, Alakafuren Jaata. Son père est de la concession de Júhoŋul, tandis que sa mère venait de kahaañ, une autre concession, là-bas, à Mossor. Elle était partie travailler à Dakar. Elle y avait rejoint sa mère partie des années plus tôt. Et c'est de là-bas qu'elle était revenue avec la « parole » et elle s'installa d'abord à Mossor. Elle avait annoncé en arrivant que Dieu avait pris possession de sa vie et qu'il lui demandait d'aider les gens à sortir des difficultés dans lesquelles ils se trouvaient. Il n'avait pas plu l'année d'avant et peut-être même deux années auparavant, je ne sais plus. Nous continuions malgré tout à

[12] Le prénom signifie littéralement : « celui qui a fini de manger, maintenant il peut partir ». Par ce prénom, Aribannakaay se déclare prêt à rejoindre le séjour des morts.

> nourrir le Blanc et ses troupes. Nos greniers se vidaient et le travail des rizières devenait tout simplement déprimant. Elle disait alors que pour revenir à l'équilibre d'antan, il fallait obtenir les faveurs de báliba en faisant un Kasarahak qui devait rassembler tout le village à la place qu'elle leur indiquerait. Et lorsque nous nous sommes décidés à la suivre nous avons vu le résultat. Il faut bien le dire, au début, lorsqu'elle a commencé à parler, nous pensions qu'elle était folle. Mais oui ! Des paroles de ce genre, on ne les avait jamais entendues auparavant. »

Pour Aribannakaay, l'arrivée d'Áliin Siitoye était un évènement salvateur. Elle apportait la pluie et repoussait le spectre de la faim. Des rois-prêtres existaient dans le monde jóola, Aribannakaay en avait connu certains, mais aucun n'atteignait le niveau d'Áliin Siitoye. En cela – dira-t-il – « elle était une reine, une grande reine ».

Nous fréquentions Aribannakaay aussi souvent que son temps le lui permettait. Les informations qu'il donnait, il les distribuait parcimonieusement, de manière très réfléchie et très contrôlée : le débit était lent, les mots bien pesés. La parole engage celui qui la prend. En tant qu'ancien d'une concession, il se devait de contrôler ses informations.

À notre dernier rendez-vous, nous le retrouvions, Bábayi et moi, assis au même endroit, à côté de son lieu de culte, pensif, les traits lourds, un œil sérieux, traversé de temps à autre par une ombre furtive de tristesse. Ce que j'ignorais, c'est qu'Aribannakaay était rongé par une hypertension artérielle qui allait l'emporter six mois après nos premiers entretiens. Ainsi qu'il est de coutume chez ce peuple discret et silencieux, l'on ne se plaint pas, on supporte tout dans la dignité et le silence. Aribannakaay n'avait pas dérogé à la règle. Stoïque, il s'était prêté au jeu des entretiens sans rien laisser transparaître de son mal. Tout au contraire, il se souciait plutôt de mon bien-être, des kilomètres que j'avais parcourus pour arriver à Kabrousse et de la fatigue que je devrais avoir accumulée par mes incessants va-et-vient. Sur un ton monocorde, comme si de rien n'était, il reprit le récit là où il s'était arrêté des jours plus tôt :

> « Pendant le rituel elle posait à terre la coquille de mollusque en position renversée. Puis elle démarrait la prière à báliba. La force de la prière qu'elle dirigeait, nous en récoltions aussitôt les fruits, car lorsqu'elle retournait la coquille, quel que soit le temps qu'il faisait, il pleuvait. La nature lui obéissait parce que Dieu le voulait ainsi. C'est après le rite que nous partagions le repas communautaire, un repas qui n'excluait personne, pas même

> l'étranger qui passe. Tout Eer était là, mais aussi les pèlerins venus d'autres pays. La consigne était qu'aucun grain de riz, aucun morceau de viande ne devait entrer dans les maisons. Nous devions partager tout sur place. Le reste de la viande des animaux sacrifiés était tout simplement accroché aux arbres tout autour de la place. Et, curieusement, les charognards n'y touchaient pas. »

À intervalles réguliers, Aribannakaay s'arrêtait pour s'assurer que le message qu'il livrait était bien compris. Comprendre un message c'était, pour lui, savoir décrypter le sens des expressions imagées, interpréter les gestes et les symboles et les demi-tons contenus dans le récit. Il voulait éviter que je me fie seulement aux instruments modernes de recueil de la parole dont je disposais et qu'à la fin une interprétation éronnée de ses propos sortent de ce que j'avais enregistré.

> Mais Dieu n'avait pas donné à Áliin Siitoye seulement le don de faire pleuvoir. La « parole » dont il lui avait fait don, elle s'en servait pour nous éveiller à la vie qui se présentait à nous. Nous n'étions pas allés à l'école, nous ne comprenions pas certaines choses. Elle affirmait que tous seraient libres de décider de la manière dont ils voudraient être gouvernés. Que le Noir serait tout aussi instruit que le Blanc. Et tout ce qu'elle avait dit s'est vérifié au fil des années. Nous appelons de tous nos vœux une autre Áliin Siitoye, une qui, comme elle, saura aussi ouvrir les esprits.
>
> Après l'arrestation à laquelle j'ai échappé je ne sais d'ailleurs trop comment, dès que le « Blanc manchot[13] » est parti avec son butin – dont mon frère Álugay – je pris le chemin de l'exil. J'étais allé me réfugier en Gambie. J'y ai passé plusieurs saisons des pluies. Puis je suis revenu au village. Puis les Blancs ont quitté nos pays comme Áliin Siitoye l'avait prédit, il n'y avait plus d'impôt forcé, plus de service militaire obligatoire. Nous étions libérés de la peur. Cela, elle l'avait dit aussi.

Aribannakaay sera le premier à invoquer les tensions internes qui ont contribué à la chute de Áliin Siitoye ; mais aussi le rôle joué par ceux qu'il nommait : « ceux qui nous connaissaient de l'intérieur » dans l'arrestation d'Áliin Siitoye. Il voulait parler des auxiliaires de l'administration coloniale. Il poursuit :

---

[13] Le colonel Sajous avait perdu un bras et portait une prothèse en fer qu'il tapait sur la table lorsqu'il entrait dans un accès de colère. Ce qui lui arrivait souvent, disent les témoins. Ce qui impressionnait souvent ses interlocuteurs. À Kabrousse, on l'appelait « le Blanc manchot ». On semble ou on feint de ne pas connaître son nom.

> « Ce sont les rivalités entre Mossor et Nialou qui ont perdu Áliin Siitoye. À ces rivalités, il faut aussi ajouter la traîtrise de tous ceux qui servaient d'interprètes, de guides, de soldats, etc. au colonisateur. Ceux-là étaient des Noirs comme nous, certains venaient d'ailleurs, d'autres venaient d'ici, ils parlaient nos langues, connaissaient nos coutumes. En somme, ils nous connaissaient de l'intérieur. Sans eux, la machine coloniale n'aurait pas fonctionné. Ils ne se contentaient pas seulement d'être des indicateurs et des traducteurs, ils étaient aussi armés et pouvaient tuer. La seconde femme d'Álugay qui avait pris peur et tentait de passer par la fenêtre de sa chambre avait été tuée par un soldat noir. Ensuite, ils ont arraché les pieux et ramassé tous les objets de culte qui se trouvaient dans la cour de la concession. Pour en faire quoi ? »

La mort de la seconde femme d'Álugay a été sans doute l'expérience la plus traumatisante pour tous les témoins des évènements du 29 janvier 1943. Le récit de la mort tragique de cette femme reviendra comme un leitmotiv dans les récits de tous ceux que nous avons rencontré à Kabrousse et à Diembereng. Comme s'il revivait l'évènement, Aribannakaay arrête son récit un long moment, scrute le vide. Puis il poursuit :

> « L'histoire de Áliin ne pouvait pas connaître une autre issue que celle-là. Lorsque Nialou avait décidé d'aller la prendre à Mossor pour la ramener chez eux, cela avait créé beaucoup de conflits. À cette époque, alors que sa réputation avait dépassé les frontières du village, Nialou décida d'aller la récupérer pour la ramener ici chez nous. Les deux quartiers faillirent en venir aux mains. Áliin Siitoye prit alors la sage décision de rejoindre Nialou, le quartier de son père, laissant derrière elle la concession de sa mère et tout Mossor dans un grand mécontentement. Les sages de Mossor prédirent alors l'arrestation de Áliin Siitoye, la destruction de sa force et de sa famille. C'est arrivé exactement comme ils l'avaient dit. »

C'est le lieu de dire ici toute notre gratitude à ce vieillard plein de sagesse. Il avait accepté de nous ouvrir son cœur et son esprit malgré la méfiance qu'il nourrissait à l'égard du papier et des moyens modernes de communication. Sa mort six mois après les premières interviews faillit compromettre la suite des recherches. Il s'ensuivit alors quelques moments de flottement aussitôt récupérés par l'irremplaçable Ñakasaar. Elle m'introduisit dans la famille de Áliin Siitoye. Je fis d'abord la connaissance de Jikamut, le cousin germain de Áliin Siitoye.

Il était à l'époque le sage de la concession de Juhoŋul et, pour cette raison, était celui qui détenait la communication de la famille. Encore marqué par la disparition de celle qu'il nommait affectueusement « ma sœur [14]», Jikamut n'avait plus reparlé de celle-ci depuis cette matinée du 29 janvier 1943 au cours de laquelle elle fut arrachée à son affection. Des élèves du collège Áliin Siitoye d'Oussouye étaient venus une fois le voir dans le cadre de leurs activités scolaires pour recueillir des informations sur la vie et l'œuvre de Áliin Siitoye. Mais il avait refusé de les recevoir. Lorsqu'il a consenti à parler à notre équipe, un jeune du village qui faisait partie du groupe d'élèves de l'époque a tenu à nous accompagner espérant enfin entendre de Jikamut ce que lui et ses camarades de classe d'alors cherchaient à savoir des années plus tôt sur Áliin Siitoye. Jikamut avoua que pendant longtemps il était paralysé par la peur de ne pas pouvoir contrôler ses émotions à la seule évocation du nom de Áliin Siitoye. De plus, comme tous les membres de la concession Juhoŋul, un voile de culpabilité le couvrait et pour cette raison, il avait un devoir de réserve vis-à-vis de ceux qui avaient perdu les leurs dans cette histoire. Ce combat qu'il menait depuis des années contre lui-même transparaissait dans ses gestes et dans son attitude figée qui traduit la rigidité d'un corps trop longtemps exercé à la retenue. Le jour de la rencontre, nous lui avons demandé de nous parler de Áliin Siitoye, de son enfance et de leurs parents respectifs. Et, si possible de nous relater les évènements du 29 janvier 1943 à Nialou.

Assis droit sur son petit banc, le regard dirigé vers le sol, Jikamut se tut un long moment. Et puis, il s'exprima lentement, de façon presque inaudible, comme s'il se parlait à lui-même. Enfin, quand la raison avait réussi à faire taire le tumulte de son cœur, il s'éclaircit la voix et se mit à parler. Jikamut était encore un adolescent lorsque, en même temps que Áliin Siitoye, son père et beaucoup d'autres personnes avaient été arrêtées en ce jour du 29 janvier 1943. Il avait gardé de ce jour un souvenir assez détaillé dont l'évocation le rendait très triste. Voici le récit qu'il en fit :

> « La veille du jour qui a précédé son arrestation, Ásitoye[15] était dans le Kúruŋunak, la forêt sacrée des femmes située à la sortie

[14] Áliin Siitoye était plutôt sa cousine. Durant toute l'interview, très souvent Jikamut, au lieu de nommer Áliin Siitoye par son prénom, préférait dire « ma sœur » lorsqu'il parlait d'elle.

[15] C'est ainsi qu'on nommait Áliin Siitoye dans la famille : une contraction des deux termes : Áliin et Siitoye qui donnera : Ásitoye.

> du village, sur la route qui mène au fleuve par où le « Blanc manchot» et ses troupes sont arrivés. À cette époque, il y avait un bac qui permettait la traversée du marigot de Soukoudiak. La route qui mène au Cap Skirring n'existait pas encore. D'autres gens du village étaient allés se réfugier au bord du fleuve, dans la forêt de mangroves. On y avait également caché les enfants de peur que le blanc ne les tue. Des jours durant, les parents s'y relayaient discrètement pour leur apporter à manger. Mon père était resté dans le village, peut-être cherchait-il par sa présence à protéger « sa fille[16] ». Je ne le sais pas. J'avais à l'époque environ quinze ans. À moi, il m'avait recommandé d'aller me réfugier dans la mangrove. J'avais refusé. Quand les soldats ont commencé à fouiller les maisons pour arrêter les hommes de la concession, je me suis caché dans les fourrés situés juste derrière la maison. Je pus voir mon père arrêté, ligoté comme un vulgaire bandit et jeté dans un véhicule. Puis quand ils sont partis, je suis sorti de ma cachette et me suis retrouvé seul dans la maison. Ma mère me retrouvera le soir, tristement assis dans un coin du foyer. Je n'avais pas mangé de toute la journée. Si la concession n'avait pas été saignée au même titre que les autres concessions, nous n'aurions jamais pu surmonter la gêne insupportable que nous ressentons vis-à-vis des autres concessions qui ont perdu dans cette histoire les leurs. Mon père n'est jamais revenu de cette captivité. J'étais moi aussi orphelin comme beaucoup d'autres ».

Puis, la gorge nouée, il ajouta :

> « Nous entendons parler de Touba et d'autres lieux saints de ce pays. Ce lieu où Áliin Siitoye a prié et où Dieu a révélé sa puissance et le choix qu'il avait porté sur elle en nous donnant de l'eau et de la nourriture en abondance, ce lieu devrait connaître la même ampleur que ceux-là. Mais non ! L'Histoire nous a oubliés et a effacé ce qui s'est passé ici. En lieu et place, l'on m'apprend que Áliin Siitoye était morte. Je ne peux pas le croire. Des femmes de son âge vivent encore dans ce village. De plus, son totem est encore dans nos eaux. Alors, peut-on mourir sans que le totem qui constitue le second souffle ne meure ? On n'a jamais vu ça ! Mon souhait le plus cher est de revoir ma sœur avant de quitter ce monde. Ceux qui l'ont gardée pourraient me faire cette faveur, non ? »

Un an après cet entretien, Jikamut quittait ce monde avec la ferme conviction que les autorités politiques du Sénégal contemporain, de

[16] Il s'agit ici de Áliin Siitoye. Elle était plutôt de sa nièce.

connivence avec ceux qui ont arrêté Áliin Siitoye, l'avaient gardée jalousement quelque part pour profiter de son savoir. À l'époque, lorsque Jikamut tenait ces propos[17] vivaient encore dans le village de Kabrousse des femmes de la même génération que Áliin Siitoye : la génération *júnonuloli*[18]. « Ásitoye ne peut pas être morte alors que son totem vit », asséna-t-il.

Lorsqu'on lui parlait des conditions de détention ou de changement de nourriture, éléments qui pourraient expliquer la mort prématurée de Áliin Siitoye, l'argument de taille que Jikamut opposait, il le puisait dans la cosmogonie jóola. Pour Jikamut, le totem de Áliin Siitoye vivait dans les eaux de Bíjejet[19] en harmonie avec les totems du groupe de parenté Bukiil. Dans le monde jóola, chaque être humain qui naît intègre les animaux totémiques des groupes de parenté respectifs auxquels appartiennent ses parents. Chacun de ces animaux fonctionne dans chaque être humain, dans une sorte de hiérarchie, comme différents souffles : l'un jouant le rôle de souffle principal, celui qui commande la vie de l'individu, les autres, un rôle secondaire. Les totems appartenant au groupe de parenté du père sont généralement ceux qui jouent le rôle de souffle principal. Mais on peut aussi avoir comme souffle principal le totem de la famille de sa mère ou de sa grand-mère. En tous les cas, on meurt dès que le totem principal meurt. Et ce n'est pas le cas du totem principal de Áliin Siitoye. L'explication religieuse à la disparition de Áliin Siitoye rend supportable l'insupportable.

Dans ses longs monologues, Jikamut ne parlera ni de son enfance, ni de celle de « sa sœur », comme si ses souvenirs s'étaient trouvés bloqués au matin du 29 janvier 1943. Malgré la tristesse de ses propos, Jikamut, tout comme les autres, eut la même disposition généreuse à ouvrir pour les besoins de ce livre des blessures qu'ils eurent sans doute préféré oublier à jamais.

À la mort de Jikamut, Ñakasaar m'introduisit auprès de Dembulo, la sœur cadette d'Álin Siitoye Jaata. Comme le lecteur l'aura remarqué, aucune rencontre ne s'est faite au gré du hasard. Et aucune ne s'est faite non plus en présence de deux anciens de la même concession ou de concessions différentes. Les rencontres suivent l'ordre dans la hiérarchie

[17] C'était en mars 2005. Trois années plus tard, il n'en restait qu'une qui est décédée vers la fin de l'année 2008. Jikamut ne pouvait pas s'imaginer que sa « sœur » soit morte alors que des femmes de sa génération vivaient encore.

[18] L'expression signifie : « défiez-nous et vous allez voir ce que vous allez voir. »

[19] Bras du fleuve Casamance qui marque la frontière entre le Sénégal et la Guinée-Bissau.

des naissances et des alliances. Une stratégie de communication bien structurée.

En l'absence de ses frères et cousins, Dembulo était devenue l'ancienne de la concession. À l'époque lorsque nous menions les recherches sur Áliin Siitoye, elle était du département d'Oussouye aux villages de Guinée-Bissau auxquels le quartier de Nialou est relié par des liens de sang – c'est le cas du village de Esoukoudiack – il n'y avait aucune personne de sa classe d'âge. Elle avait, pour cette raison, un message qui sonnait pour nous comme un héritage.

Le contact avec Dembulo se fit gai et chaleureux. Contrairement aux autres anciens, elle semblait avoir une parole plus libérée et abordait l'histoire d'Álin Siitoye avec un peu plus de sérénité. Par son biais, je pus approfondir l'histoire familiale en accédant à des objets et à des lieux de culte dont j'ignorais jusqu'alors l'existence.

À mesure que je la fréquentais, je découvrais en elle un esprit alerte, vif et gai qui contrastait avec son grand âge. Je m'imaginais que sa sœur Áliin, pour avoir été si perspicace, devait avoir le même caractère. Quand je lui en fis la remarque, elle m'avoua que sa sœur lui inspirait une sorte de crainte mêlée de respect. Puis elle s'arrêta tout d'un coup de parler. Son regard se perdit un moment dans les objets alentours, hésita à se poser sur les nattes et les plantes sous la véranda, puis elle choisit de scruter le large. Les souvenirs s'égrenaient dans sa tête. Je respectais son silence. « Son regard aigu te transperce le corps » confia-t-elle dans un murmure qui sonnait comme une confidence. On aurait dit qu'elle craignait la présence d'oreilles indiscrètes.

Alors que les hommes se prêtaient seuls aux jeux des interviews, les femmes quant à elles, préféraient s'entourer d'autres femmes. Elles soutenaient Dembulo émotionnellement, mais aussi lui rappelaient des détails de l'histoire d'Áliin Siitoye qu'elle avait tendance à oublier à cause de son grand âge. Lorsqu'elle entonnait un chant et qu'elle en oubliait une partie, les autres femmes le reprenaient en chœur et le chantaient dans son intégralité. Tous les chants que nous avons recueillis ont été chantés par ces femmes pendant les rencontres. Aucun des hommes que nous avons rencontrés au cours de nos recherches n'a voulu chanter. Certains prétendaient même avoir oublié tous les chants.

Le récit de Dembulo nous en apprend beaucoup sur le retour de Áliin Siitoye, ses relations avec le reste de la famille restée au village. Elle débuta son récit comme suit :

> « D'abord laissez-moi vous dire mon nom. Je m'appelle Dembulo. Je suis la sœur cadette d'Ásitoye. Nous sommes du même père. Quand Dieu a pris possession de la vie de ma sœur, j'étais déjà « entrée dans le monde des adultes[20]. » J'avais déjà mon premier enfant. Un an avant son retour ici à Eer, Dieu avait refusé de nous donner de l'eau. Le village s'était réuni pour parler de la sécheresse et prier. Mais Dieu ne fit rien. Puis Ásitoye est arrivée et elle a dit que Dieu lui avait indiqué ce qu'il fallait faire pour qu'il pleuve : un Kasarahak.
>
> Elle s'était installée à Mossor d'où elle était partie quelques années auparavant pour la ville. Je n'étais pas au courant de son arrivée dans le village parce que ce jour-là il y avait eu un décès. C'est après l'enterrement que nous avons appris qu'Áliin Siitoye était revenue de la ville et qu'elle était en train de dire des choses extraordinaires. D'autres prétendaient qu'elle était folle. J'ai rappliqué à toute vitesse pour la voir et l'entendre. Dès que nous nous sommes trouvées face à face, je n'ai pas pu soutenir son regard. J'ai baissé les yeux. J'ai pris peur. Elle m'a sermonnée pour une faute que j'avais commise auprès du fétiche des femmes. Elle me dit : « C'est toi et les autres qui avez barré la route qui mène au lieu de culte des femmes. » Puis elle termine en me disant que si je ne réparais pas cette faute, je n'aurais pas d'autres enfants. Je ne sais pas comment est-ce qu'elle a su tout cela. Elle n'était pourtant pas à Kabrousse quand cela est arrivé. Mais elle le savait. En effet, lorsque je suis allée réparer la faute, je pris la grossesse de mon fils Kálamen. »

Quelle extraordinaire rencontre entre des sœurs qui ne s'étaient pas vues depuis fort longtemps ! Les deux ne se sont pas jetées dans les bras l'une de l'autre. En lieu et place, Dembulo s'est fait sermonner par sa sœur. Mais elle ne semblait pas être blessée ni par l'attitude, ni par les propos de son aînée. Elle était plutôt étonnée qu'elle ait su tout cela alors qu'elle ne se trouvait pas dans le village au moment des faits. Pleine d'admiration pour son aînée, elle poursuivit son récit par une description assez détaillée de la tenue vestimentaire de Áliin Siitoye lorsqu'elle apparaissait en public.

> « Ásitoye avait une manière toute particulière à elle de s'habiller quand elle apparaissait en public pour livrer la « parole » : elle était toujours toute de noir vêtue et se ceignait les reins d'un ruban rouge. Elle se rasait le crâne n'y laissant que quelques

[20] L'expression consacrée dans le monde jóola pour dire qu'on a déjà connu une maternité : « Connaître la vieillesse ».

touffes de cheveux. Elle ne se tressait pas. Nous ne connaissions pas les tresses. Ce n'est que maintenant que les gens se tressent ici. Elle s'enduisait la peau de myrrhe. Elle tenait d'une main une queue de vache et une coquille de mollusque et d'une autre, deux petites lances dont une toute blanche. Quand elle voulait qu'il pleuve, elle posait la carapace à terre et priait en ces termes :

Báliba, Jibasasor

Kene uñuhiil mumel »

Ce qui se traduit par :

Báliba Jibasasor

Ils (le peuple) ont dit de

leur offrir de l'eau

Après cette prière, de gros nuages noirs s'amoncelaient dans le ciel et des trombes d'eau roulaient sur le sol. Puis pour arrêter la pluie, il lui suffisait de renverser la coquille. Et le soleil réapparaissait comme si de rien n'était. Pendant le rite, elle chantait :

Húmuna húkujene

Báliba Jíbasasor ésumay ebujeol

Oh ! sibawe ban

Ce qui se traduit par :

le taureau a été couché sur le flanc, le trou creusé est fin prêt pour recevoir son sang

Báliba Jíbasasor meurt de joie

il n'y a plus de taureaux à sacrifier (autrement dit :

on lui en a tellement sacrifié qu'il n'en reste plus)

Avec les chants, un vent de gaieté souffla sur le groupe de femmes assises sur des nattes à même le sol. On aurait dit qu'elles revivaient l'atmosphère du Kasarahak. Lorsque Dembulo s'employa à décrire les circonstances qui ont conduit à l'arrestation de Áliin Siitoye, l'atmosphère de fête retomba tout d'un coup. Un silence suivit les paroles de Dembulo.

À la saison sèche est arrivé un jour dans le village « le Blanc manchot ». Je n'ai pas retenu son nom. En tous les cas, il était manchot. Que Dieu m'en garde ! Je le connaissais parce qu'il était déjà venu rendre visite à Ásitoye à l'époque, quand elle était à Mossor. Il lui avait apporté ce jour-là en guise de cadeau un pain. Ásitoye reçut le cadeau et le posa près d'elle sans rien dire. Et pour faire honneur à son hôte, elle nous demanda de danser.

Ce que nous fîmes. Puis quand le « Blanc » est enfin parti, Ásitoye demanda aux hommes de creuser un trou suffisamment profond. Personne ne savait ce qu'elle allait en faire. Lorsque ce fut fait, elle y jeta le pain et le trou fut refermé. Nous n'avions pas goûté au pain.

Au début de la moisson, juste alors que la saison sèche venait de commencer, elle fut dénoncée. Et on est venu la chercher. On a dit que c'est parce qu'elle avait fait allusion au « Blanc » dans ses propos et dans ses chants que le « Blanc » est venu la chercher. C'est la raison pour laquelle, nous avons toujours eu peur de parler et de raconter réellement ce qui s'est passé. Surtout lorsque celui qui nous le demande est un Blanc. Moi, avant, à la seule évocation du nom de Ásitoye, je prenais peur et j'allais me cacher. Quand elle avait été arrêtée, sa mère vivait encore, notre père était déjà mort.

Qu'avait-elle dit ? Rien qui se soit révélé faux après. Nous qui sommes encore là, tout ce qu'elle avait dit se déroule sous nos yeux. Les pays des Noirs ne sont-ils pas devenus indépendants ? Les « Blancs » ne sont-ils pas rentrés chez eux ? N'ont-ils pas arrêté de prendre les biens des gens ? Tout cela, elle l'avait dit.

Autrefois, il nous fallait pour payer les impôts remplir cinq grandes corbeilles de riz. Tout le riz arraché aux gens de Kabrousse s'élevait comme une montagne dont la hauteur pouvait dépasser la toiture des maisons. Et si tu n'avais pas de riz à donner, le « Blanc » venait te chercher ou t'humilier devant le village. Deux hommes de Mossor qui n'avaient pas eu assez de riz pour s'acquitter de leurs impôts avaient été réquisitionnés par le « Blanc » pour garder le hangar de riz afin que les oiseaux ne viennent pas le picorer. Ils avaient été réduits au rôle de « gardiens d'oiseaux » parce qu'ils n'avaient pas de riz. Chez nous en plus du caractère sacré du riz, on n'étale pas la situation sociale des gens sur la place publique. Alors pour ne pas subir cette humiliation, certains prenaient la fuite à l'approche de la période de prélèvement des impôts. Pour cette raison Ásitoye avait dit qu'il fallait que les autorités coloniales et leurs auxiliaires arrêtent d'agir de la sorte parce qu'il n'y avait aucune raison valable de se comporter de la sorte.

Gnakayela, une des femmes du groupe entonna alors la chanson qui, aux yeux des autorités administratives, prouvait définitivement la culpabilité de Áliin Siitoye

Atemit naane Jinelo kajok so

Juñuuh kumandang

Atemit naane
Jinelo kajo so Juñuuh Kumandang
Husoyik, husoyik husoyik
husoyik baaba

Ce qui se traduit :

Dieu a dit d'arrêter de les prendre
(bœufs, chèvres, cochons, etc.[21]) pour les remettre au commandant
Dieu a dit d'arrêter de
les prendre (bœufs, chèvres, etc.)
par la force là-bas, là-bas (au pâturage)

Le discours qu'elle tenait était que si le « Blanc » voulait quelque chose, il n'avait qu'à le demander tout simplement. Il n'a pas à prendre nos biens par la force avec comme seul prétexte que c'est lui le commandant. En effet, quand le commandant arrivait avec ses soldats pour prendre nos biens, c'était toujours dans un branle-bas de combat. Alors ses hommes prenaient pêle-mêle poules, chèvres, porcs, etc.

En dehors d'Ásitoye, le « Blanc » avait arrêté ce jour-là beaucoup des nôtres. L'expérience la plus traumatisante a été la mort par balle d'une des épouses de Álugay. Asehunaben, c'est ainsi qu'elle s'appelait, était en grossesse lorsqu'elle a été tuée. Une véritable tragédie !

La plupart de ceux que le « Blanc manchot » avait arrêtés ne sont pas revenus. Mon oncle, le jeune frère de mon père dont la fille[22] devait être ici avec nous, n'en est pas revenu, et bien d'autres. C'est ce qui me rend très triste lorsqu'on évoque le nom d'Ásitoye.

Je me suis tue trop longtemps. Il y a quelques années, j'ai séjourné à Dakar chez mon fils. Mon petit-fils avait voulu que je lui raconte l'histoire de ma sœur ; mais à l'époque je n'étais pas dans les dispositions de le faire. Disons-le, j'avais peur. Mais aujourd'hui, si Ásitoye et les autres veulent venir me chercher

[21] Les termes mis entre parenthèses sont sous-entendus dans la chanson. Le préfixe de classe « s-) permet de savoir qu'il s'agit des animaux. D'ailleurs Demboulo, dans la suite de son récit, cite nommément les animaux que les auxiliaires de l'administration prenaient pêle-mêle, sans demander l'autorisation de personne, comme le disait Áliin Siitoye.

[22] Une des cousines de Dembulo dont le père faisait partie de ceux qui avaient été arrêtés le 29 janvier 1943 n'est pas venue à la rencontre à laquelle Dembulo l'avait pourtant conviée. Nous avions appris plus tard qu'elle avait eu peur que l'exercice éveille en elle des émotions trop longtemps enfouies. Cette cousine est la sœur de Jikamut.

parce que j'ai parlé, alors qu'ils le fassent. Je suis au terme de mon parcours. Je peux partir.

À la fin de la journée, notre équipe revenait vers Ñakassar dont la tâche consistait, en plus de nous introduire auprès des familles, à arrondir les angles de nos rapports avec les gens du village, s'employant à nous expliquer les attitudes des uns et des autres dans mon interaction avec eux. Mais Ñakasaar ne servait pas seulement d'interface entre les familles de Nialou et nous, elle est la fille de Álugay, le mari de Áliin Siitoye. Et à ce titre, elle présentait un grand intérêt pour la recherche. Qui était pour elle Áliin Siitoye ? Qu'avait-elle retenu d'elle ? Quelle place avait-elle occupé au sein de la famille Bahemb ?

Ñakasaar habitait une petite maison recouverte de tôles ondulées où elle régnait en maîtresse de maison. En plus du riz qu'elle cultivait, elle exploitait un champ d'arachide, cultivait des haricots et d'autres légumes dans le jardin communautaire des femmes, s'investissait dans plusieurs activités du village dont la protection de la mare *Kagiil* appelée aussi « mare de Áliin Siitoye ». C'est entre plusieurs activités qu'elle livrera le récit qui suit :

> « Quand j'ai connu Áliin Siitoye, elle vivait encore à Mossor. Je l'ai approchée alors qu'elle organisait ce jour-là à Mossor le rite du Kasarahak. Seules les jeunes filles et les femmes y étaient conviées. Elle coupait de grandes galettes de riz et distribuait les morceaux à la foule de femmes et de jeunes filles qui étaient venues à la cérémonie. Il fallait les manger sur place. Il était interdit d'en rapporter à la maison. Les mortiers qui servaient à piler la farine de riz étaient alignés du lieu de culte jusque devant chez elle. Les paroles de Áliin Siitoye, on ne peut qu'en être friands. Elle a dit et fait des choses qui libèrent. Si le Blanc ne l'avait pas déportée, elle serait certainement encore en vie, car certaines femmes de sa génération, la génération Júnonuloli, vivent encore. À l'époque de sa déportation, on connaissait la photo, mais nous n'avons aucune photo d'elle, pourtant je suis sûre qu'on l'avait photographiée. Quand elle s'était mariée à Álugay, mon père, je n'étais plus à Kabrousse. J'étais partie avec ma mère à Ziguinchor. Mais d'après ce que mon père m'a dit, quand les gens de Nialou sont allés la récupérer à Mossor pour la ramener à Nialou, le quartier s'est réuni pour demander à mon père de la prendre comme épouse. En dehors de ma mère, mon père avait une autre épouse, la mère de Kenkeng. Les gens estimaient qu'Áliin Siitoye était trop jeune pour rester célibataire. Elle était infirme. On a dû la porter pour la faire entrer dans la

maison le jour de son mariage. Certaines personnes de notre concession avaient peur de recevoir dans la famille une personne avec une telle puissance. On avait dit à mon père que la proximité que Áliin Siitoye entretenait avec les génies comportait un danger pour la famille. Mais mon père n'avait pas voulu entendre. Je suis revenue à Nialou un an après son mariage avec mon père. Malgré son infirmité, il suffisait de s'approcher d'elle pour se rendre compte qu'elle avait quelque chose d'indéfinissable, un don. Elle était belle et propre. À l'époque, la population Eer était peu évoluée, elle, en revanche, avait de la distinction, de la finesse et de l'élégance. Quand elle était chez mon père, elle organisait les rites du Kasarahak sur la place publique. On y allait, les hommes habillés de pantalons bouffants et les femmes, de pagnes noirs. Nous devions aussi être très propres. C'est vrai qu'elle avait ce don de faire pleuvoir. Il lui suffisait de déposer par terre la coquille de mollusque qu'elle tenait à la main et de dire « coquille, remplis-toi d'eau », et il se mettait à pleuvoir et la coquille se remplissait d'eau. Et si elle la renversait, il s'arrêtait de pleuvoir. C'est en voyant ces miracles que les gens de Eer qui jusque-là pensaient qu'elle était folle décidèrent de l'écouter. Le culte s'affermit et prit de l'ampleur. Des pèlerins venaient de partout : de l'actuel département de Bignona, de Gambie, de Guinée-Bissau, de Carone, de Bandial, etc. Alors commencèrent les calomnies : entre Nialou et Mossor, chacun y allait à qui mieux mieux. À partir de ce moment, « le termite était introduit dans le mur[23] ». Mais Áliin Siitoye n'avait pas réagi à ces querelles. Elle continuait à recevoir les pèlerins, à prodiguer des conseils et à faire en sorte qu'il continue de pleuvoir. C'était ça sa principale préoccupation. Elle voulait qu'il pleuve, que nous ayons suffisamment de riz pour reconstituer nos greniers. Pour ce qui concerne la question de la présence du Blanc avec ses mauvais traitements, elle était persuadée que leur projet en Afrique était terminé. Qu'ils n'auraient plus la force de nous faire quoi que ce soit. Qu'il ne fallait même plus en avoir peur. Elle disait que les Blancs allaient bientôt partir et que ce serait à Benjamin de refaire le pays. Se rappeler cette histoire est une chose très dure pour nous. Mon père, à son retour de captivité, quand on prononçait le nom de Áliin Siitoye en sa présence, il se levait et changeait de place. Un jour, une femme était arrivée de je ne sais où, elle était habillée exactement comme Áliin Siitoye et elle tenait à la main une lance à trois branches. Elle tenait à parler à mon père, mais celui-ci était allé se cacher et il a

[23] Équivalent de l'expression française « le ver est dans le fruit. »

demandé aux gens du village de ne pas révéler à cette femme que c'était lui Álugay puisqu'apparemment elle ne le connaissait pas. Il avait peur.

Le jour de son arrestation, mon père fut ligoté comme une bête et jeté dans une voiture. C'était terrible de regarder cela. J'étais là. Je l'ai entendu souffler : « Ah ! Ça on me l'avait dit ! » Áliin Siitoye n'avait pas été ligotée, mais elle avait été tout de même violentée.

Quand ils sont arrivés le matin pour les arrêter, ils ont encerclé la belle maison que mon père avait construite pour sa famille. Et c'est là qu'on a tué la mère de Kenkeng. Quelle horreur ! Le soldat qui a tiré sur elle pensait sans doute que c'était Áliin Siitoye. C'est après que Áliin Siitoye s'était présentée au Blanc. Elle fut arrêtée et, avec elle, tant d'autres hommes. Les hommes de Bahemb ne sont pas revenus de captivité. Ils sont tous morts là-bas. Seul Álugay, protégé par le Dieu qui avait choisi Áliin Siitoye, en était revenu. Sinon, je ne comprends pas pourquoi il serait le seul à être épargné. Beaucoup de gens sont morts dans cette histoire. C'est ce qui fait que nous n'acceptons pas qu'on nous interroge sur Áliin Siitoye. Nous avons peur. Encore jusqu'à ce jour.

À Bakel où il avait été déporté, le Blanc et son administration avaient fait de Álugay, mon père, un berger. L'homme le plus riche de Kabrousse, un vulgaire berger ! Vous vous rendez-compte ! Il m'a raconté que dans cette activité, il fit un jour la connaissance d'un jardinier qui lui demanda d'où il venait. « de Kabrousse ! » lui répondit-il. L'homme ignorait qu'il existât même un lieu de ce nom. Mais peu importe, il prit à partir de ce jour-là mon père en sympathie. Il lui offrait des mangues ou d'autres fruits de saison chaque fois qu'il le rencontrait. Il connut un autre à l'intérieur de la prison. Celui-ci lui apprit à faire des ablutions et à prier comme les musulmans. Après sa libération, tous ces gens sont venus jusqu'à Nialou pour lui rendre visite. Le jardinier dont j'ai oublié le nom m'a trouvée ici quand il est venu voir mon père. A l'époque je faisais le rite du Kaŋaleen de mon fils Kuyaak. À son retour de captivité, il était question que mon père reçoive des provisions du gouvernement sénégalais : du mil, du riz, de l'huile et du sucre. Mais de toutes ces provisions, il ne lui parvenait qu'un sac à moitié plein de mil. Tout le reste, on ne savait pas ce qu'on en avait fait. Des nouvelles de Áliin Siitoye, on n'en avait pas non plus. Seules des rumeurs nous parvenaient de temps à autre qui racontaient certains miracles qui se passaient dans sa prison. C'est tout. L'histoire de Áliin Siitoye ressemble à un conte de fées. Il est difficile d'y croire quand on ne l'a pas vécue. Si le Blanc ne l'avait pas déportée, on aurait su et vu de nos propres yeux ce qu'elle serait devenue. Ne nous a-t-on pas appris que Jésus, le fils de Marie, n'avait pas été enterré et que Dieu l'avait élevé au ciel ! S'il n'y avait pas eu ces calomnies qui ont conduit à l'arrestation de Áliin Siitoye, on aurait su ce que Dieu aurait fait d'elle. Aurait-elle connu la mort ? Je ne sais pas ! Tout ce que je sais c'est que le monde aurait été témoin de ce qu'elle serait devenue. C'est ce point de l'histoire de Áliin Siitoye qui nous peine beaucoup plus. L'arrestation ne nous a pas permis de vivre l'histoire de Áliin Siitoye jusqu'au bout. Cela aurait permis d'arrêter toutes les supputations et les « On-dit » qu'on entend de partout. Parmi les rumeurs qui nous sont parvenues, il y a celles qui font état du fils qu'elle aurait eu avec Álugay, mon père. Moi j'y crois parce que Áliin était une jeune femme quand elle s'était mariée à mon père. Cet enfant qui doit être un homme maintenant n'est jamais venu ici. Mais je suis sûre qu'il trouvera un jour le chemin de la concession Bahemb. Après l'arrestation qui fut pour mon père et tous ses frères de la concession Bahemb une grosse catastrophe, je pris le chemin de l'exil. Je m'étais installée en Gambie. Depuis, j'y ai tissé des liens qui font que j'y retourne très souvent. Une année, alors que je revenais d'un de mes voyages en Gambie, je fus interpellée à Ziguinchor par une vieille femme de chez nous qui m'apprit qu'on venait d'annoncer à la radio le décès de Áliin Siitoye. Je lui ai dit que ce n'était pas vrai et qu'on cherchait à nous tromper pour qu'on arrête de croire en elle. Je le croyais fermement. Je veux bien croire maintenant qu'elle est décédée, mais à l'époque, ça ne pouvait pas être vrai. »

2.2 Áliin Siitoye dans l'ancienne province d'Oussouye

Afin de mieux cerner l'esprit du culte de Áliin Siitoye dans d'autres villages de l'ancienne province d'Oussouye, j'abandonnais Kabrousse pour quelques temps pour me mettre sur les traces du mouvement du Husarahak. Dans la plupart des villages, le lieu de culte du *kasarahak* n'est plus matérialisé physiquement : plus de pieu, pas de symbole ostentatoire, rien qu'un petit trou dans le sable, entouré parfois d'une palissade en nervure de palmier.

Dans certains villages, tout de suite après l'arrestation de Áliin Siitoye, l'on s'était empressé d'enlever tous les objets qui prouvaient leur adhésion au culte du *kasarahak*. Malgré tout, comme à Nialou, tous ceux que j'ai rencontrés se souviennent du *kasarahak* comme d'un moment de bonheur partagé et d'abondance. On y vient pour prendre la force du *kasarahak* pour la ramener chez soi. On y rencontrait d'autres personnes, on écoutait, on voyait et entendait. On y apportait sa spiritualité et on s'y enrichissait de la spiritualité de l'autre.

Parmi les témoins de l'époque, quelques émissaires envoyés sur les routes de Kabrousse pour aller *voir, entendre et ramener au village la parole et le geste du kasarahak.* Parmi eux, des femmes. Elles avaient appris au cours des cérémonies les chants composés par Áliin Siitoye en l'honneur de *báliba* qui offre la pluie et donc le bien-être. Ce sont ces femmes qui contribueront à répandre le mouvement de Áliin Siitoye Jaata à travers toute la province et au-delà de celle-ci. Possédés par l'esprit de *báliba*, des hommes, mais surtout des femmes chantent la force du báliba qui apportera la richesse. Toute la province était entrée dans une sorte de thérapie collective qui guérit des plaies causées par la colonisation et atténue la peur des lendemains incertains dans lesquels des sécheresses répétées les avaient plongés. Il y a un adage qui dit : « celui qui chante voit ses souffrances s'évanouir. » On chantait alors pour apaiser son âme.

À Diembereng, je rencontrai Joseph Kájumba Diatta, un vieux sage d'environ 99 ans. Il était un jeune homme à l'époque où Áliin Siitoye était arrivée de Dakar et s'était installée à Mossor. Il était là aussi quand le village de Diembereng décidait d'envoyer des émissaires pour aller demander la force de *kasarahak* afin qu'il pleuve aussi chez eux.

Situé au bord de l'océan Atlantique, Diembereng, un beau village bâti au fond d'une vallée bordée de dunes de sable sur lesquelles sont debout comme sur des échasses d'immenses fromagers. Diembereng est le chef-lieu de la communauté rurale du même nom. Surnommé « le village des riches, où personne ne connaît la pauvreté », l'histoire raconte qu'El Hadj Omar Foutiyou Tall y avait séjourné. Mais l'histoire ne dit pas dans quelles circonstances l'homme de Dieu est arrivé dans ces lieux. Voici l'histoire telle qu'elle est encore racontée aujourd'hui dans le village :

> « El Hadj Omar Foutiyou Tall s'était arrêté un moment à Diembereng. Occupés à leurs rizières, les villageois ne se préoccupèrent nullement de cet étranger qui vivait là, en bordure du village. Une femme le prit en pitié et lui offrit à boire. Quand elle lui apporta l'eau, elle vit qu'il n'y avait aucun foyer allumé chez lui. Elle comprit alors qu'il ne devait pas avoir de quoi manger. Alors elle lui prépara un repas. C'était du riz tout blanc. Il n'y avait pas de poisson. La pêche n'étant pas la première

> préoccupation de ce village de riziculteurs, le poisson était rare, surtout en période de travaux agricoles. Au moment où El Hadj Omar Foutiyou Tall allait quitter Diembereng, il bénit la femme et le village en ces termes : « Jamais ni toi ni ce village ne manquerez de riz, dussiez-vous le manger tout blanc comme tu me l'as offert. » Cette bénédiction semble avoir porté des fruits. Diembereng est en effet un village riche en riz et en bétail.

La spécificité de Diembereng ne s'arrête pas seulement à son histoire et à la visite de cet illustre homme. Diembereng est aussi célèbre pour sa langue, le Kwaataay, une langue parlée par environ 5625 locuteurs à Diembereng et dans tous les villages qui lui sont historiquement rattachés : Bouyouye, Nyikine, Boucotte Diola et dans quelques autres petits villages au sud de l'embouchure du fleuve Casamance. Une légende voudrait que cette langue ne soit parlée et comprise que par les peuples des villages ci-dessus nommés. Par contre, tout locuteur de Kwaataay serait à même de comprendre ce que disent les autres Jóola dans leurs langues respectives. Ce que la légende ne dit pas, c'est que le peuple awaataay ne chante pas dans sa langue, mais dans la langue des autres, notamment en jóola du Kassa. Ci-dessus la légende portant sur la langue Kwaataay :

> Quand Dieu avait fini de créer le monde jóola, il demanda à rencontrer les représentants de tous ces peuples qu'Il venait de créer pour recevoir leurs dernières doléances avant qu'Il se retire dans les cieux. Parmi ces représentants figurait celui de Diembereng qui lui, s'exprimait en kwataay, une langue qu'il était seul à parler. Tous les représentants prirent la parole à tour de rôle pour exposer leurs doléances, sauf celui de Diembereng qui n'avait pas ouvert la bouche mais qui, à cause de la complexité de la syntaxe de sa langue, comprenait tout ce qui se disait dans les autres langues. Le soir, tous quittèrent le lieu de rassemblement. Étant donné que le représentant du Kwatay n'avait pas dit un mot à cette assemblée, les autres n'eurent pas l'opportunité d'entendre le son du Kwataay, encore moins d'en apprendre quelques bribes. C'est pourquoi, le Kwataay reste une langue fermée aux autres peuples jóola.

C'est dans ce contexte fait d'anecdotes et de légendes que Joseph Kájumba Diatta déroula son récit sur Áliin Siitoye. Il avait 25 ans environ quand la nouvelle de celle à qui báliba obéissait était parvenue à Diembereng. Quel souvenir avait-il gardé des moments de rites du Kasarahak dans son village de Diembereng ? Kájumba raconte :

« Moi, j'ai connu Áliin quand elle avait commencé sa « campagne[24] » de prédication, j'étais un jeune homme dans la force de l'âge. Elle s'était installée deux à trois ans auparavant à Mossor, mais elle est née à Nialou. Une belle femme, qui était infirme. Toute la Casamance, la Guinée-Bissau jusqu'au pays anglais[25] tout le monde venait à elle. Elle avait un don de voyance. À l'époque, quand elle était encore parmi nous, elle était capable de dire aux gens : Joseph a des invités et ils sont en train de discuter de ceci et de cela. Dieu lui avait fait don de cette capacité à prédire les choses. Quand elle était à Mossor, l'administrateur et ses hommes allaient souvent lui rendre visite pour l'intimider. Mais elle ne se laissait pas démonter par cette démonstration de force. Elle disait qu'il n'y avait rien à faire, que nous obtiendrions notre indépendance. Le Blanc partira. Elle était fortement implantée à Mossor et elle le faisait savoir à qui voulait l'entendre. Elle disait : « Dieu m'a implantée ici, même si je suis une femme. » Quand elle était à Mossor, les pèlerins arrivaient de partout avec des présents : du miel, de la myrrhe, etc. Voyant tout cela, les gens de Nialou voulurent en tirer profit. Ils sont allés la récupérer pour la ramener chez eux. Ils la donnèrent en mariage à Álugay, l'homme le plus riche de Kabrousse. C'était l'année où tous les jeunes de ma génération ont pris femme, comme il est de coutume. Kulosper, un ami d'Álugay avait essayé de le dissuader d'épouser Áliin Siitoye, mais en vain ! Certains dans le village lui firent comprendre que Kulosper était tout simplement jaloux de son bonheur et que c'est à cause de cela qu'il tentait de faire échouer son projet de mariage avec Áliin Siitoye. En fait, ce que Kulosper tentait de lui faire prendre conscience était la prédiction qui avait été faite par Mossor selon laquelle le Blanc viendrait chercher Áliin Siitoye et disloquerait toute sa concession. Ce malheur ne tomberait pas seulement sur la concession Júhoŋul, mais aussi sur celle de Bahemb à laquelle appartient Álugay. Mais Áliin Siitoye était une belle femme. On résiste pas devant son charme. Elle était certes infirme, mais on l'aimait au premier coup d'œil. Elle était intelligente et elle parlait plusieurs langues.

Diembereng qui avait connu la sécheresse comme tous les autres villages envoya des émissaires auprès de Áliin Siitoye pour apprendre le *kasarahak*. Elle indiqua qu'il fallait sacrifier des taureaux noirs. Puis elle ajouta : « Il pleuvra aujourd'hui sur Djembereng. Si vous ne vous dépêchez pas de rentrer, la pluie

[24] Par « campagne », Kájumba entendait là le mouvement de Husarahak.

[25] Il s'agit ici de la Gambie.

vous rattrapera en route. » Et c'est ce qui est arrivé. C'est là que les gens de chez nous ont commencé à croire qu'elle était vraiment une envoyée de Dieu. À côté de ces miracles qu'elle faisait pour qu'il pleuve, Áliin Siitoye était en effet contre l'occupation de la terre par les Blancs. Elle disait : « Il faut que nous nous séparions de ces Blancs. Ils nous font trop de mal ! Il faut qu'ils partent ! » C'est cet appel que de valeureux guerriers d'Effok ont entendu et ont exécuté. Ce courage, ils l'ont eu de Áliin Siitoye. De Djembereng on entendait les coups de canon. L'homme qui s'appelait Kalukum à Effok avait abattu d'un coup de flèche un des Blancs. Un valeureux guerrier ! A Effok, cet homme est adulé comme un héros, encore aujourd'hui. C'est avec respect que l'on dit son nom. La seule erreur que Áliin Siitoye avait faite, c'est d'avoir accepté de quitter Mossor pour s'installer à Nialou. Mossor aurait pu la protéger comme il l'avait fait jusque-là. Mais ces deux quartiers ne s'entendaient pas et ce, jusqu'à ce jour. C'est cette mésentente qui a perdu Áliin Siitoye.

Sophie, une jeune femme de Nialou mariée à Diembereng accompagnait par des chants le récit de Kájumba. Une rencontre bien vivante. Voici quelques-uns des chants qui ont ponctué le récit de Kájumba :

Báliba jiwalenol
ku sendarme ku lako babaa
Ateemit nárinulo hinkiil
Mana mindermu husama jiŋar oye (jujuk)

Ce qui se traduit par :

Accueillez Báliba
des gendarmes se sont installés là-bas
Mais Dieu est arrivé cette année
et il a barré la mer pour vous donner
la preuve de sa force.
Ainsi vous verrez et vous croirez.
Jilañen houssamou ajumbe ebe ooh
ejanjang
baré Búsaful ésike

Ce qui se traduit par :

Celle qui a transformé les rizières en mer
Même si on la jetait à la mer, elle deviendrait elle-même la mer, elle la grande Dame.

Búsaful a baissé la tête de honte[26]
Ejaora epimbore derulen
Ohowoye ñabo ohoye

Ce qui se traduit par :

À la rencontre avec les étrangers
le fusil a tonné
oui, il y avait là un géant (à l'œuvre)

Quand notre équipe quittait Diembereng pour la commune d'Enampore[27] appelée par ses habitants « Mof ávvi[28] », les chants de Sophie résonnaient encore dans nos oreilles.

Nous avions rendez-vous dans le village de Séléky avec quatre témoins de l'époque : Lesner Bassène et Libert Bassène, deux anciens combattants de la Seconde Guerre mondiale, et Emmanuel Fodde Tendeng et Ekousse Tendeng, tous deux prêtres du *kasarahak* de Áliin Siitoye. Ils sont aujourd'hui les rares survivants du culte du *kasarahak* dans la commune d'Enampore. Et enfin, dans le village d'Essyl, nous attendait Ajuma Tendeng. Elle avait été choisie à l'époque par sa communauté pour aller à Kabrousse apprendre les chants composés par Áliin Siitoye.

Dans la commune d'Enampore, le terme *kasarahak* a été traduit en langue locale par celui de *gasira* pour le culte, et *fisira*, pour la matérialisation du lieu et le *fiiyyay*, pour le lieu et le nom du sixième jour de la semaine jóola.

Séléky est un village de la commune d'Enampore situé à environ trente kilomètres de Ziguinchor. Il est le plus gros village de la commune en termes d'espace et de population et fait partie d'une entité sociopolitique et culturelle qui compte dix villages : Badiatte-Grand, Badiatte-Soughère, Bandial, Etama, Batighere-Bulan, Batighere-Essyl,

---

[26] Ce chant est une réponse à des propos qu'auraient tenus des gens de la concession búsaful. Ils auraient dit que si elle n'arrêtait pas de tenir des propos contre les colonisateurs, ceux-ci viendront la ligoter, la mettre dans un sac et la jeter à la mer. Par ce chant, elle répond que « elle qui transforme les rizières en mer, si on la jette à la mer, elle se transformera elle-même en mer. Comme pour dire que personne ne peut rien contre elle. »

[27] Situé dans l'arrondissement de Nyassia, dans le département de Ziguinchor et la région du même nom, la commune d'Enampore est à 20 km de Ziguinchor, en amont du fleuve Casamance.

[28] Le terme signifie « la terre du roi »

Enampore, Essyl, Kamobeul, Eloubalir ou Eloubaline[29]. Cette entité est régie par un roi-prêtre dont l'unique fonction est de s'occuper des rites qui apportent la pluie. Il n'a aucun pouvoir de décision. Le pouvoir politique, ce sont ces dix villages de la commune qui le détiennent. Essyl et Enampore ont comme prérogative de donner des roi-prêtres issus de deux familles : Sagna, à Essyl et Manga, à Enampore ; le village de Séléky est, quant à lui, le garant de la stabilité. Dans le monde moderne d'aujourd'hui, on aurait dit de Séléky qu'il est le gardien de la « constitution » qui régule la vie des habitants de cette communauté. C'est ainsi d'ailleurs que certains ressortissants de Séléky se désignent eux-mêmes.

Une fois consacré par des familles dans les villages qui en ont les prérogatives, c'est à Séléky qu'il revient de présenter à la communauté le roi-prêtre. Une présentation qui donne à ce dernier sa légitimité et l'installe définitivement dans ses fonctions. À partir de ce jour, Séléky se chargera de cultiver ses rizières, de les moissonner et d'engranger le produit. Comme gardiens de la « constitution », Séléky n'hésitera pas à sanctionner toute personne, fût-elle le roi-prêtre lui-même, qui, d'une manière ou d'une autre, la violera. Les lois contenues dans cette charte sont les lois de protection de l'environnement dont les forêts constituent les premiers instruments. C'est dans les forêts que sont scellés les contrats qui lient les générations les unes avec les autres, d'une part, l'homme à son environnement, d'autre part. Et quand une forêt de ce genre est déclarée sacrée, plus personne n'a le droit d'y cueillir une feuille encore moins d'y mettre le feu. Parmi les autres instruments, il y a les fleuves où sont dégagées des aires d'habitat de certaines espèces considérées comme des totems. Et enfin, la régulation par des interdits liés à des activités humaines comme la pêche, la chasse, la coupe de bois, etc. constitue un des piliers de l'organisation religieuse et sociopolitique des habitants de la communauté.

Selon les principes religieux de cette communauté, l'homme ne domine pas la nature, il fait partie d'elle. Un contrat le lie à cette nature qui lui donne, mais qui est aussi capable de lui refuser ses bienfaits s'il ne respecte pas les limites qui lui sont assignées. Celui qui est choisi comme roi-prêtre, appelé aussi roi de la pluie, devient de facto le garant

[29] Administrativement, l'île d'Eloubalir est rattachée au département d'Oussouye. Mais ses habitants, originaires de Séléky, sont reliés socialement, culturellement et religieusement aux villages de la commune d'Enampore. Ils ne se rendent à Oussouye que pour payer des impôts ou chercher un document administratif.

de ces principes. Lorsqu'un village membre ou une personne issue d'un de ces villages viole ces principes, Séléky pose d'abord la question du désordre constaté au roi-prêtre qui devra donner une réponse s'il le sait ou se donner le délai de chercher à savoir ce qui s'est passé. Quand le coupable est trouvé, Séléky lui rappellera les principes qui régissent tous les membres de la communauté et l'insécurité alimentaire dans laquelle son comportement risque de la précipiter. Le fautif doit apporter à l'autel du roi-prêtre un taureau noir pour réparer le préjudice commis. Un animal de ce pelage est très cher et demeure assez rare à trouver.

C'est donc sur ce fond politico-religieux que vient se superposer le *kasarahak* de Áliin Siitoye appelé *gasira* dans cette localité. Sans supplanter le culte du roi de la pluie, l'implantation du *gasira* a introduit tout de même une sorte de concurrence entre les deux cultes.

> « À l'époque de Áliin Siitoye, la pluie ne devenait rare que quand les « fils de Jimanga[30]» se débrouillaient par des rites pour fermer les vannes du ciel[31]. Mais sinon, il pleuvait tout le temps. Il suffisait de faire correctement le rite de Áliin Siitoye et l'on avait de l'eau en abondance. »

Ces propos d'Ekousse Tendeng révèlent la guerre d'influence qui a pu exister à cette époque entre les tenants des deux cultes. Dans cette épreuve de force, est venu se greffer en 1966 un incident qui a failli désarticuler le système. Enampore qui avait en charge de donner la paille et des lattes pour le toit de la maison du roi-prêtre aurait, pour on ne sait quelle raison, omis de le faire. Un tel acte n'est pas tolérable. Les règles prévues dans la « constitution » qui régit ce peuple sont immuables et ne peuvent être changées par le seul vouloir d'un membre de la communauté. Séléky, en tant que gardien des principes, se fait donc le devoir de sanctionner les fautifs ainsi qu'il est prévu dans la « constitution », mais Enampore n'accepta pas la sanction. Il s'en est suivi une vive altercation entre Séléky et Enampore qui a failli tourner au drame. N'ayant sans doute pas senti de soutien accru des autres membres de la communauté, Séléky décida alors de se retirer du système du roi de la pluie. Ce retrait perturba véritablement le système : Séléky n'assura plus les travaux de labourage et de moissonnage des rizières du roi-prêtre. La « constitution » n'ayant pas prévu que ce

[30] C'est la famille Manga dans laquelle sont choisis de génération en génération les roi-prêtres.

[31] Il semble que c'était pour eux une manière de ne pas se laisser doubler par le culte du gasira de Áliin Siitoye.

travail soit assuré par un autre village en cas d'empêchement de celui qui est appelé à le faire, Enampore ne pouvait donc pas assurer le travail que faisait Séléky. Chaque village avait son rôle dans le système. Et aucun rôle n'était interchangeable. Le roi-prêtre s'appauvrit et perdit tous ses moyens. Il quitta le village, se déliant du même coup de ses devoirs et se retrouva à Ziguinchor. Abandonné des hommes, il vit les femmes de la communauté voler à son secours. Elles se cotisèrent pour tenter de le sauver. Ce généreux geste des femmes ne réussit cependant pas à le sauver. Il mourut à Ziguinchor, à l'hôpital, dans un état d'extrême pauvreté.

Nous trouvâmes Ekousse et Emmanuel Fodde assis côte à côte, tout près de leur lieu de culte : le *gasira* d'Áliin Siitoye dont ils sont à Séléky les derniers desservants. Pour cette raison, ils gardaient encore vivants en mémoire les gestes, mais aussi les paroles du *gasira*. Habitués à se donner mutuellement la parole, nos deux protagonistes parlaient à tour de rôle, sans que je n'aie jamais eu à intervenir. Une fois que j'eus exposé le motif de la rencontre, ils se mirent à parler comme si je n'étais pas là. Dans la sphère de dialogue qu'ils venaient de créer, ils ne s'adressaient pas à moi, mais à Áliin Siitoye, à travers l'histoire de l'implantation du *gasira* situé à deux pas du lieu où nous faisions l'interview. Fodde prit en premier la parole :

> Nous avions connu les cultes de Áliin Siitoye, puis ceux d'Aŋolen d'Emaye et de Anna de Djiwant. À des exceptions près, leurs chants se ressemblaient. Aŋolen et Anna ont tout simplement arrangé par certains côtés les chants d'Áliin Siitoye, mais ils n'en ont pas inventé de nouveaux. Leurs cultes se ressemblaient par endroits ; mais l'original du *gasira* est celui de Áliin Siitoye.

Ekousse interrompit Fodde et se mit à raconter la genèse de l'arrivée du *gasira* de Áliin Siitoye dans le village et des rites d'implantation culte :

> Le culte de Áliin Siitoye nous est arrivé par des émissaires de la classe d'âge appelée *Jambia*, celle de nos grands-parents, et par nos pères, la classe d'âge dénommée *Bagalaŋ*. J'étais déjà un jeune homme quand cela s'est passé. J'ai assisté aux premières cérémonies qui ont procédé à l'implantation du gasira d'Áliin Siitoye chez nous. Áliin Siitoye n'a jamais mis les pieds à Séléky. Comme les autres localités, ici en Casamance et en pays anglais[32], ce sont des émissaires qui ont été chargés de ramener le culte du *gasira* chez eux.

[32] Il s'agit de la Gambie.

Le choix des émissaires était une démarche très délicate. On devait s'assurer que ceux qu'on choisissait avaient une fidélité à la parole et une capacité d'écoute pour rendre compte avec exactitude de ce qu'ils avaient appris auprès d'Áliin Siitoye. Ils apprirent à nos pères que le rite se faisait selon des étapes bien précises. D'abord l'implantation du culte en un lieu propre et porteur d'énergie qu'il fallait entourer d'une clôture faite en bois de palétuvier. Ensuite, matérialiser le *fisira* par des pieux : le premier pieu est celui qui recevra le sang du bœuf et le second, celui du porc. Quatre prêtres seront affectés à chacune de ces entités : deux hommes et deux femmes. Le premier prêtre est l'officiant, l'autre le seconde dans la tâche.

Dans une seconde étape, il faut procéder au choix des prêtres du culte du *gasira*. D'abord les émissaires en concertation avec certains membres de la communauté choisissent celui qui doit procurer un bœuf noir et un porc noir pour la cérémonie d'implantation du *fisira*. L'animal du sacrifice est alors attaché à l'endroit choisi pour l'implantation du gasira. Cependant le nom du donateur doit être tenu secret. Comme pour signifier à tous ceux qui viennent participer à l'implantation du gasira de ne pas chercher à savoir d'où viennent les animaux, on chante :

> Oh ohye báliba naxox síbe nasifen bay
>
> Oh ohye jíbassassor

Ce qui se traduit :

> Dans quel pâturage trouve-t-on les bœufs de báliba le Dieu qui fait tomber beaucoup d'eau ? Nulle part.

Les deux animaux trouvés, chaque adulte qui vient participer au rite de l'implantation du *fisira* apporte une poule ou un coq. Les deux émissaires pénètrent dans l'enceinte du fisira, le lieu de culte. Le coq est égorgé par l'un des émissaires et jeté aux pieds des participants assis tout autour de la clôture du *fisira*. Dans son combat contre la mort, le coq tourne et sautille dans le cercle. Celui aux pieds de qui il rend l'âme devient le prêtre principal qui assurera le culte du *gasira*. Le même geste est repris pour désigner son second. Cette fois-ci c'est une poule qui est égorgée pour choisir la prêtresse de cette entité.

Pour chacune des entités du *fisira*, si le sort désignait un enfant, c'était son père ou sa mère qui en assurait la charge. Le bœuf et le porc n'étaient nécessaires qu'au moment de l'implantation du culte. Une fois installé, le *gasira* se fera désormais selon les besoins exprimés par la force vitale qui commande le lieu. Il y a

> eu des années où, pour nourrir ceux qui venaient au *gasira*, il fallait uniquement des poules, des porcs ou du poisson. Jamais une chèvre. C'est ce que le *gasira* exigeait de nous et nous le faisions ainsi.

Fodde interrompit le récit de Ekousse pour raconter une anecdocte :

> Une année, Káhindua, un quartier de notre village, s'était trompé et avait utilisé une chèvre pour le rite du *gasira*. Aussitôt, les conséquences se sont fait sentir : il a arrêté de pleuvoir. Des émissaires ont été envoyés auprès d'Áliin Siitoye pour lui demander ce qu'il fallait faire afin que la pluie revienne. En guise de réponse, Áliin Siitoye a chanté :
>
> > *Ohoo Sálagi gukaaloe*
> > *gasira sijameen gubajut mal*
>
> Ce qui se traduit par :
>
> > *Ohoo Séléky s'est donné la peine pour rien du tout ;*
> > *faire le rite du gasira avec des chèvres n'offre pas de l'eau.*
>
> Cette erreur nous a valu l'honneur de figurer dans le répertoire de chants d'Áliin Siitoye. Ceux de Káhindua auraient dû savoir qu'on utilise pour le *gasira* qu'un animal qui n'a pas peur de l'eau, en l'occurrence le bœuf et d'autres animaux. Mais pas la chèvre qui, à la moindre goutte d'eau, s'enfuit pour se chercher un abri. Mais voilà, ils l'ont fait.

Ekousse et Emmanuel Fodde, même s'ils continuent à pratiquer le rite du *gasira* se sentent aujourd'hui très seuls. Les nouvelles religions introduites dans cet espace ont occasionné une rupture dans la transmission du savoir sur le *gasira*. De plus, les jeunes gens qui pouvaient en assurer la relève ne sont pas disponibles ou ne s'y intéressent pas du tout. Le *gasira* est en voie d'extinction dans la Commune. Il leur semble que tous les efforts qu'ils font pour maintenir le culte sont vains.

A Essyl, Adiouma Tendeng fut notre interlocutrice. Une femme d'environ 80 ans. Jeune fille, elle avait été envoyée sur le chemin de Kabrousse pour aller participer au Kasarahak organisé par Áliin Siitoye et y apprendre par la même occasion les chants composés par la prêtresse. Le père de son fiancé y était aussi envoyé pour ramener au village le savoir-faire du *kasarahak*. Lorsqu'elle rejoignit le domicile conjugal, elle y trouva un climat du *kasarahak*. Cela améliora particulièrement ses connaissances sur ce sujet car son beau-père qui avait été consacré prêtre du *kasarahak* à son retour de Kabrousse officiait dans le village. Elle avait donc beaucoup appris à son contact. Pour Adiouma, avoir été témoin et actrice de cette époque fut le moment le plus heureux de sa vie. Elle raconte :

> Nous étions un certain nombre de jeunes gens choisis pour aller à Kabrousse. Quelle excitation la veille du départ. A Kabrousse, le monde semblait s'y être donné rendez-vous. Les pèlerins communiquaient entre eux dans les langues de leur pays, mais on chantait en Eer, la langue de Áliin Siitoye. J'avais à l'époque à peine 20 ans. Voir Áliin Siitoye et tout ce monde était vraiment impressionnant. Je ramenais au village de ce séjour beaucoup de chants. Aujourd'hui, à cause de mon grand âge et par le fait que le village n'organise plus le gasira, j'ai oublié beaucoup de chants, mais je me souviens de ceux que le village a composé en l'honneur de Áliin Siitoye et de Báliba :
>
> *Áliin Siitoye nawulo jitey*
> *min nalobul wa ubaje*
> *guñoo báliba nama loboli jon*

Ce qui se traduit par :

Áliin Siitoye est arrivée
Courez vers elle pour
qu'elle vous informe
enfants de báliba,
Áliin Siitoye vous dira
tout ce qu'il est bon de savoir.
Báliba ohowoy (bis)
Ohoo bucar búnanoli ohowoye

Ce qui se traduit par :

Oh ! báliba vois donc
nous mourrons de faim.
Guñenol gubage, élifol ebage
oho Jibassaor, oho báliba ohowoye

Ce qui se traduit par :

Le cultivateur a les bras longs et vigoureux pour manier la longue bêche du Kadiandou

Oh! Jibassassor[33] *déverse des torrents d'eau, nous sommes prêts pour le travail*

oh! Báliba ohowoye

Pour Adiouma, Áliin Siitoye avait été envoyée sur terre pour libérer les gens de la faim et de la peur. Elle a permis aux rizières de se remplir à nouveau d'eau et de porter beaucoup de fruits, dira-t-elle sur un ton de regret. « Avec elle, nous voyions le spectre de la faim reculer, même la peur que nous inspirait le colonisateur s'atténuait. Nous osions affronter le colonisateur d'une manière ou d'une autre, poursuivra-t-elle ».

Adiouma était convaincue que si les villageois n'avaient pas été trahis par les leurs, c'est-à-dire les soldats noirs, les interprètes et tous les autres auxiliaires de l'administration, jamais le colonisateur n'aurait pu venir à bout de leur résistance. « Ce sont ceux-là, ceux qui parlent nos langues et nous connaissent qui nous ont livrés à lui ». Dira-t-elle d'un ton amer. Pour étayer son propos, elle raconta une anecdote sur Benjamin Diatta, l'ancien chef de province d'Oussouye. Alors que les gens des villages d'Essing[34] avaient, comme à l'accoutumée, refusé de s'acquitter de leurs impôts, Benjamin décida de les y obliger. Accompagné par un groupe de gardes et de tirailleurs, il marcha sur Éssing. Les gens du village qui étaient au courant de son arrivée allèrent se réfugier dans les forêts environnantes. Benjamin et ses hommes installèrent un camp au milieu du village. Pour leur alimentation, chaque semaine qui passait, ils tuaient un taureau qu'ils prenaient parmi les belles bêtes du troupeau des gens du village. Benjamin connaissait la symbolique très forte que les Jóola lient à cet animal, dit-elle. Le taureau est l'animal de sacrifice par excellence. On ne le tue pas pour le plaisir ou juste parce qu'on a envie de manger de la viande. On le tue pour honorer nos morts et pour accompagner nos enfants quand ils sortent de l'enfance pour entrer dans l'âge adulte, le Buxut[35]. Benjamin savait tout cela. poursuivit-elle. Pour arrêter le massacre, les gens d'Éssing sont sortis de leur cachette pour se rendre et s'acquitter de leurs impôts. « De telles humiliations faisaient partie de notre quotidien » dira-t-elle pour terminer.

[33] Jibassassor est le surnom de Báliba. C'est une sorte d'onomatopée qui imite le bruit de l'eau qui tombe du ciel.

[34] Groupe de villages situés dans la sous-préfecture de Nyassia à environ 17 km de Ziguinchor.

[35] Initiation des jeunes gens qui a lieu tous les 25 ou 30 ans.

2.3 Áliin Siitoye et la question de l'enrôlement des jeunes gens

Lesnert et Libert, tous deux anciens combattants de la Seconde Guerre, racontent pour les besoins de ce livre l'horrible aventure humaine qui a été la leur durant la Seconde Guerre mondiale. Ils furent inscrits sur des listes par l'ancien chef de canton de l'entité administrative Brin-Séléky et recrutés par la force pour la guerre. Ils parleront dans les pages qui suivent de leur recrutement, des épreuves subies en Italie, en Corse et à Toulon. Leur recrutement étant intervenu entre 1941-42, ils n'avaient pas eu l'opportunité de rencontrer Áliin Siitoye. Mais ils en avaient tous entendu parler, « là-bas, à Rufisque où ils apprenaient les balbutiements du français et le maniement des armes. » dira Lesner qui sera le premier à prendre la parole pour relater son expérience.

> Je n'ai jamais eu la chance de rencontrer Áliin Siitoye en personne. Mais je connaissais son culte et son message. La dernière fois que j'ai entendu parler d'elle, j'étais déjà enrôlé dans l'armée. Dans la caserne où je me trouvais à Dakar, c'est là que nous avions appris la nouvelle de son arrestation. Puis quelqu'un dans le groupe, je ne sais plus qui, a pris l'initiative d'organiser une collecte. On nous avait dit que „l'Envoyée de Dieu" avait été arrêtée. Nous voulions améliorer les conditions de sa détention. Qu'elle puisse se procurer de petites choses pour couvrir ses besoins. Nous avions donné chacun un franc. À l'époque, un franc, ça avait de la valeur. Tous les jóola qui étaient avec nous à la caserne avaient donné leur participation.
>
> Áliin Siitoye n'avait pas eu tort de faire des rites pour empêcher les recrutements des jeunes gens pour la guerre. La douleur psychique que l'on a endurée en voyant certaines monstruosités ne nous quittera jamais. Le recrutement, du moins le nôtre, ne s'est pas fait sur la base du volontariat. Le volontariat pour l'armée est venu après quand certains ont cru qu'on y devenait riche. Dans le Mof Ávvii, nous étions à l'époque sous le commandement de Pierre Bassène[36]. C'est lui qui nous a désignés et inscrits sur la liste des futurs candidats à l'enrôlement, sans nous demander notre avis. Un beau jour, j'ai reçu, tout comme mon ami ici présent, une invitation à me rendre à Ziguinchor pour la visite médicale. À partir de ce jour-là, ma mère a cessé de se nourrir. Elle passait ses journées à pleurer. Nous fûmes regroupés devant la maison de Pierre Bassène puis menés sous escorte à

---

[36] Pierre Bassène était à l'époque le chef du canton Brin-Séléky.

pied vers Bignona[37]. Ma mère de même que ma fiancée ont suivi l'escorte à distance jusqu'à Ziguinchor. C'est là qu'elles ont attendu, espérant qu'on me libérerait. Mais en vain. Elle n'était pas la seule. D'autres mères avaient fait la même chose. Après la visite médicale, nous prenions le chemin pour Bignona.

Une semaine après, ils nous ont ramenés de nouveau à Ziguinchor. Et c'est de là que nous avons embarqué pour Dakar à bord du bateau « Capitaine Lopez ». Ma mère et ma fiancée comprirent qu'il n'y avait plus aucune chance pour moi, comme pour les autres, de revenir au village.

C'est à Dakar[38] que je fis mes premières armes. À la suite de cet apprentissage, nous fûmes, mon compagnon et moi, affectés au deuxième bataillon. L'on nous sépara lorsqu'ils s'apprêtèrent à nous envoyer au front. Mon ami Libert fut affecté au premier bataillon alors que moi je restais au deuxième. Le lendemain, j'embarquais pour Casablanca. Ils avaient affrété douze bateaux. Le voyage dura neuf jours sur un fond de mal de mer et de prémonition. J'avais le sentiment de voir la terre d'Afrique pour la dernière fois. Un voyage bien triste. Au port de Casablanca des trains nous ont accueillis pour nous mener vers d'autres destinations. J'atterris à Agadir. Je quittai quelque temps après Agadir pour Marrakech. Mais c'est en Algérie que j'ai embarqué pour la Corse. J'y ai passé trois mois avant que mon ami Libert ne m'y retrouve. Mais il est à peine arrivé qu'il a été embarqué pour l'Italie pour y faire la guerre. Il me retrouvera quelques mois plus tard en Corse d'où nous partirons pour la France pour libérer Toulon. La libération de Toulon fut pour moi l'expérience la plus amère de la guerre. C'est là que j'ai failli perdre la vie, mais c'est aussi à Toulon que j'ai vu, après des jours de violents combats, des corps réduits aux seuls intestins ou à la cervelle. Terrible ! Des images qu'on n'oublie jamais. D'abord lorsque nos canots sont arrivés près de Toulon, on ne pouvait pas poser le pied sur les plages, car elles étaient minées par les Allemands. Il a fallu l'ingéniosité de nos chefs qui, en un tour de main, ont procédé au déminage d'une partie de la plage nous permettant ainsi de poursuivre l'offensive.

Par la suite, j'ai fait Lyon, puis Saarbrücken. La ville étant détruite par les Anglais et les Américains, nous avions été

[37] Le département de Bignona se situe à 30 kilomètres de Ziguinchor. C'était une marche d'environ 50 km de son village jusqu'à Bignona.
[38] Quand Lesner parle de Dakar, il y inclut Rufisque. Il a fait ses premières armes à Rufisque.

> installés à Völklingen dans la même région. Ce parcours que je viens de décrire, je ne l'aurais pas fait si Áliin Siitoye avait réussi à arrêter la folie des colons et de son administration locale. Qu'est-ce que nous sommes allés faire là-bas ? Hein ? Tu peux me le dire ? J'ai fini.

Sa voix s'affaiblit, son regard s'assombrit, ses mains tremblèrent légèrement, Lesner n'était plus là : il était ailleurs, sur le sol français des années 1940. Il marmonna quelques mots, je ne le compris pas. Pour atténuer l'émotion et permettre à Libert dont je voyais les yeux rougir d'entrer plus sereinement dans le débat, je leur fis voir le livre d'Eric Deroo et Antoine Champeaux, ***La force noire : Gloire et infortunes d'une légende coloniale.***[39] Lesner reçut le livre avec beaucoup de respect et le posa sur ses genoux.

À la vue des premières images des Tirailleurs Sénégalais, Libert approcha son banc. Rien ne semblait plus exister tout autour. Les images défilaient, leurs commentaires prenaient le ton de la confidence. Je respectais leur tête-à-tête. Une photo pour immortaliser le moment. Puis je me retirai de la sphère de dialogue qui s'était établie entre les deux.

Au bout d'un certain temps, lorsque je revins vers eux, ils étaient encore à feuilleter le livre. Et, comme s'ils prenaient tout d'un coup conscience de ma présence, Libert referma le livre, puis comme s'il voulait tirer la force de sa parole des images qu'il venait de voir, il tint le livre des deux mains, les yeux rougis par l'émotion, il se mit à parler :

> Avant de parler d'Áliin Siitoye, je voudrais commencer par un précurseur de ces mouvements : une femme, Álandisso Bassène. Elle officiait à Etama[40]. Le génie de son culte qui s'appelait Ahumanding était apparu dans sa famille et lui avait dicté ce qu'il fallait faire. Mais le culte n'a pas connu une grande expansion. Álandisso et avec elle quelques-uns de ses hommes de main furent arrêtés et incarcérés à Kamobeul[41] d'abord puis à Ziguinchor, je crois. Je ne sais plus. Je connaissais Álandisso parce que mon père et moi allions à la pêche au filet vers l'embouchure du fleuve, tout près du village d'Etama. Le culte Ahumanding était également

---

[39] Eric Deroo et Antoine Champeaux, *La force noire : Gloire et infortunes d'une légende*, Tallandier, Paris 2006.

[40] Village de la Commune d'Enampore situé à environ 30 kilomètres de Ziguinchor.

[41] Village de la Commune d'Enampore. Avant la création de la Province d'Oussouye, Kamobeul était à l'époque le cercle administratif et militaire de toute la région sud de la Casamance.

connu ici à Séléky. C'est à la suite de la dislocation de ce culte qu'est apparu celui d'Áliin Siitoye.

Dans notre village, à l'exception de Káhindua[42], chaque quartier avait envoyé auprès d'Áliin Siitoye des émissaires pour ramener le culte du *gasira* ici. Il y eut autant de lieux de culte de *gasira* que d'émissaires envoyés, c'est-à-dire, quatre. Ceux qui y sont allés nous ont raconté que le monde semblait s'être donné rendez-vous à Kabrousse. La réputation d'Áliin Siitoye avait même atteint la Gambie anglaise. Comme l'a dit tantôt mon ami Lesner, je pense aussi qu'elle avait raison d'user de la force que Dieu lui avait donnée pour empêcher le recrutement. Regarde ! Combien sont revenus de là-bas ? Et puis, nous sommes des riziculteurs. Quand vous prenez des jeunes gens pour la guerre, vous privez leur famille de bras valides. Vous installez de ce fait l'insécurité alimentaire dans cette famille. Oui, elle avait tout à fait raison. Les lieux de culte sont aussi là pour la protection des gens. Mais le « Blanc » a usé de sa force pour fermer la bouche à Áliin Siitoye. Quant à nous, nous avions été arrachés de force pour aller à cette guerre. Une convocation, c'est tout. Et il fallait y répondre, sinon c'était ton père qui en subissait les conséquences : pris en otage, il subissait coups et mauvais traitements jusqu'à ce que la personne recrutée se rende. Quand la fameuse convocation arrivait dans une famille, les gens venaient de partout pour présenter leurs condoléances à la famille comme si la recrue était morte.

Après le recrutement, on m'emmena à Rufisque. Comme la plupart des recrues, je ne parlais aucun mot de français. C'est à Rufisque que j'appris quelques rudiments de français. L'enseignement du français commençait par la connaissance des parties du corps. La seconde leçon portait sur le salut militaire et la manière dont on devait s'adresser à nos supérieurs. La troisième leçon consistait au maniement des armes et aux techniques de combat. Puis lorsqu'on nous jugea dignes de faire partie du monde extérieur, on nous donna des cartes d'identité. Le but du jeu n'était pas de nous scolariser. Non ! Nous devions juste savoir ce qui servait leurs intérêts, c'est tout. C'était cela servir sous le drapeau français.

Le maniement des armes, je le fis, comme toutes les nouvelles recrues, dans le deuxième bataillon. Puis quand nous pouvions suffisamment nous exprimer en français, nous nous mêlions aux

[42] Un Quartier du village de Séléky.

anciens qui avaient déjà fini leur formation et n'attendaient que le moment de partir au front.

Le départ vers la France se fit par étapes : de Dakar à Casablanca d'abord. À Casablanca on fit savoir au commandant que le voyage vers la France comportait des dangers à cause des Allemands qui risquaient de torpiller le navire. Il rétorqua qu'il n'était pas homme à perdre un régiment. Sans discussion, un matin, on nous embarqua de Casablanca pour l'Europe. Après une nuit en mer, à l'aube du deuxième jour, notre navire fut atteint par un tir ennemi. Nous étions 1500 hommes à bord, sans compter nos minutions. Si le tir avait touché les munitions, nous serions tous perdus parce que le bateau aurait explosé. Nous avions malgré tout essuyé de grosses pertes : 1200 disparus, 300 sauvés. Je fus parmi ceux-là.

Nous fûmes récupérés par les Américains qui nous remirent d'autres armes. Il fallait apprendre à les manier. Un mois passa dans l'apprentissage du maniement de ces armes. Après que les Américains jugèrent que nous avions assez de maîtrise des armes qu'ils nous avaient données, nous embarquâmes d'abord pour la Corse où nous avons libéré Eluday[43] avant de rentrer dans Bastia, la capitale. Puis, au lieu de nous laisser à Bastia, on nous mena quelque part en forêt et c'est là que nous avons attendu notre mission suivante : libérer Toulon. Les Allemands sont de valeureux guerriers, hargneux. Je peux te l'assurer. J'ai retenu d'eux cette phrase qui terminait souvent leur propos : « alles kaput, egal[44] »

C'est sur cette note d'éloges et d'admiration de la bravoure de ceux qui furent hier les ennemis de toutes les nations du monde que je quittai Lesner et Libert pour me rendre à nouveau à Kabrousse.

3. Les vrais acteurs de la destruction de l'esprit du Husarahak

« Le colonisateur ne nous aurait jamais aussi facilement gagné si les nôtres ne nous avaient pas livrés à eux. » Adiouma Tendeng, Essyl

À Kabrousse, je voulais approfondir la lancinante question abordée souvent de manière évasive avec une teinte d'amertume par les différents interlocuteurs rencontrés : il s'agit de la question des auxiliaires de l'administration coloniale. Que ces agents soient des soldats ou des interprètes, ils ont la particularité d'être issus du même milieu culturel que les administrés. Ils parlent les langues locales,

[43] Lieu non identifié. Il s'agit peut-être de l'Île d'Elbe.

[44] « on s'enfout, on détruit tout. »

connaissent les symboles culturels et religieux forts qui rattachent les gens viscéralement à leur terre. Ils savent donc où porter le coup qui fait mal. Quand Áliin Siitoye, dans son message, chantait : « Dieu a dit d'arrêter de les prendre (sous-entendu : les bœufs, les chèvres, etc.) pour les remettre au commandant », elle s'adressait, sans les nommer, à ces auxiliaires-là qui exécutaient ces tâches ingrates.

Pour ce qui concerne l'histoire de Áliin Siitoye, des noms étaient souvent revenus dans les débats : celui de Tété Diédhiou et de Benjamin Diatta, dans la hiérarchie supérieure, de Ampa Eloute et de Pierre Bassène, dans la hiérarchie inférieure. Les premiers exerçaient respectivement le poste de chef de province et celui d'interprète du commandant de cercle de Ziguinchor et les seconds étaient des chefs de cantons qui avaient au niveau local l'ingrate tâche d'appliquer les décisions administratives.

Au moment de l'arrestation d'Áliin Siitoye, Benjamin Diatta, destitué de son poste de chef de province, avait déjà quitté la région. Natif de Kabrousse, sa destitution a été vécue dans son village comme une injustice de plus. Les informateurs rencontrés à Kabrousse étaient persuadés que l'arrestation et la déportation de Áliin Siitoye et de ses compagnons d'infortune ne se seraient jamais passés ainsi si Benjamin était encore en poste à Oussouye. Si son village garde de lui une image de protecteur, le reste de la province le connaissait sous un autre visage : celui d'un homme qui, conscient de son pouvoir, savait utiliser la force pour arriver à ses fins. On lui avait donné le pseudonyme de « ésuk etey » : « celui devant qui tout le monde fuyait ». Les villages de Nyassia ont gardé de lui le souvenir de celui qui, avec des troupes de tirailleurs, avait assiégé les villages pour les obliger à s'acquitter des impôts. Pendant le siège, les troupes se nourrissaient en se servant impertinemment dans les troupeaux du village. Les plus belles bêtes passaient à la casserole jusqu'au recouvrement complet des impôts dus[45]. Dans ces villages, pour récriminer cette attitude, on chantait :

> Oh oh harissa commandant nage
> síbe buyot sussume ellu
> Oh oh harissa ohe
> Harissa nama asanum

[45] Une initiative mise en place par l'administrateur de Coppet alors en poste au Sénégal. La consigne que Benjamin Diatta appliquait à la lettre venait de cet administrateur.

Ce qui se traduit par :

oh harissa le commandant a dit
que la viande des bœufs de Buyot est
succulente[46]
oh oh harissa, on nous considère
comme des gens riches[47]

Le jour de l'arrestation de Áliin Siitoye et de ses compagnons d'infortune, hormis le commandant Sajous et son équipe, un personnage dominait la scène : Tété Diédhiou, interprète et conseiller du commandant Sajous[48]. En dehors de son rôle d'interprète qui faisait de lui une figure incontournable dans le fonctionnement de l'administration, il avait été inclus dans les opérations de police et de « pacification » de la Casamance au même titre que les autres soldats : c'est lui qui guidait les compagnies lors des campagnes de pacification ou de prélèvement des impôts : c'était le cas en 1906 quand, comme enfant de troupe, à l'âge de 14 ans, il avait guidé la 4e compagnie qui avait pour mission de percevoir coûte que coûte les impôts dûs par les gens de Séléki[49]. C'est au cours de cette campagne que Djignabo[50], prêtre du culte de l'initiation des hommes, fut abattu par une sentinelle qui montait la garde devant le camp implanté pour la circonstance dans le village vidé de ses habitants. Il fallait donc assiéger le village jusqu'au recouvrement complet des impôts dûs.

Tété Diédhiou était également de la partie lorsqu'en janvier 1943, le commandant Sajous décidait de mettre un terme au refus obstiné des gens de Youtou et d'Effok de se soumettre aux exigences de

---

46 Le chant stigmatise la cupidité et la gourmandise du commandant et de ses troupes. Comme indiqué plus haut, on ne tue pas les animaux, en particulier les bœufs, les porcs ou les chèvres, tout simplement parce qu'on a envie de manger de la viande. Celui qui le fait est considéré comme un gourmand, une personne dont l'intelligence ne se réduit qu'à son estomac.

47 Ceci est une raillerie qui met l'accent sur l'idée généralement admise chez tous les administrateurs coloniaux que les Jóola étaient tous riches, leurs greniers étaient remplis à craquer et du bétail, ils en avaient à foison puisqu'ils ne les tuaient qu'en de rares occasions.

48 ANS. 11D1/226. Rapport du Lieutenant-Colonel Sajous, commandant le cercle de Ziguinchor, sur les incidents en pays Floup au cours du mois de janvier 1943.

49 Christian, Roche. *Histoire de la Casamance. Conquêtes et résistance 1850 – 1920. Karthala, janvier 1985.*

50 Djignabo de son vrai nom Jígaba est le parrain du lycée de Ziguinchor qui porte son nom.

l'administration coloniale. Le colonel Sajous qui considérait Áliin Siitoye comme l'instigatrice de toute cette fronde devait, par la même occasion, être mise hors d'état de nuire[51]. L'habitude des Floups de mépriser les ordres provenant de l'administration a été provoquée par « l'audace insolente de Áliin Siitoye[52] », écrit-il dans son rapport. Il fallait donc « ruiner le prestige de la visionnaire et de sa bande » écrira-t-il dans une autre correspondance adressée au gouverneur du Sénégal.[53]

Alors par un « raid rapide[54] » une opération de police devait être menée afin de châtier les gens d'Effok qui, non seulement, refusaient d'éxécuter les ordres de l'administration ; de plus, ils s'étaient rendus coupables d'agression sur la personne du Sergent Rollin. D'après le rapport du colonel Sajous, la patrouille commandée par le sergent avait eu pour mission de se rendre à Effok pour d'une part « disperser des bandes armées qui s'y étaient formées et, d'autre part, avertir la population d'avoir à porter le riz à la date indiquée à Ayoune[55] ». Le détachement arrivé dans l'après-midi aux portes d'Effok fut reçu par des coups de feu et des tirs de flèches, mais ne subit aucune perte en vies humaines.[56]

Pour réussir le raid, le commandant misa sur une action concertée de plusieurs groupes de combats. Chaque groupe devait atteindre Effok par un itinéraire différent. Le groupe conduit par Tété Diédhiou était parti d'Oussouye à minuit et marchait sur Effok en passant par Youtou[57]. Par cet itinéraire, il devait arriver au petit matin et surprendre les gens d'Effok. Pendant ce temps le commandant Sajous et son groupe partaient d'Ayoune la veille à 17 h 15 pour atteindre la lisière du village d'Effok à la tombée de la nuit. Un émissaire, en la personne de l'administrateur Picandet, fut envoyé en Guinée-portugaise pour prévenir les autorités politiques du pays de l'éventualité de l'arrivée de réfugiés à la frontière en provenance d'Effok. Selon toute vraisemblance, l'intention du

---

[51] ANS. 11D1/226. Telegramme-Lettre n° 92 au gouverneur du Sénégal, le 18 janvier 1943.

[52] ANS, 11D1/226.Lettre du lieutenant-colonel Sajous au gouverneur du Sénégal, le 5 janvier 1944.

[53] ANS. 11D1/226. Lettre du lieutenant-colonel Sajous au gouverneur du Sénégal, le 23 avril 1943.

[54] ANS. 11D1/226. Rapport du Lieutenant-Colonel Sajous, commandant le cercle de Ziguinchor, sur les incidents en pays Floup au cours du mois de janvier 1943.

[55] *Idem.*

[56] *Idem.*

[57] *Idem.* Tété Diédhiou conduisait un groupe de 20 tirailleurs sénégalais munis de trois fusils mitrailleurs (FM).

Commandant Sajous était d'obtenir la fermeture de la frontière sénégalo-portugaise par les autorités portugaises afin que des fugitifs ne parviennent pas à la passer du côté de San Domingos.

Dans la journée du 20 janvier 1943, alors que Tété Diédhiou et l'officier Le Moniès se trouvaient à Youtou, il leur fut signalé que des hommes armés se trouvaient à trois kilomètres du camp installé pour la circonstance à Youtou. Craignant une éventuelle attaque dans la nuit, l'officier le Moniès décida d'aller à l'offensive. Au cours de l'échange de coups, l'officier tua un guerrier de Youtou, Tété Diédhiou en blessa un autre[58]. L'interprète faisait ici place au soldat.

C'est ce dispositif militaire qui arrivera aux portes de Kabrousse la nuit du 28 au 29 janvier 1943 pour encercler le village afin d'attraper morte ou vivante Áliin Siitoye.

Le témoignage rendu par Tété Diédhiou lui-même à propos de l'arrestation de Áliin Siitoye auprès de différents chercheurs dont il était l'informateur – Christian Roche et Louis-Vincent Thomas entre autres[59] – et dans ses notes personnelles versées aux Archives Nationales du Sénégal présente son rôle dans cette affaire sous un autre jour : celui du diplomate, celui qui, même avant que le commandant ne prenne la décision d'arrêter Áliin Siitoye, avait suggéré de se rendre à Kabrousse en compagnie de Benjamin Diatta pour parler à Áliin Siitoye et aux notables du village. La démarche n'aurait pas abouti à cause de la destitution de Benjamin Diatta de son poste de chef de province.

Dans la nuit du 28 au 29 janvier 1943, Tété Diédhiou aurait cherché à éviter le bombardement du village. Il rapporta que c'était lui qui, durant toute la nuit, tempérait le fougueux colonel qui menaçait de détruire le village si Áliin Siitoye ne se rendait pas ou si ses soutiens réussissaient à la faire passer en Guinée portugaise. Et, parallèlement, il négociait avec les notables de Kabrousse à qui il tentait de faire comprendre le sérieux de la situation dans laquelle se trouvait le village. Pour éviter le malheur qui s'abattrait sur le village, les notables devaient indiquer l'endroit où se cachait Áliin Siitoye.

[58] ANS. 11D1/226. Telegramme-Lettre du lieutenant-colonel Sajous, commandant le cercle de Ziguinchor, au gouverneur du Sénégal, le 22 Janvier 1943.

[59] Thomas, L. V, *Les Diola, essai d'analyse fonctionnelle sur une population de Basse Casamance, IFAN, Dakar, 1959, 2 vol., 820 p.* Christian Roche, *Histoire de la Casamance. Conquêtes et résistances : 1850-1920, Paris, Karthala, 1985, 401 p.*

Parmi les personnes interrogées à Kabrousse, personne ne se souvenait (ou ne voulait se souvenir) de cet épisode. Pour eux, Tété Diédhiou, les tirailleurs sénégalais et le commandant étaient des agents d'un même système. Ils poursuivaient tous le même but : celui de les détruire. À armes égales. Les guerriers dans les villages n'auraient jamais hésité à les affronter et à les tuer s'il le fallait. Dirent-ils. Pour les témoins, Tété Diédhiou était un collaborateur et en tant que tel, il n'avait cherché ni à protéger le village ni la personne d'Áliin Siitoye.

Était-ce sa manière à lui, après coup, de se mettre du côté de la « Grande Histoire ? », celle des héros ? Ou est-ce une attitude de négation de la part des populations de Kabrousse face à ce qui s'est avéré être une catastrophe sociale et culturelle[60] en ce 29 janvier 1943 ? On ne saura jamais la vérité. Le récit de Tété Diédhiou est révélateur de tout le paradoxe des auxiliaires de l'administration coloniale, qu'ils soient des interprètes, des tirailleurs, des gardes de cercle ou de « simples » porteurs. Les méthodes mises en place pendant l'occupation, la pacification, l'exploration et la saisie des biens dans le cadre des impôts les confrontent à d'autres Africains pour le compte des Français. C'étaient eux qui, par leur connaissance du terrain et de la culture du milieu, guidaient les missions, informaient les colonisateurs et participaient ainsi directement à la réussite de l'entreprise coloniale par peur ou en échange de postes, de prestige et autres. À ce titre, pour ceux qui subissaient la répression coloniale, les auxiliaires de l'administration coloniale avaient le même visage que ceux qu'ils servaient. Tété Diédhiou n'en faisait pas une exception. Interprète et conseiller du commandant, il participait, consciemment ou inconsciemment, à l'œuvre d'exploitation que la France menait dans les colonies par la force du fusil. À Kabrousse et ailleurs dans l'ancienne province d'Oussouye, le « Álulumau[61]» pouvait être de peau blanche ou noire.

---

[60] Des 18 personnes arrêtées le 29 janvier 1943, seules quatre avaient survécu à la date du 15 juin 1945. En dehors de la catastrophe humanitaire, le village a subi un traumatisme qui rendit les témoins « aphones » pendant près de 70 ans.

[61] Traduction littérale « le Blanc », terme qu'il faut entendre ici par : « agents de la répression. »

Dossier photos : Les lieux de mémoires

Photo n° 1. Le lieu du Kasarahak de Áliin Siitoye
(© Bábayi juin 2023)

Photo n° 2. Le Husarahak dans la concession húlahaj
(© Bábayi, septembre 2024)

Photo n° 3. Kagiil appelée aussi la mare de Áliin Siitoye
(© Bábayi, décembre 2023)

Photo n° 4. À côté de Kagiil, la petite mare qui sert d'abreuvoir
pour les animaux (© Bábayi, décembre 2023)

Dossier photos : Les témoins de l’époque rencontrés au cours des recherches

La lignée Bahemb

Photo n° 5. Aribannakaay (© Odile Tendeng, avril 2004)

Photo n° 6. Aribannakaay et Bábayi (© Odile Tendeng,avril 2004)

Photo n° 7. Ñakassar et Angèle avec E. Bábayi
(© Odile Tendeng, avril 2004)

Photo n° 8. Ñakassar et Angèle exhibant fièrement la photo de Álugay
(© Odile Tendeng, avril 2004)

La lignée Juhoŋul

Photo n° 9. Jikamut (© Odile Tendeng, avril 2004)

Photo n° 10. Jikamut, Edouard Bábayi et Théophile (© Odile Tendeng, avril 2004)

Photo n° 11. Dembulo Diatta (© M. Weidler, février 2008)

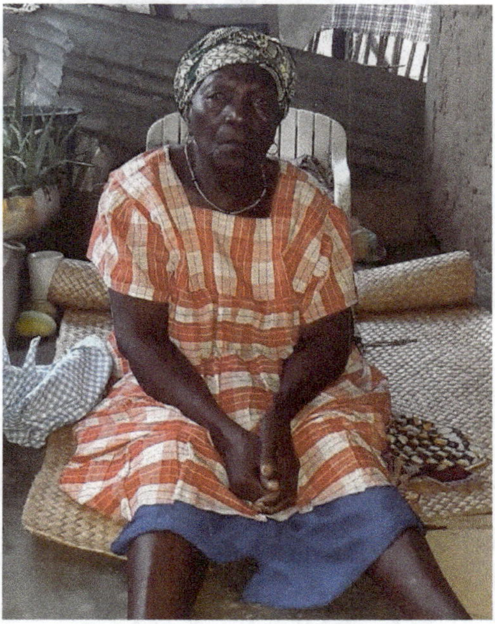

Photo n° 12. Ñakayela Diatta, (© Bábayi, mars 2005)

Photo n° 13. Abajebe Diatta

Photo n° 14. Amaŋesso Diatta
(une ancienne photo mise à disposition par sa fille)
(© Alphonse M. Diatta Décembre 2023)

Des anciens combattants de la Commune d'Enampore

Photo n° 15. Lesner Bassène. (© M.Weidler, février 2008)

Photo n° 16. Libert Bassène (© M.Weidler, février 2008)

Photo n° 17. Les deux anciens combattants feuilletant le livre d'Eric Deroo et Antoine Champeaux. Le livre éveille bien des souvenirs.

Deux desservants du culte de Áliin Siitoye à Séléky

Photo n° 18. Fodde Tendeng et Ekousse Tendeng.
(© Odile Tendeng, février 2008)

Photo n° 19. Une mare aux environs du lieu de culte.
(© Odile Tendeng, février 2008)

Une émissaire envoyée à Kabrousse
pour aller apprendre les chants de Áliin Siitoye

Photo n° 20. Adiouma Tendeng. (© M. Weidler, février 2008)

Un témoin du Kasarahak à Diembereng

Photo n° 21. Joseph Kájumba Diatta. (© M. Weidler, Février 2008)

Dossier : Cartes

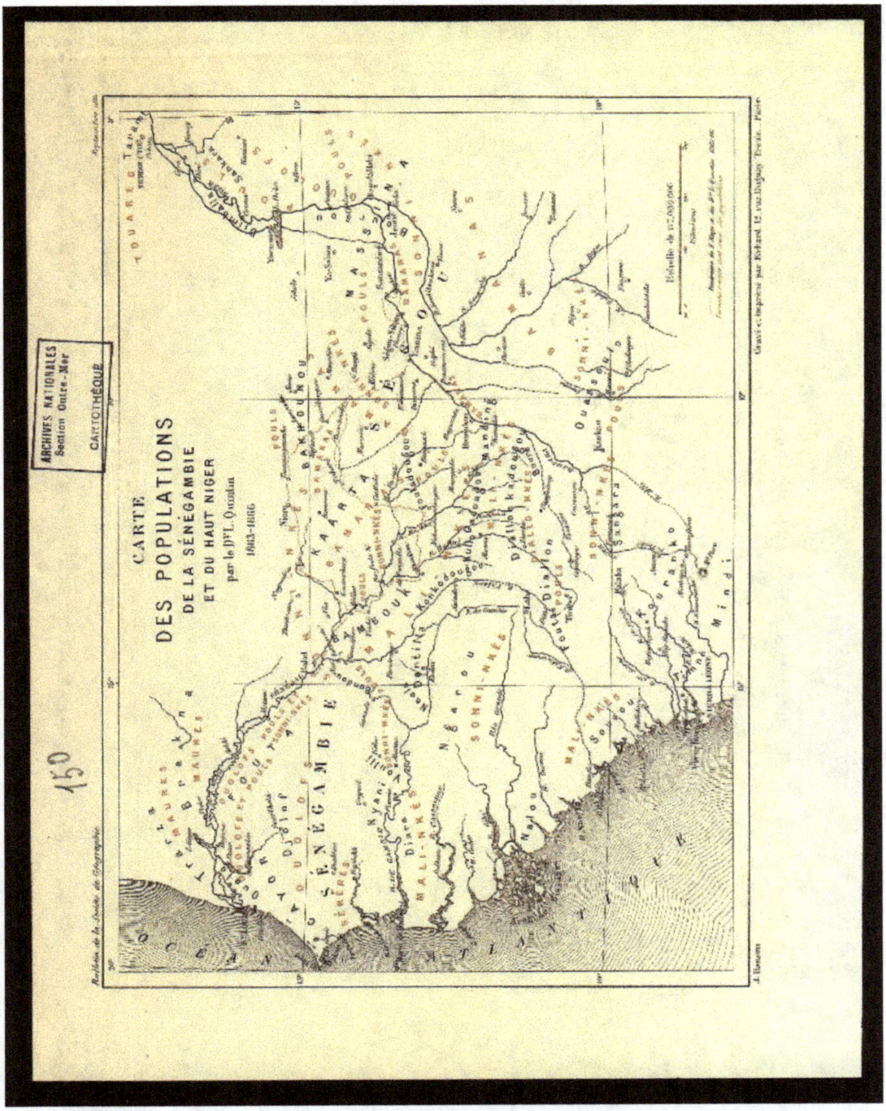

Figure 1 : Carte des populations de la Sénégambie et du Haut-Niger 1863-1966 par le Dr L. Quintin

source : Archives Nationales. Section : Outre-Mer

Figure 2 : Carte de la Cazamance.
Direction des affaires politiques. Juin 1881

Figure 3 : Carte des territoires de la Basse-Casamance
et du District de Cacheo
Par Brosselard-Faiherbe, Henri (1855-1893.

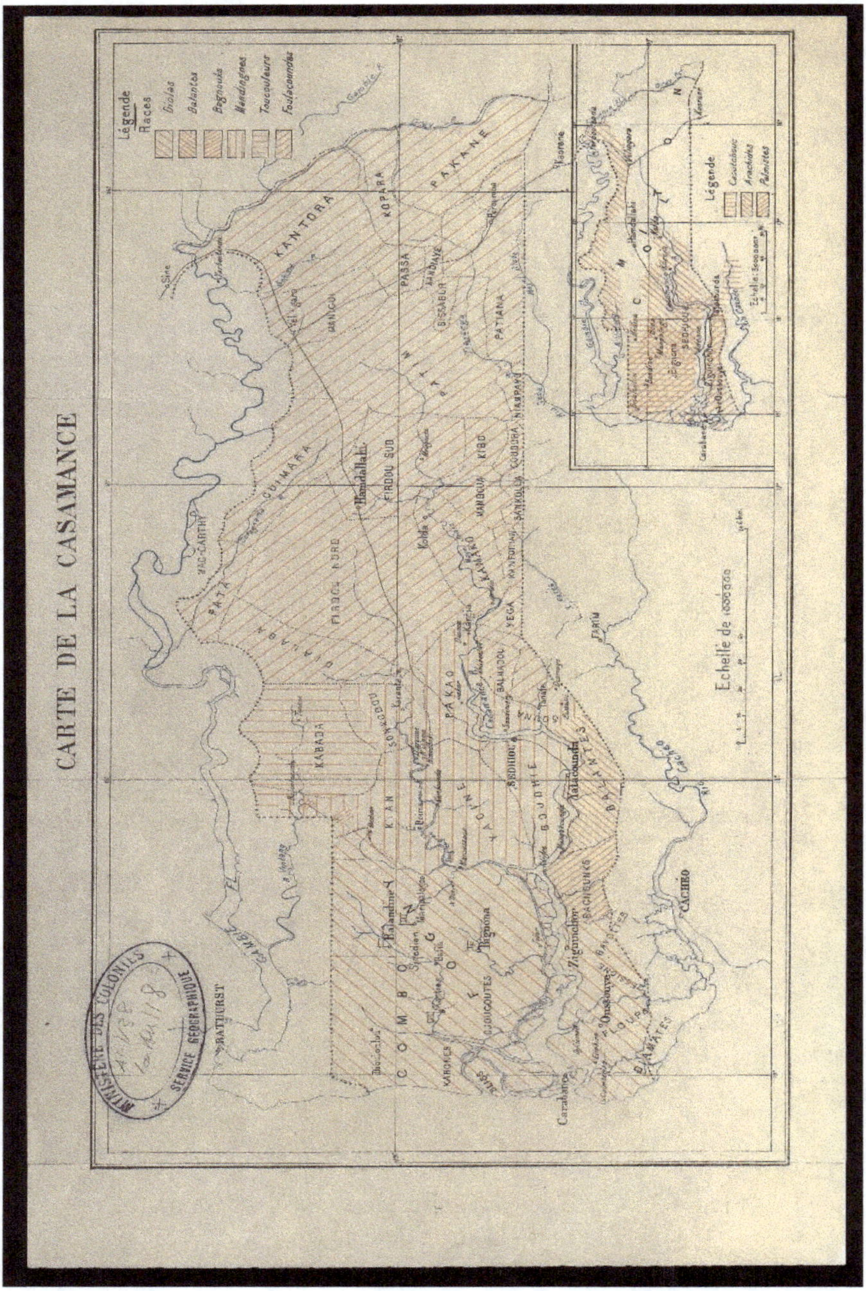

Figure 4 : Carte de la Casamance. Ministère des Colonies.
Service Géographique. 1938
Source : CAOM

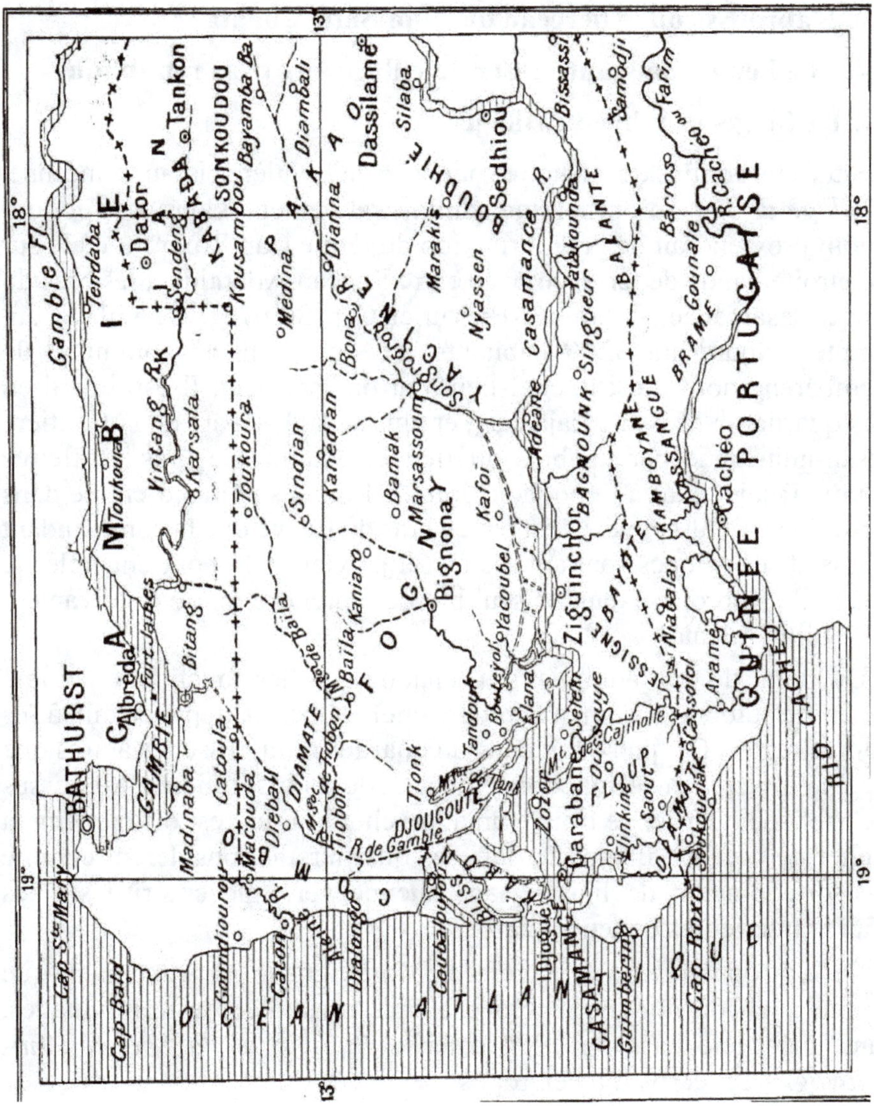

Figure 5 : carte ethnographique de la Basse-Casamance
L'Anthropologie, 1907, p. 70

4. Kabrousse ou le berceau de Áliin Siitoye Jaata

4.1 Le lieu de naissance : Eer, le village aux trois républiques

4.1.1 La géographie du village

Situé aux confins du territoire national, à la frontière bissau-guinéenne, le *village de Eer* qu'on nomme administrativement Kabrousse et dont le nom proviendrait de la déformation du terme Cap Roxo[62] s'étale sur une étroite bande de terre, coincée entre l'océan Atlantique, les bras du fleuve Casamance, la Guinée-Bissau et Cap Skirring. Ce village qui compte aujourd'hui 3246 habitants est situé dans la commune de Diembereng dont il est le chef-lieu d'arrondissement. Il est réparti en trois quartiers : Mossor, Kajakaay, et plus au sud, séparé de la frontière bissau-guinéenne par un bras du fleuve, Nialou. Ce bras de fleuve nommé Bíjejet était à l'époque coloniale l'un des points d'entrée dans la province d'Oussouye. C'est par ce bras du fleuve que le commandant Sajous et ses troupes sont arrivés un 29 janvier 1943 pour encercler le village de Kabrousse dans le seul but de « prendre morte ou vivante » Áliin Siitoye Jaata.

Du point de vue administratif, chaque quartier fonctionne comme une entité autonome ayant son propre chef et obéissant, par ce fait, à ses propres règles. Ce qui se fait dans un quartier n'intéresse les autres que si cela empiète sur le fonctionnement de leurs institutions. Au-dessus des chefs de quartier se trouve un autre chef qui, lui, est officiellement le chef de tout le village. De fait, les quartiers le considèrent comme une sorte d'agent de liaison sans aucune véritable emprise sur les affaires intérieures de leurs quartiers.

Ce cloisonnement a fait croire à Monseigneur A. Kunemann que l'entité que l'on nomme Kabrousse était constituée de trois villages. Dans un article paru en 1904 dans le *Bulletin de la Société Anti-esclavagiste*, il écrivait à ce propos :

---

[62]Information recueillie par nos soins au cours de missions entre 2005 et 2006 à Kabrousse. Dans un article intitulé : « Les classes nominales en Keerak (Joola de Cabrousse) » et publié en 2015, Guillaume Segerer abonde dans le même sens et écrit : « Kabrousse (du portugais Cabo Roxo) a pour nom traditionnel Er. Le mot keerak (kʊ-ɛr-a-k) signifie littéralement '(langue) de Er » (p.1). Déjà en 1904, Monseigneur Kunemann affirmait à ce propos : « Cabrousse est situé à deux kilomètres à peu près de la pointe la plus avancée du cap Roxo – d'où son nom sans doute, – qui de très loin commande l'entrée de la rivière de Cachéo; nous sommes donc sur les frontières de la Guinée portugaise ».

« Cabrousse comprend les trois grands et beaux villages de Nialoum, Kadiakaï et Mossor (…). Ces trois villages sont placés près de la mer, derrière les dunes qui les abritent contre les vents du Nord-ouest, fléau de la végétation. Ils sont assis sur le fond et sur les bords d'une charmante cuvette légèrement évasée et possédant vers le Sud-est un petit déversoir pour les eaux trop abondantes au moment de l'hivernage[63]».

Le découpage du village en de petites unités administratives n'est pas une pratique propre à Kabrousse. Il répond à un besoin culturel qui a comme base fondamentale la gestion du foncier. En effet, le milieu jóola considère le village comme une sorte d'emboîtement de familles qui occupent chacune une parcelle de terre bien délimitée. Chaque famille possède sa propre histoire. Ces terroirs constituent les quartiers qui forment une sorte de fédération de concessions jouissant entre elles d'une certaine autonomie[64]. Chaque quartier possède son hymne et son sanctuaire[65]. Le cadastre traditionnel du village de Kabrousse ressemble en cela à celui de beaucoup d'autres villages de la région, une sorte de poupée russe composée de plusieurs pièces dont chacune peut, à elle seule, jouer le rôle dévolu à l'ensemble.

Chaque concession est généralement occupée par les membres d'une même lignée, ce qui fait des quartiers une sorte d'imbrication de plusieurs lignées, fragmentées en fonction des terres à occuper.

Avec l'arrivée de la colonisation et des nouvelles religions et la conversion de certains membres de la communauté (ce qui occasionnait souvent des déménagements – la conversion étant autrefois considérée comme une trahison aux siens), le cadastre particulier qui consistait à marquer de son empreinte son appartenance à telle ou telle lignée s'estompa progressivement. En dehors de cette considération sont venus s'ajouter le long de la côte les infrastructures hôtelières, celles de l'administration : la sous-préfecture, les écoles, les postes de santé ainsi que des édifices religieux : l'église catholique et la mosquée – et quelques boutiques alignées le long de la rue donnant à Kabrousse l'allure d'un faubourg, à l'image de la station balnéaire de Cap Skirring,

---

[63]A. Kunemann, « Le village de Saint-Antoine près de Carabane, Casamance ». In : *Bulletin de la Société Anti-esclavagiste de France*, Revue trimestrielle 1904, p. 111-118.
[64] Voir à ce propos la thèse de Paul Diédhiou soutenue en 2002 et ayant pour titre : *Le processus de construction de l'identité jóola. Analyse socioanthropologique des conflits en milieu Ajamat. Casamance*, Sénégal. Université Franche-Comté.
[65]. *Ibid.*

petite ville aux constructions anarchiquement implantées, à laquelle il est contigu.

Malgré le cloisonnement évoqué plus haut, les quartiers mènent ensemble, selon un code bien établi, quelques activités communes : les séances de lutte organisées par le « ahan bákiin[66] » sont des occasions de grand rassemblement au cours duquel le village, comme une seule entité, fait face à un ou à plusieurs adversaires communs. L'autre évènement est le *kasarahak* de Áliin Siitoye qui, même s'il ne rassemble pas tout le village en un même lieu, se célèbre cependant le même jour dans tout le village. Aujourd'hui, la date de la célébration du rite est fixée par les sages qui représentent les différentes concessions. Le village tout entier est tenu ensuite de se conformer à cette date.

À Kabrousse, comme ailleurs dans le monde jóola, l'équilibre social entre les communautés tient surtout aux systèmes religieux. Les quartiers dont les sanctuaires proviennent d'un même lieu entretiennent entre eux des liens plus étroits qui incluent un devoir de solidarité et d'assistance. Ces mêmes sanctuaires constituent le socle qui permet la gestion des conflits entre les habitants. C'est le cas des quartiers Kajakaay et Nialou qui sont par ailleurs, dans l'ordre de l'implantation de la population Eer à Kabrousse, les quartiers les plus anciens. Le *bákiin jírembaj* est le mécanisme qui lie fortement les deux quartiers. Il est le lieu et le système par lequel les deux quartiers gèrent leurs conflits. C'est ainsi que Nialou et Kadiakaay ont pu enterrer définitivement un confit qui les opposait depuis 1964. En effet, au pied du *bákiin jírembaj*, les habitants des deux quartiers décidèrent en 2009, pour sceller entre eux une paix définitive, de faire passer l'épreuve de l'initiation à l'ensemble des jeunes des deux quatiers le même jour. C'était une première. D'habitude, chaque quartier organisait son initiation à la date qu'il s'était fixé. En décidant d'amener leurs jeunes à partager les mêmes épreuves à la même date et au même endroit les deux quartiers posaient là un acte symbolique très fort que rien ne pouvait plus effacer. En faisant de cette génération d'initiés des « frères de case », ils les engageaient ainsi sur le chemin de la paix. Une guerre ne pouvait donc plus advenir entre ces frères. La valeur symbolique de cette action est plus forte que les liens de sang.

[66] Littéralement : « le desservant du bákiin » Il s'agit du prêtre d'un important lieu de culte.

4.1.2 Les origines de Eer

Les habitants de Eer sont désignés dans les anciens écrits sous le nom d'Aiamates ou Diamates, un sous-groupe du groupe diola. D'après ces écrits, « l'aire de dispersion des Diamates ou Aiamates partirait de Dioufoung, à l'embouchure du Rio Cachéo, et s'étendrait jusqu'à Diembering, dans l'estuaire de la Casamance [67]». Cette aire d'expansion couvrirait les villages de Yal, Kérouèye, Soukoudiak, Basséor, Tégnate, en Guinée-Bissau, et, en territoire sénégalais, les villages de Nialou, Kadiakaye et Mossor[68] bâtis non loin du cap Roxo, Boukote et Diembéring, sur le bord de l'océan Atlantique[69].

Ce n'est qu'en 1959 qu'apparaîtra, sous la plume de Louis-Vincent Thomas[70], le terme de Her ou Haer pour dénommer ce peuple. Un terme par lequel les gens de Eer se désignent eux-mêmes. Dans son étude sur les Diola, Thomas propose une nouvelle classification du groupe. Il détache les Her du groupe Diamate ou Aiamate pour en faire un groupe autonome avec Kabrousse au Sénégal et Esoukoudiak en Guinée-Bissau comme centres. Il écrit à ce propos :

> « Sur la rive gauche de la Casamance, nous avons les Floups répartis autour du village d'Oussouye, en territoire français et autour de Suzannah en Guinée portugaise, les Diamat cantonnés surtout vers Effoc et Youtou, en zone française, et vers Basseur ou Varella, en zone portugaise ; les Diola Her ou Haer, dont Kabrousse est le plus gros centre français et Soukoudiak le plus gros centre portugais ; les Diola Dyiwat de Nikine à Bouyouye dont Diembereng est la « capitale » ; les Diola de la Pointe Saint-Georges avec les villages de Kagnout, Mlomp et Samatite ; enfin les Diola Brin-Seleky[71]».

De cette géolocalisation des Diola, Louis-Vincent Thomas tire la cartographie suivante :

Sur la rive droite du fleuve Casamance :

– les Bliss-Karones,

---

[67] Dr. Maclaud. « Notes anthropologiques sur les Diola de Casamance » In : *Anthropologie*, Tome XVIII, n°1-2, janvier-février-mars-avril 1907.

[68] Dans ses écrits, Maclaud désigne également les trois quartiers de Kabrousse comme trois villages.

[69] *Ibid.*

[70] Louis-Vincent Thomas. *Les Diolas. Essai d'analyse fonctionnelle sur une population de Basse-Casamance*. Dakar, IFAN, 1959.

[71] *Ibid.*

– les Diolas Fogny

et sur la rive gauche :

– les Floup avec comme centre Oussouye

– les Diamat dont les villages sont Effoc et Youtou

– les Dyiwat à Diembering

– les Her ou Haer à Cabrousse

– les Diolas Pointe Saint-Georges dans les villages de Kagnout et de Mlomp

– les Diolas Brin-Seleky

En dehors des écrits cités ci-dessus, les études récentes se sont attachées à la description de leur langue[72].

Les informations recueillies en 2005 au village de Kabrousse concernant leurs origines recoupent plus ou moins les écrits des auteurs que nous avons cités ci-dessus. Les gens de Kabrousse racontent que le premier homme qui a permis l'implantation de la communauté Eer dans l'actuel village de Kabrousse venait de Yaal, en Guinée-Bissau. C'est à cause de l'imprudence de sa femme qu'il a dû quitter Yaal pour se retrouver à Kajakaay sur les terres des Baynunck. La légende relate certains faits historiques que l'on retrouve dans plusieurs sources concernant notamment l'aire d'expansion des Baynunck, premiers habitants de la Casamance et la difficile cohabitation entre eux et les migrants. Ce qui a conduit à la dissémination, voire à l'extinction ou à l'absorption des Baynunck par les Diolas, les Balantes ou les Mandings. Voici la légende telle qu'elle est encore racontée aujourd'hui à Kabrousse :

> Un homme avait construit sa maison dans le village de Yaal et y avait pris femme. Dans une chambre de la maison, il avait fait creuser un canal qui allait jusqu'à la mer. Par mesure de discrétion, il avait recouvert le canal de planches et de branchages ne laissant qu'un trou au milieu de la chambre par lequel il prenait les poissons. Un couvercle fermait l'entrée du trou de manière à ce que personne ne se rendait compte d'une quelconque anomalie sur le plancher de la chambre.

[72] Guillaume Segerer. « Les classes nominales en keerak (joola de Kabrousse) ». In : Creissels, Denis ; Pozdniakov, Konstantin. *Les classes nominales dans les langues atlantiques*, Rüdiger Köppe Verlag, p. 107-153, 2015.

Par cette stratégie, l'homme n'avait plus besoin de se rendre à la mer pour pêcher. Chaque fois qu'il avait besoin de poissons, il retirait le couvercle et laissait entrer les poissons jusqu'à la quantité nécessaire pour le repas, puis il remettait soigneusement le couvercle. Un jour, alors qu'il projetait de partir en voyage, il confia le secret à sa femme : « quand la famille manquera de poisson, tu n'auras qu'à ouvrir ici, des poissons entreront et tu ne feras que prendre », lui dit-il. « Mais tu devras veiller à ne prendre que la quantité nécessaire au repas, pas plus. Ensuite tu prendras soin de refermer soigneusement le trou ». La femme promit de suivre les consignes que son mari venait de lui donner.

« Quand les yeux deviennent plus gros que le ventre ...»

Quelque temps après, le mari partit en voyage. Vint le jour où la famille eut besoin de poisson. La femme ouvrit le couvercle et les poissons entrèrent. Mais au fur et à mesure qu'ils entraient, elle les trouvait les uns plus gros et plus gras que les autres. Elle en voulait encore et encore et toujours plus. Alors qu'elle était occupée à ramasser les poissons qui sautaient du trou, tout d'un coup, comme une fontaine, l'eau jaillit du trou et envahit la chambre, puis la maison, puis toutes les maisons du quartier, puis tout le village. Un tourbillon, une masse d'eau emporta tout le village. Ceux qui ont échappé à la noyade, emportés par les flots, ils parvinrent sur la berge du côté de l'actuel village de Kabrousse. Le village était déjà occupé par les Baynunck, les premiers habitants de la Casamance. Avec leur gentillesse légendaire, ils octroyèrent des terres aux réfugiés venus de Yaal. Ainsi naquit le quartier de Kajakaay. À la suite de ceux de Kajakaay arrivèrent d'autres migrants, ceux-là venaient cette fois-ci de Eloudia, une localité entre Mlomp et Samatit. Ils obtinrent également des terres des Baynunck et implantèrent le quartier de Nialou. Et puis enfin, beaucoup plus tard, arriva un dernier groupe venant du village Juhunk dans l'actuelle Guinée-Bissau. À eux aussi les Baynunck offrirent des terres. Ce sont les habitants du quartier de Mossor.

« Cœurs voisins valent mieux que cases voisines[73] »

La cohabitation entre les Baynunck et le peuple Eer (c'est ainsi que se nomment les nouveaux venus) se déroula sans heurts jusqu'au jour où, au cours d'un championnat de lutte, le champion de lutte de Eer terrassa celui des Baynunck. Pour

[73] Ahmadou Kourouma. *Le grand livre des proverbes africains*. Presses du Châtelet, 2003.

Kabantang, l'homme fort du peuple Baynunck, cette défaite était insupportable. Il se mit en tête de mettre au pas les nouveaux venus. À partir de ce jour-là, quand quelqu'un du peuple Eer mourait, Kabantang arrivait sur les lieux des funérailles, arrachait les baguettes des mains du batteur de tam-tam, se mettait à le battre selon le rythme propre aux Baynunck et obligeait les nouveaux venus à célébrer le culte de leurs morts au rythme d'une cadence qui leur était absolument étrangère.

« Toute naissance est la renaissance d'un ancêtre[74] »

« La générosité des Baynunck envers nous, les réfugiés, ne leur donne pas le droit de se comporter ainsi envers nous », se disaient les nouveaux venus entre eux. Puisque Dieu vient toujours au secours des plus faibles, pensaient-ils, il nous donnera un jour le moyen de nous défendre. Et c'est ce qui arriva. Dieu donna à une femme de porter un enfant mâle qui, des années plus tard, devint plus fort que Kabantang. La maman de ce bébé qui allait naître était mariée dans la concession de Júhoŋul, plus précisément dans la famille de JITONGUL, l'aïeul d'Áliin Siitoye Jaata.

Pendant la grossesse, les voyants du village qui étaient déjà au courant du savoir et de la force que possédait l'enfant qui allait naître, avaient recommandé le secret absolu autour de cette femme. Quand l'enfant vint au monde, on le cacha dans une pièce. Et à l'âge de la puberté, les sages du village allaient chaque année mesurer sa force en lui demandant de soulever d'une main un gros bâton[75]. Dans l'exercice, sa main ne devait en aucun cas trembler. Au premier essai, il trembla de tout son corps, sans réussir à lever le bras. Après plusieurs essais échelonnés sur plusieurs années, il réussit enfin à soulever d'un geste le bâton et le tint droit devant lui. Alors, les sages de Eer comprirent qu'il était à présent assez fort pour se mesurer à Kabantang, l'homme fort du peuple Baynunck. On continua à le cacher en attendant qu'une occasion se présente. Un jour, un homme de Eer mourut dans le village. On organisa les funérailles. Alors arriva Kabantang au lieu des funérailles. Comme à l'accoutumée, il arracha la baguette des mains du batteur de tam-tam et se mit à le battre selon le rythme propre aux Baynunck. C'est alors qu'on libéra l'homme fort de Eer. Il s'appelait Jánkunjali. Il arriva sur la place publique là où Kabantang, tout à son aise, continuait à battre le tam-tam selon le rythme propre aux Baynunck et les gens de Eer tentant tant bien que mal de poursuivre les rites

---

74 *Ibid.*

75 Avant de connaître le fusil, le bâton était l'arme avec laquelle on se battait.

funéraires sous une musique étrangère. Jánkunjali s'approcha de Kabantang et lui ordonna de se lever. Kabantang se dit en lui-même : « Jamais, quelqu'un de ce village ne m'a dit de me lever quand je bats le tam-tam. Qui est donc ce jeune homme qui ose aujourd'hui me défier ? ».

Comme il hésitait à se lever, Jánkunjali lui asséna un coup de bâton et il roula à terre. Lorsqu'il tomba, les Baynunck prirent la fuite. Ils avaient compris que les gens de Eer avaient à présent un homme plus fort que le leur et ils eurent peur des représailles et quittèrent le village. Les tas de coquillages que l'on trouve encore dans la brousse de Kabrousse témoignent de leur présence. Les principales tribus des Baynunck qui vivaient à Kabrousse s'appelaient : AFINJAWO, SOLOLU, ERBAKAN, ESOOFATI ».

4.1.3 Pyramide sociale, manifestations culturelles et religieuses dans le Eer

La société Eer est construite autour d'une pyramide qui tient compte à la fois des âges et des sexes : les jeunes gens, filles et garçons, de la même génération se regroupent en associations et apprennent ensemble les règles de vie de la société. En partageant les mêmes expériences, ils développent entre eux une solidarité qui durera toute la vie. Tel est l'objectif pédagogique visé.

La division en classes d'âge permet à chaque groupe de jouer son rôle à la place que lui a attribuée la société pour contribuer à la cohésion sociale. Aussi attend-on d'un jeune homme une certaine conduite : le respect de l'aîné, l'éthique, la bravoure dans le travail, etc. Quant à la jeune fille, son éducation est en partie entièrement tournée vers son rôle de mère et d'épouse : la maîtrise des travaux domestiques et champêtres, le respect et la politesse dus aux anciens, le dévouement et l'esprit de sacrifice. Et tout comme le jeune homme, l'éducation d'une jeune fille incombe aux aînées à qui elle doit respect et obéissance.

Une division du travail plus ou moins souple est instaurée au sein de la société Eer. Aux femmes reviennent le repiquage, la moisson, la gestion du foyer et du grenier familial. Les hommes se chargent des lourds travaux comme le labour, la réparation des digues, le débroussage des champs et la récolte du vin de palme. Mais l'homme Eer ne rechigne pas à faire la cuisine si sa femme est malade ou occupée à d'autres travaux.

4.1.4 Les étapes de socialisation en pays Eer

1. « L'enfant à naître[76] »

Avant d'aller plus loin dans la présentation de la société Eer, arrêtons-nous un instant et jetons un regard sur la perception que les gens de Eer portent sur l'être humain. D'où vient-il ? Et où va-t-il après la mort ?

Pour le Eer, tout enfant est le fruit d'une réincarnation. Selon un ordre de passage très complexe, un ancêtre se choisit une mère et revient à la vie. Les parents ne sont qu'un canal par lequel l'ancêtre revient à la vie. L'être-à-naître appelé *āuwa* est guidé vers sa mère par « l'étoile du berger ». C'est pourquoi, selon la croyance du peuple Eer, l'enfant-à-naître se reçoit à l'aube lorsque « l'étoile du berger » est visible dans le ciel. Autrefois, lorsque plusieurs générations vivaient sous le même toit, c'étaient les anciens qui, pour contribuer à la réception de cet être qui arrive, se chargeaient à l'aube de rappeler par des raclements de gorge, aux jeunes époux trop profondément plongés dans le sommeil leurs devoirs conjugaux. « L'étoile du berger » en dissipant les ténèbres apporte le jour et guide les êtres qui viennent se réincarner[77].

La réincarnation d'un *āuwa* dans le sein d'une femme dépend aussi étroitement de la joie et de l'équilibre qui règnent dans le village. Les jeux, les danses et les rires des jeunes participent de la fécondité d'un village. Les *úuwa* (pluriel de *áuwa*) viennent participer aux fêtes, prennent part à la joie. Ce qui leur donne envie de rester. C'est en cela que l'on dit en pays Eer pour saluer la joie que les jeunes répandent sur le village provoquant ainsi l'arrivée des *úuwa* : « un enfant s'appuie sur un autre enfant pour se mettre debout[78]» Autrement dit, c'est la joie des jeunes qui attire d'autres enfants.

Cette croyance est si forte en milieu Eer que lorsqu'un enfant vient au monde, c'est un autre enfant qui le prend dans ses bras pour le présenter à l'autel des ancêtres. Un rite très important qui introduit le nouveau-né dans la communauté des vivants, mais aussi dans celle des morts. Par cet enfant qui présente le nouveau-né à l'autel des ancêtres, s'ouvre pour la mère la perspective d'avoir d'autres enfants. La

---

[76] Nazaire Diatta. *Le taureau symbole de vie et de mort dans l'initiation de la circoncision chez les Diola (Sénégal)*. Paris, l'École des Hautes Études en Sciences Sociales, Mémoire, 1979.

[77] *Idem*

[78] Nazaire Diatta. *Proverbes jóola de Casamance*. Paris, Karthala, 1998.

cérémonie appelée *buhinten* se fait tôt le matin, lorsque la nouvelle accouchée quitte la cité des vieilles. Le nouveau-né est alors remis à une petite fille de la famille capable de le porter pour qu'elle le pose devant l'autel afin que le prêtre procède à la cérémonie d'accueil. À la fin de la cérémonie, c'est la même enfant qui enlève le bébé de l'autel pour le remettre à sa mère.

La philosophie du peuple Eer insinue donc qu'un enfant n'est pas seulement le fruit d'une femme et d'un homme qui par leur sang l'ont conçu. Il avait une existence en dehors du sein d'une femme sous la forme d'un Áuwa, « une réincarnation d'un ancêtre-à-naître[79] ».

À la fin de la vie, chaque personne de Eer qui meurt suit le chemin qui mène vers la Guinée-Bissau pour rejoindre le lieu de séjour des ancêtres. Comme nous l'a appris la légende de leur implantation dans l'actuel village de Kabrousse, les Eer seraient originaires du village de Yaal dans l'actuelle Guinée-Bissau. Alors lorsqu'on meurt, on retourne vers la source, de là où on vient pour y retrouver les siens. C'est pourquoi, lorsqu'une personne meurt, elle emporte dans le cercueil beaucoup d'objets qu'elle est censée ramener à ceux qui sont partis avant lui.

Il faut cependant noter ici que cette croyance n'est pas spécifique aux gens de Eer. Bien des peuples jóola situent en effet le séjour des morts en Guinée-Bissau. Une croyance qui fait peut-être référence à une appartenance ou à une provenance de ces peuples du royaume du Gabou ?

2. Être un jeune en pays Eer : « Búfurorab » ou les classes d'âge

Le premier pas dans la socialisation d'un enfant est l'apprentissage de la vie en communauté. À partir de l'âge de six à sept ans, les enfants, garçons et filles, sont regroupés selon l'âge et le sexe en différentes associations appelées *búfurorab*. L'on s'amuse avec des enfants du même âge et du même sexe et l'on y apprend la vie en communauté. Mais au fur et à mesure qu'ils grandissent, les enfants intègrent progressivement la vie active du village. Ils apprennent à être utiles en participant à l'entraide villageoise. Du début des travaux champêtres jusqu'à la fin de la moisson, ils exécutent, sous la direction des plus âgés, de menus travaux, apprennent à faire attention à l'autre, à être « les pieds et les mains » des vieilles personnes qui, à cause de la vieillesse, ne peuvent plus exécuter certaines tâches.

---

[79] *Ibid.*

Entre 17 et 18 ans, les jeunes gens, filles et garçons, sont introduits par leurs aînés dans le mouvement de jeunes du village. La cérémonie d'admission qu'on appelle *kalaken kata ejeŋaw*[80] se passe sur la place publique des jeunes qu'on appelle Ekof. La cérémonie officialise le statut de jeune. Elle se passe au mois de septembre, à la fin des grands travaux.

Par la cérémonie d'admission dans la jeunesse commence pour les jeunes, garçons et filles, un cycle d'enseignements dispensé par leurs aînés. Les thèmes de ces enseignements portent sur le respect des parents, le comportement qu'ils doivent avoir les uns envers les autres, le respect aux personnes âgées, l'entraide sociale, etc. Pour aborder tous ces thèmes, les jeunes en compagnie de leurs instructeurs se réunissent tous les soirs à partir de 20 heures à la place qui leur est exclusivement réservée. Les jeunes filles participent à la formation ; mais elles n'y restent que jusqu'à 4 heures du matin. Puis elles sont raccompagnées à la maison afin de bénéficier d'un peu de repos avant le démarrage des travaux domestiques qui ne leur sont pas pour autant épargnés durant cette période. La maîtrise de la gestion du foyer étant ce qui fait d'une jeune fille une bonne candidate au mariage, son éducation dans ce domaine, quelles que soient les circonstances, doit se poursuivre assidûment jusqu'au jour de son mariage.

Les garçons, quant à eux, dorment et passent la journée sur la place, et ce, jusqu'à la fin des enseignements qui durent de trois semaines à un mois. Pendant cette période d'enseignement, les jeunes gens, garçons et filles, doivent composer des chants qu'ils chanteront lors de la cérémonie de clôture des enseignements. On reconnaît chaque génération à sa manière d'être, mais aussi à ses chants. À la fin de la formation, des danses sont organisées sur la place publique pour inviter le village et tous ceux qui passent à venir admirer ces jeunes. C'est une fierté pour un village de présenter sa jeunesse, celle sur qui on peut compter, on peut s'appuyer en cas de difficulté. À cette occasion, les jeunes nouvellement admis dans le mouvement arboreront une ceinture de couleur rouge, tandis que ceux qui ont passé déjà entre 2 à 5 ans dans la jeunesse, porteront une ceinture blanche qui indique également l'étape de leur parcours. Enfin ceux qui cette année-là devront quitter le mouvement des jeunes pour être admis dans le cercle des vieux se reconnaissent à leur ceinture noire. Les jeunes filles également qui, à

[80] L'expression *kalaken kata ejeŋaw* signifie littéralement « mettre en place, former et asseoir des groupes de jeunes ».

l'issue de 7 ans de vie dans le mouvement de jeunes, doivent, elles aussi, quitter les jeunes pour aller rejoindre le banc des vieilles femmes, se reconnaissent au pagne noir et à une banderole rouge qu'elles se ceignent autour des reins. Comme marqueur identitaire, chaque génération arborera sa couleur au cours de tous les évènements publics.

Pour un jeune Eer, le véritable apprentissage de la vie en société commence réellement dans ce cercle-là. L'ensemble des principes moraux qui doivent être à la base de la conduite d'un membre de la communauté y sont repris et discutés, l'amour du travail et du travail bien fait y est enseigné. Un soutien psychologique y est offert au jeune qui, pour une raison ou une autre, a tendance à se laisser aller.

Avec l'admission dans le cercle des jeunes commence pour chaque recrue le dur apprentissage de la prise de responsabilité. Dans le groupe, chacun doit faire preuve de l'amour du travail bien fait, de discipline, de ténacité, de capacité d'endurance et de solidarité sans faille. La responsabilité étant collective dans l'exécution des tâches, tout acte posé doit viser au renforcement de l'harmonie et de la cohésion du groupe. L'on apprend donc à être mesuré dans ses propos et dans ses gestes. La faute commise par l'un est portée par l'ensemble du groupe. En cas de maladie ou d'autres catastrophes, le devoir de solidarité oblige les jeunes de la même classe d'âge à s'occuper du camarade malade ou dans le besoin. S'ils dérogent à un tel devoir, ils sont alors directement interpelés par leurs aînés. Le devoir de solidarité obligeaient autrefois les jeunes à porter pendant un an le deuil lorsqu'un de leurs camarades mourait. Ils se rasaient la tête et ne se laissaient pousser les cheveux qu'après un an de deuil. Ce rituel de deuil qui s'appelle *husunto* était pratiqué lorsqu'un jeune homme ou une jeune fille, quelle que soit sa classe d'âge, mourait. Cette pratique ne s'observe plus aujourd'hui à Kabrousse ; cependant le devoir de solidarité, quant à lui, reste d'actualité.

Autrefois le passage de l'enfance à la jeunesse était marqué par une tresse ornée de cauris. À chaque année passée dans la jeunesse, s'ajoutait sur la tête du jeune homme un autre cauri, et ce, jusqu'au nombre de six. Un chiffre qui représentait le nombre d'années qu'un jeune devait passer dans la jeunesse avant d'atteindre la majorité. Aujourd'hui les tresses sont remplacées par des ceintures de différentes couleurs comme nous l'avons indiqué ci-dessus.

L'entraide sociale villageoise a ses règles : au moment des grands travaux, les jeunes consacrent les trois premiers jours de la semaine aux travaux des champs dans leur propre famille. Ce n'est qu'au quatrième jour qu'il leur est permis de se dégager pour porter assistance à ceux qui en ont besoin. Grâce à cette main-d'œuvre gratuite, la vie champêtre à Kabrousse est réglée comme une feuille de musique : la moisson est terminée à Kabrousse dès la fin janvier; l'on engrange le riz au mois de février.

C'est sur la place publique des jeunes, lieu de formation, que le charisme des uns et des autres se révèle et c'est aussi là que sont connus ceux qui seront les leaders de demain. Chez les filles, celles qui seront appelées un jour à gérer un lieu de culte dans la concession de leur mari ou dans le village sont très vite repérées.

3. Les mécanismes de socialisation : les combats de lutte

Chez les Eer, la lutte traditionnelle obéit à plusieurs principes dont voici les plus importants : le développement de la force, l'agilité, la souplesse et la rapidité. Sur le plan moral : le développement du courage, de la ténacité et de la dignité, des qualités d'un bon guerrier, car c'est sur ces jeunes que compte le village en cas de guerre. Et enfin, au plan social, la lutte permet de renforcer la solidarité vis-à-vis des jeunes de la même classe d'âge, du même quartier et/ou du même village. Au-delà des frontières du village, la lutte permet de nouer des amitiés entre ressortissants de villages différents. La pacification des relations entre villages ou entre quartiers passait par cette amitié nouée entre les jeunes. Le sage Aribannakaay disait à ce propos :

> « Les combats de lutte sont un moyen de régulation sociale. Il y avait autrefois trop de guerres entre les quartiers et entre un quartier et un village. Par ces combats de lutte, le quartier savait sur qui il pouvait compter en cas de guerre. Mais les jeunes apprenaient aussi par ce moyen à connaître leurs limites et à ne pas provoquer plus fort que soi. À défaut de respecter les gens par ce qu'ils sont, on les respectait par la force qu'ils pouvaient vous opposer. Aujourd'hui, on exhibe des armes, autrefois, on exhibait d'abord des muscles, puis des armes[81]».

4. Les occasions de lutte

Comme outil de socialisation, les combats de lutte s'organisent à deux niveaux : au niveau ordinaire. Des jeunes gens leaders du groupe prennent l'initiative de lancer un défi à un village ou à un autre quartier.

[81] Entretien avec le sage Aribanakaay à Nialou en février 2005.

L'initiative venant d'eux, ils doivent s'organiser eux-mêmes pour s'y rendre. Cette occasion de lutte est appelée *elaŋay*.

La seconde occasion est celle qui marque un évènement religieux. Les combats de lutte sont alors organisés par un *anahaan ata bákiinab*, un sage qui possède un sanctuaire et qui, tous les trois ou cinq ans, après une retraite de cinq jours dans la forêt sacrée, organise des combats de lutte pour célébrer la force de son sanctuaire.

5. *Elaŋay* ou les combats de lutte initiés par les jeunes

L'*elaŋay* est une période de lutte ordinaire qui se tient à la fin des travaux et qui ouvre la saison de lutte. Traditionnellement, les différents quartiers de Kabrousse pratiquent l'*elaŋay* avec un quartier de Diembereng et, en Guinée-Bissau, avec le village de Ésoukoudiak. Les jeunes de Nialou affrontent Hujabus, un quartier de Diembereng et Ésoukoudiak, en Guinée-Bissau ; ceux de Kadiakay se mesurent à ceux de Etama à Diembereng et ceux de Mossor avec ceux de Kayeŋa, toujours à Diembereng. Le principe de l'*elaŋay* est simple : en début d'après-midi, sans avertir le camp adverse, les jeunes gens, accompagnés de quelques femmes et de leurs aînés se mettent en route pour défier les jeunes du quartier ou du village avec lesquels ils s'affrontent chaque année. À l'approche du village, les jeunes sonnent la corne pour avertir les adversaires de leur arrivée et pour exprimer les intentions qui les animent. Alors le quartier ou le village qui accueille s'organise pour l'accueil et pour les combats de lutte qui se tiennent et se terminent le même jour. Tout de suite après les combats de lutte, les jeunes regagnent leur village. Le « Elaŋay » a une valeur purement sportive. Dans le fair-play et la tolérance, des jeunes se mesurent à d'autres, développent leur technicité, leur pugnacité et le courage.

6. Les combats de lutte initiés par les *anahaanaw ata bákiinab*

Les combats de lutte organisés par un desservant du *bákiin* appelé *anahaanaw*[82] tout court ont lieu tous les trois ou cinq ans, selon l'importance du *bákiin*. À sa sortie d'une retraite de cinq jours de sa forêt sacrée, le *anahaanaw* envoie des bouts de bâton à d'autres guides religieux pour les inviter à informer les populations de leurs villages à venir prendre part à la grande fête qu'organise son village pour marquer

[82] Le terme anahaanaw recouvre plusieurs significations : le vieux (par son âge), le sage, le guide…

l'ascension en grade du sanctuaire de leur anahaabaw. Une ascension qui révèle la puissance de son *bákiin.*

En effet, la retraite du *anahaanaw* qui a lieu tous les trois ou cinq ans a pour objectif essentiel de conclure avec les esprits par lesquels tout *bákiin* tire sa force, un renforcement de la puissance du *bákiin* en sa possession. Pour la population, la sortie du prêtre de la forêt sacrée signifie que l'accord avec les esprits a été concluant et le prêtre a accepté la charge – économique, psychique et mystique – supplémentaire que lui impose la gestion d'un tel autel. Sous la protection d'un puissant *bákiin*, les populations peuvent laisser éclater leur joie, car ils seront désormais respectés par les autres villages.

Les bouts de bâton reçus par les anahaanaw des autres villages servent à compter les jours jusqu'à la date de la rencontre qui se tient généralement une ou deux semaines à partir de la réception des bouts de bâton. En cette occasion, les jeunes des villages invités doivent affronter dans des combats de lutte les jeunes du village du prêtre qui accueille. À cette grande fête, chaque famille est tenue d'immoler une bête pour recevoir les invités et marquer sa joie pour ce qui concerne la montée en puissance de son *anahaanaw*. Álugay, le mari de Áliin Siitoye, qui avait le *bákiin* le plus puissant du village avait en son temps organisé de mémorables séances de lutte.

Durant la lutte proprement dite, un novice de la classe d'âge de ceux qui portent une ceinture rouge, ne peut, quelle que soit sa technicité et sa force, défier un jeune d'une autre classe que la sienne; alors qu'un jeune de la classe de ceux qui se distinguent par une ceinture blanche peut défier indifféremment un jeune de la même classe d'âge ou d'une classe supérieure (la ceinture blanche ou noire). Les combats de lutte dureront trois jours. Les deux premiers jours ce sont les jeunes gens qui s'affrontent selon les catégories indiquées ci-dessus. Le troisième jour est réservé aux jeunes filles qui, comme les garçons, entreront en compétition selon leurs classes d'âge.

Avant l'entrée dans l'arène des lutteurs aguerris, ce sont les enfants qui commencent les premiers. Les gestes encore maladroits, ils dansent l'*ekonkon*[83], imitent les cris de bravoure des grands qui, à leur tour, font leur panégyrique et vantent leur mérite. Ils montrent à leurs aînés par cette danse qu'ils seront capables d'assurer la relève, de protéger le quartier en cas de danger.

[83] Danse rituelle des lutteurs.

« L'aîné est un géniteur », dit-on en pays Eer. L'aîné a donc le devoir de veiller sur le plus jeune. Après les danses, sous l'œil vigilant des aînés, les enfants ouvrent les combats de lutte, se battent pour l'honneur de leur quartier, de leur village, pour leur classe d'âge, et, en définitive, chacun pour soi-même. On ne veut pas être la risée des autres. Alors, on s'y jette avec tout le sérieux possible. Cette étape procède de l'éducation dans le milieu Eer.

Ensuite, c'est au tour des jeunes gens. Dans un combat de lutte, les jeunes gens sont les porte-drapeaux du village. Leur combativité, leur sens du fairplay et de l'hospitalité sont autant de témoignages de l'équilibre social du village.

Quant aux jeunes de la dernière catégorie – nommons-les « les ceintures noires » – ceux qui ont accompli les années complètes de jeunesse requises dans la société Eer et qui se préparent à quitter pour toujours l'arène et à rejoindre le banc des vieux, ils se jettent dans l'arène pour la dernière fois. Leur sortie est accompagnée par toute une série de rites. Le pagne noir qui servira de ceinture au jeune homme est un linge des grandes cérémonies. Il accompagne l'initié, le mort, mais aussi les jeunes gens lors des cérémonies qui marquent une étape importante de leur vie. Le pagne noir dont il se ceindra les reins ce jour-là est conservé soigneusement dans un pot en terre confié à la femme la plus âgée de la famille. Elle est seule reponsable de la distribution des pagnes lorsqu'une cérémonie s'organise dans le village à laquelle un membre de la famille doit prendre part. À l'approche de la date fatidique, le père du jeune homme qui va sortir de l'arène va d'abord informer toutes les femmes de la concession, puis ira rencontrer spécialement celle qui garde les pagnes pour lui demander de mettre ce jour-là à la disposition du jeune homme un pagne noir. Le jour de la cérémonie, la vieille femme casse la glaise qui fermait hermétiquement le pot en terre pour en sortir le pagne qu'elle remettra au jeune homme. Après avoir reçu leurs pagnes, les jeunes se dirigent vers le « Élankinay », le plus grand autel communautaire qui régit tout le village. C'est là que les sages du village les attendent pour leur montrer comment ce pagne exceptionnel se ceint autour des reins. Lorsque les ceintures de tous les jeunes gens sont correctement attachées commence alors la cérémonie de bénédiction de ces « jeunes-vieux ». À la fin de la cérémonie de bénédiction, les jeunes se rendent sur la place publique où les plus jeunes sont occupés à danser. Ensemble, ils danseront pendant près d'une heure avant de rejoindre la place publique où auront lieu les combats de lutte. Entourés de tous les adultes du quartier, ils prennent place à l'endroit qui leur est réservé et attendent le moment venu pour entrer dans l'arène. Lorsqu'un jeune homme de la catégorie des « ceintures noires » terrasse un adversaire, les accompagnateurs courent vers la maison familiale du jeune homme et, séance tenante, immolent toute bête qu'ils trouvent sur place pour annoncer sa victoire et signifier à sa famille que la fête peut commencer.

Pour un jeune homme de la catégorie des ceintures noires, c'est par le championnat de lutte qu'il est entré dans la jeunesse et c'est par lui qu'il met fin à une étape de sa vie. Il doit alors faire son entrée dans le monde des vieux par le biais d'un rite qui s'appelle *buyaben*. Pour ce rite, le jeune homme doit se rendre dans la forêt sacrée et ramener de celle-ci six bois morts. Il apportera du vin de palme auprès de l'autel des ancêtres et le bois rapporté de la forêt sacrée avec lequel il allumera un feu auprès de l'autel. Ainsi s'envolent ses années de jeunesse. Le cérémoniaire verse le vin pour convoquer les ancêtres à la cérémonie afin qu'ils accueillent celui qui sera un jour un ancêtre du groupe de parenté. À partir de ce jour-là, le jeune homme portera le prénom de son arrière-grand-père de même que tous les panégyriques qui étaient attribués à ce grand-père lorsqu'il était en vie. C'est ce jour-là qu'il apprendra l'histoire, les anecdotes et tout ce qui touche de près à cet aïeul dont il porte désormais le nom. C'est aussi là qu'il apprend le secret du groupe de parenté et des liens que celui-ci entretient avec les autres groupes de parenté qui composent le village. Pour ce jeune homme, une nouvelle identité est née qui lui ouvre désormais d'autres responsabilités dans le groupe.

Dossier photos :
Les séances de lutte à Kabrousse

Photo n° 22. Les enfants dansent le ekonkone (© R.C. 2004)

Photo n° 23. Les ceintures rouges (© R.C. 2004)

Photo n° 24. La séance de lutte commence avec les enfants

Photo n° 25. Ensuite ce sont les jeunes aux ceintures rouges
(© R.C. Kabrousse 2004)

Photo n° 26. La dernière catégorie des lutteurs : les porteurs de pagnes noirs (© Bábayi, Décembre 2023)

7. L'initiation et le mariage

Un homme adulte est celui qui a subi l'initiation, passage obligé vers l'intégration dans la lignée, car un non-initié n'est pas encore un membre à part entière du groupe de parenté.

Avant son initiation, un jeune est considéré comme un enfant, « un homme sans loi[84]» libre de faire ce qu'il veut et qui prend à la légère certaines lois du village. Le vol pourtant durement réprimé dans le monde jóola lui est permis, une sorte de jeu d'habilité et de malice. Un homme libre dans ses mouvements comme dans sa parole. On dit que « c'est un enfant, il ne sait rien ». C'est ainsi qu'il est vu par les *ūkiinau* aussi (pluriel de *bákinab*) pourtant prompt à punir tous ceux qui entravent à la loi. Mais enfin ! On ne punit pas un innocent. On lui parle, on rit de ses maladresses et de ses petites malices. Tous ses larcins et ses débordements sont supportés avec bonhomie par la société. On en rit tout en lui promettant de mettre fin à la fête un de ces jours. En réponse à son impertinence, les vieux répondent : « nous atteindrons bientôt la frontière[85]».

Cette « frontière », c'est celle qui marque la date fatidique de l'initiation qui, tout en lui permettant d'entrer définitivement dans le groupe de parenté, fait du jeune homme désormais un adulte responsable de ses paroles et de ses actes. Dans un futur proche, il devra assumer des responsabilités dans l'organisation sociale du village, avec ses obligations, ses interdits et ses contraintes. Mais aussi assumer les conséquences de ses faits et gestes et de sa parole. Cet enseignement qui exalte les sentiments de l'honneur, du respect du bien d'autrui et le devoir de solidarité envers les membres de sa communauté ouvre la voie aux secrets de la vie qui fait du jeune homme un adulte complet.

Un homme adulte c'est-à-dire un initié n'est considéré par la société réellement comme responsable que s'il est marié. La terre, principale richesse du Jóola, n'est jamais attribuée à un homme célibataire. On lui donne tout juste des lopins de terre pour lui permettre de se nourrir. Pas plus. Le mariage est donc l'acte par lequel des responsabilités civiles et religieuses peuvent être confiées à ces jeunes gens qui, il y a peu, étaient considérés comme des enfants. Progressivement, ils prennent place

---

[84]. Nazaire Ü. Diatta. *Le taureau symbole de vie et de mort dans l'initiation de la circoncision chez les Diola (Sénégal)*. Paris, l'École des Hautes Études en Sciences Sociales, Mémoire, 1979.

[85]. Cette phrase veut dire que la période de l'initiation arrivera bientôt. Comme dit le proverbe : « Rira bien qui rira le dernier ».

sur l'échiquier du village avec ce qu'il a de beau, mais aussi de contraignant. Pour le jeune homme, le mariage ouvre conséquemment sur la possession de la terre. C'est avec ce champ, ces rizières qu'il va nourrir la famille qu'il vient de fonder.

Pour devenir l'ancêtre de demain, il se doit d'incarner la sagesse et d'apprendre la maîtrise de soi par des pratiques individuelles d'amélioration de son attitude vis-à-vis de la « parole des ancêtres » et vis-à-vis de ses semblables. La vieillesse est estimée dans ce monde comme un couronnement, une récompense d'avoir vécu en conformité avec la loi des ancêtres. Lorsqu'on a vieilli, cela signifie qu'on a eu un esprit ouvert et bon et que tout au long de sa vie on a respecté la parole du *bákiin* qui incarne la parole des ancêtres.

8. La jeune fille dans la société Eer

Au même titre que les garçons, les jeunes filles sont introduites dans les mouvements de jeunes à travers les mêmes rites. Même si elles ne portent pas de ceinture qui marque la classe d'âge ; elles participent cependant à toutes les activités de leur groupe et sont soumises à l'exigence des mêmes règles. La comparaison entre les deux sexes en matière d'éducation et de démarche pour une intégration dans le milieu Eer s'arrête là. Même si elle a un droit de regard sur les terres de la famille – la principale richesse du Jóola – une femme Eer est écartée de l'héritage familial. Ses frères peuvent en cas de nécessité lui prêter un lopin de terre ou une rizière. Mais elle ne peut ni le vendre, ni le donner en héritage à ses enfants. S'il arrivait à ses frères de vendre une partie des terres – comme il est souvent arrivé ces dernières années avec le développement du tourisme dans cette région –, la femme ne reçoit aucune part de la vente. À Eer, on considère que donner un lopin de terre ou une rizière en héritage à une femme, c'est contribuer à enrichir la famille dans laquelle elle va ou est déjà mariée. On retient que sa belle-famille s'est déjà enrichie de la force de travail de la femme qui vient de l'intégrer.

Pour toutes ces raisons, l'éducation d'une jeune fille est orientée vers son devoir d'épouse et de mère. Des travaux ménagers aux rites qu'elle subit, elle est préparée aux fonctions d'épouse et de mère par lesquelles fonctions, en plus de son travail, elle enrichira le groupe de parenté de son mari. Pour atteindre cet objectif, sa mère et les femmes du foyer lui apprendront à organiser un ménage, à gérer un grenier et à être une mère en s'occupant de ses plus jeunes frères et sœurs. Il n'était jamais trop tôt pour apprendre à être une mère. Les femmes Eer avaient compris qu'on ne naissait pas mère, on le devenait.

Autrefois, dès qu'une fille naissait dans une famille, un jeune homme du village offrait à la mère une poule ou un pagne pour signifier son intention de l'épouser quand elle sera adulte. Dès que les parents acceptaient le présent qui leur était offert, le mariage était considéré comme scellé et le futur gendre était tenu d'aider ses beaux-parents dans le labourage et autres travaux. Cette coutume ne se pratique plus de nos jours. Aujourd'hui, les jeunes filles se choisissent leurs époux. Elles sont seulement tenues d'observer l'exogamie, la règle qui interdit toute union entre des gens issus du même groupe de parenté.

Le jour de son mariage, la jeune fille est soumise à un rite de fécondité appelé « *buŋaw* » qui est la première étape vers plusieurs rites qui ouvrent la voie à la prise de responsabilité dans la communauté. Adulte, une femme ne le devient cependant qu'avec la maternité. Avec la naissance d'un premier enfant, une femme est alors considérée comme adulte. Cette étape qu'on appelle *ejamhuhaane*[86] et qui se traduit littéralement par : « comprendre, entendre, connaître la vieillesse (dans son corps) » est indispensable pour prendre place sur le banc mythique où se livrent les secrets de femmes et où on se passe les tuyaux qui permettent de tirer les ficelles qui consolident la position des femmes sur l'échiquier politique du village.

Cette possibilité est fermée hélas à toute femme qui n'a pas « compris, entendu ou connu la vieillesse » dans son corps en portant un enfant. En effet, une femme qui n'a pas connu de maternité n'accède pas à certains secrets qui lui auraient permis de prendre des responsabilités dans les assemblées de femmes. C'est pourquoi toute femme frappée de stérilité ou dont les enfants meurent en bas âge est soumise aux rites de fécondité appelé *kaŋaleen*. Pour ce rite, la femme en grossesse quitte son foyer de sa propre initiative ou par rapt effectué par les femmes du quartier ou du village. Pendant trois ans, elle et son enfant sont sous la responsabilité d'autres femmes. La femme *kaŋaleen* se reconnaît à son accoutrement : un bâton nu taillé à partir d'une branche fourchue, des perles aux pieds, aux oreilles et dans les cheveux. Pendant trois ans, comme un bouffon, elle chante et danse sa vie et rend service aux gens de sa communauté d'accueil. La vie qu'elle mène est censée protéger son enfant des mauvais esprits ou de l'esprit de la mort qui la suit ou « de permettre à son ventre de recevoir une vie »[87]. Puis

[86]Littéralement, le terme signifie « connaître la vieillesse, comprendre le sens de la vieillesse ».

[87] Une traduction littérale de ce que signifie la fécondité.

quand vient l'heure de la raccompagner chez elle, on lui fabrique un autre bâton orné de perles. Mère et enfant sont habillés, parés avec goût et raccompagnés lors d'une grande cérémonie vers la demeure familiale. Cet enfant restera toute sa vie durant sous la protection du groupe de femmes où ils ont vécu trois ans durant, sa mère et lui.

9. Être une femme mariée dans l'organisation sociale de Eer

« L'épouse est une étrangère dans
la concession de son époux »
Proverbe Eer

Une femme mariée est considérée dans la concession de son mari comme une étrangère. Elle ne doit se mêler aucunement des affaires de la concession. Les hommes qui habitent la concession sont issus d'un ancêtre commun et ont, par voie de conséquence, des liens de parenté. Les mariages étant de type exogamique, les femmes viennent d'autres concessions ou d'autres villages et n'ont par conséquent aucun lien de parenté entre elles. Ce qui les unit, c'est qu'elles sont mères et épouses. À chaque incartade, sans sourciller, on rappellera donc à la femme : *anaare amasora*, ce qui veut dire : « une femme est une étrangère (à la concession de son mari) ». Un dicton qui impose le silence à la femme pour toutes les affaires qui concernent sa belle-famille.

La raison de cette méfiance vient du fait qu'une femme reste même après son mariage, fortement attachée à sa concession et à son lignage d'origine. Elle y garde un rôle important : elle est y la tante qui intervient pour préparer le mariage, s'inquiéter du bien-être de son neveu ou de sa nièce, et il lui revient également d'aller à la recherche des causes de la maladie de son neveu ou de sa nièce, si celui-ci ou celle-ci tombait gravement malade. Dans sa concession d'origine, ce sont ses enfants qui règlent les conflits, organisent les cérémonies familiales, s'occupent de tout, en situation de deuil ou de joie. En raison de cet attachement, ses beaux-parents soupçonnent qu'elle pourrait livrer à sa famille les secrets de sa belle-famille. Mais si elle devenait veuve et vieille, elle n'est pas autorisée à revenir dans la concession d'où elle est originaire. Il revient à la famille de son mari ou à ses enfants de lui bâtir une petite case dans la cité des vieilles où elle passera le reste de sa vie. Une situation bien paradoxale !

La vulnérabilité dont la femme fait l'objet dans sa belle-famille n'est en réalité qu'apparente. Comment peut-il en être autrement ? C'est elle qui gère le grenier familial qui nourrit toute la famille ; elle intervient dans plusieurs domaines d'activités pour renforcer les ressources du grenier familial. C'est par sa rigoureuse gestion que les hommes arrivent à amasser une fortune. Les hommes en sont tellement conscients que lorsqu'ils se vantent d'être riches, ils n'oublient jamais d'ajouter que leur richesse est le résultat du travail et de la bonne gestion des biens de la famille par leurs femmes. Ainsi, lorsqu'on chante les louanges d'un homme riche, on dit alors : « Il a une grande quantité de riz et beaucoup de bovins ». Et on ajoute : « Les bovins, c'est sa femme qui les a achetés. »

Comme nous l'avions mentionné plus haut, c'est aussi à la femme que les hommes de la concession confient le lieu de culte qu'ils ont érigé, soit au milieu de la concession, soit quelque part à la lisière de la forêt, pour protéger la famille. Ce qui fait d'elle donc une figure incontournable dans la concession de son mari. Des lieux de culte de la fécondité comme Ehuñay ont été apportés par des hommes et confiés à des femmes. Confie-t-on un aussi important lieu de la reproduction sociale à une personne qu'on marginalise ? On peut en douter.

10. La gestion de la vieillesse. La cité des vieilles femmes

« Une vieille femme est un grenier d'expériences »
Proverbe Eer

Alors qu'un homme devenu veuf finit ses jours dans sa maison, une vieille femme ménopausée rejoint une cité de femmes dès qu'elle devient veuve. Une jeune veuve, éventuelle candidate à un remariage, rejoint la concession familiale après le veuvage. Elle y reste jusqu'à son remariage.

Selon l'importance du quartier, on y trouve une à deux cités de vieilles. Ici s'effacent la lignée et la concession. Les femmes qui y habitent viennent des différentes concessions qui composent le quartier. Le fait seul d'être vieille et ménopausée les lie. La parcelle de terre sur laquelle sont implantées les différentes cités n'appartient à personne en particulier, mais elle est une sorte de lieu commun, comme le sont les forêts sacrées. C'est à cela en effet que font penser les cités des vieilles femmes : une reproduction des forêts sacrées au milieu du village. D'ailleurs ces cités portent dans la langue Eer, le nom de *kuruŋunak*, le même nom donné aux forêts réservées comme lieu d'accouchement.

En effet, bien avant l'implantation de l'administration et de l'église catholique dans ce village, il existait des forêts sacrées réservées exclusivement aux femmes comme lieu d'accouchement et de réclusion en période de menstruation. Ces hauts lieux de la maternité qui étaient tenus par les vieilles femmes qui y jouaient le rôle de matrones et de conseillères ont aujourd'hui disparu pour céder la place à des maternités modernes tenues par des religieuses. Mais les pratiques qui prévalaient dans les forêts sacrées continuent dans les cités des vieilles où les femmes poursuivent leur rôle de gardiennes du bois sacré et de conseillères. C'est vers elles que se tournent les jeunes mamans pour demander conseil en cas de problème de santé ou de difficultés conjugales. Quel que soit l'endroit où elle a accouché, une femme responsable d'un lieu de culte ne rejoint jamais son foyer sans passer au préalable quelques jours auprès des femmes de la cité des vieilles.

La cité des vieilles femmes est aussi le lieu de réclusion des jeunes filles lorsqu'elles sont atteintes « de la maladie des femmes[88]. » La période de menstruation est en effet un moment de répit pendant lequel une femme se retire de la vie familiale. Elle ne met la main ni dans la marmite ni dans le pot d'eau jusqu'à la fin de ses règles. Même si l'esprit de cette réclusion n'était pas de procurer du repos à la femme, elle lui permettait tout de même d'avoir du temps pour elle dans un calendrier de travail aux heures impossibles, car elle est toujours levée la première et couchée la dernière. Sachant cet espace uniquement réservé aux femmes, les hommes n'entrent dans la cité des vieilles qu'en cas de force majeure.

Parmi les vieilles, celles qui sont encore vigoureuses cultivent des arachides, entretiennent un jardin potager, vaquent à des activités génératrices de revenus. Elles le font pour elles-mêmes, pour se nourrir, pour gagner de l'argent et pour avoir le bonheur d'offrir à leurs petits-enfants quelques graines ou un morceau de tubercules à grignoter. Au retour des champs, les femmes s'asseyent souvent ensemble et parlent de la vie, tout en s'occupant de menus travaux en attendant l'arrivée de leurs petits enfants qui viennent leur rendre visite. Jamais au monde des enfants n'ont eu autant de grands-mères à disposition. Leurs cris joyeux sont les seuls bruits dans ces cités où l'on cultive avec soin le goût du silence et de l'écoute.

À la tombée de la nuit, les cités donnent souvent l'impression d'un village abandonné tellement on y fait silence. Dembulo, la sœur cadette de Áliin Siitoye racontait ce qui suit :

> « notre société a créé les cités des vieilles pour nous empêcher de nous mêler du ménage de nos enfants. Moi j'ai plusieurs enfants, garçons et filles, les uns vivent dans le village, les autres ailleurs,

[88] Une manière très pudique de nommer les menstruations en milieu Eer.

mais je vis seule ici dans ma case. Mes enfants viennent m'aider à cultiver mes rizières. Puis ils repartent chez eux. S'il y a quelque chose qui se passe dans leur ménage, on ne dira pas que c'est moi[89] ».

Malgré cette mise à l'écart, les vieilles femmes ne sont pas isolées dans la société Eer où elles continuent à jouer le rôle qui est le leur : celui de gardiennes du savoir sur la femme et sur la maternité. Elles soignent, guérissent et conseillent. Les jeunes femmes en état de grossesse ou celles qui ont des difficultés à concevoir viennent les consulter.

L'exode rural commence à mettre à mal cette méthode de gestion de la vieillesse. Les jeunes gens quittent le plus souvent le village pour la ville. Souvent ils y vivent dans des conditions précaires qui ne leur permettent pas d'accueillir leur vieille maman. Ou, ce qui arrive plus souvent, les vieilles femmes habituées aux larges espaces du village, à la solidarité villageoise, n'arrivent pas à s'habituer à la vie en ville. C'était le cas de Dembulo qui avait été récupérée par son fils. Elle vécut une année à Dakar auprès de lui et de sa belle-fille. Mais le séjour à Dakar avec ses cours étroites, le bruit incessant des voitures, le manque d'occupation, tout cela l'obligeait à mener une vie sédentaire à laquelle elle n'était pas habituée. Elle raconte qu'elle souffrait de ballonnement parce qu'elle ne bougeait pas. Elle finit par demander à rejoindre le village. Au village où vivent sa fille et ses fils, la coutume veut qu'elle vive à l'écart, dans la cité des vieilles. C'est ce qu'elle fit. Au moment où elle est tombée malade, sa fille est venue la récupérer. Elle vécut chez elle jusqu'à sa mort en décembre 2015.

Dans le cas des femmes dont les enfants – pour une raison ou une autre – ne peuvent pas s'occuper de leurs mères, celles-ci vieillissent souvent dans des conditions très difficiles. N'ayant pas de soutien, elles dépendent dans le quotidien de l'aide des autres. Souvent leurs enfants sont au courant des conditions dans lesquelles vivent leurs vieilles mamans restées au village. Mais la situation de précarité dans laquelle eux-mêmes vivent dans les villes ne leur permet pas d'y apporter une solution. Une situation qui couvre certains d'entre eux de honte au point qu'ils ne peuvent pas ou ne veulent plus revenir au village les mains vides.

Ce qu'il faut noter ici c'est le dilemme dans lequel la société jóola en général et celle de Eer en particulier plongent leurs membres : l'individu est pris entre deux exigences : l'exigence d'être là quand les

---

[89] Propos tenus lors d'une rencontre à Kabrousse en 2005.

parents vieillissent et celle de posséder suffisamment de biens pour pouvoir un jour enterrer dignement ses parents. Autrefois, il suffisait de posséder suffisamment de riz qu'on échangeait contre un bœuf ou un porc, les animaux privilégiés pour les sacrifices en milieu jóola. Aujourd'hui on ne peut enterrer dignement ses parents que si on possède de l'argent. Mais où trouver de l'argent si ce n'est en ville ? Or la ville n'offre pas toujours des opportunités de travail. On y reste en espérant chaque année qu'il y aura de meilleurs lendemains. Et les années passent sans qu'elles n'apportent une amélioration dans la situation de chômage.

Photo n° 27. Demboulo entourée de quelques femmes à la cité des vieilles (Photo M. W. 2008)

5. Appartenances sociales et empreinte culturelle d'Áliin Siitoye

5.1 Áliin Siitoye, une femme de la lignée Júhoŋul

Le quartier de Nialou est constitué de cinq grandes concessions dans lesquelles habitent plusieurs familles. Les cinq concessions sont les suivantes :

– la concession **Bukiil** dans laquelle habite Júhoŋul, la famille de Áliin Siitoye ;

– la concession **Kaheŋa**. La famille Jitesson dont un des illustres fils, Benjamin Diatta, ancien chef de la province d'Oussouye et beau-frère de Áliin Siitoye Jaata, habite cette concession.

– la concession **Ajagamos** ;

– la concession **Kúlahaj**. Tomos, le premier mari de Áliin Siitoye est issu de cette lignée. De cette union est née Ñawless Seynabou Diatta, l'unique enfant de Áliin Siitoye.

– Et enfin la concession **Bahemb** de laquelle est issu Álugay, l'homme que Áliin Siitoye a épousé en seconde noce.

La lignée **Júhoŋul** à laquelle appartient Áliin Siitoye est essentiellement concentrée à Nialou. Silosia Jaata, le père de Áliin Siitoye, est issu de cette lignée. On le décrit comme un homme grand de taille et clair de peau, comme le fut surtout Gnagna la sœur cadette de Áliin Siitoye.

L'histoire orale raconte que la victoire de Jánkujalu sur Kabantang, l'homme fort des Baynunck, fut longuement fêtée par la famille Júhoŋul. Pendant ce temps, les autres familles se partageaient les terres et les rizières abandonnées par les Baynunck. Lorsque la famille Júhoŋul s'en rendit compte, il ne restait plus pour elle que de petits lopins de terre qui portent peu de fruits. Malgré le désavantage subi lors du partage des terres, les membres de la lignée jouissent d'une bonne réputation, celle d'être la famille qui a libéré Eer de la tyrannie de Kabantang. Ce qui a permis au peuple Eer de s'implanter définitivement sur ce coin de terre. Mais comme chez tous les Diolas, la réussite sociale des individus ne dépend pas du nom de famille ou de l'illustre aïeul dont on peut se revendiquer, mais de la force de travail de chacun. Il y eut néanmoins de riches laboureurs parmi les hommes de cette lignée dont Jánkunjalu fut l'ancêtre. À défaut de grandes parcelles dans les bas-fonds, des membres de cette famille ont su prendre des initiatives qui leur ont permis de vivre décemment.

Silosia ne vécut pas assez longtemps pour connaître la fulgurante ascension et la descente aux enfers de sa fille. Il mourut alors qu'Áliin Siitoye était encore jeune. Elle devait avoir entre quatorze et quinze ans, dira sa sœur Dembulo. L'éducation des filles incombant aux mères, Áliin Siitoye ira vivre avec sa mère à Mossor.

Dans un document versé aux archives nationales du Sénégal, Tété Diédhou expliquait la provenance du prénom Áliin Siitoye comme ceci :

> « la jeune orpheline de père (...) qui depuis sa naissance n'a pas eu la chance d'avoir de frère, on lui donna le prénom Aline-Sitoué, qui signifie en Diola sœur de Sitoué. Sitoué était à cette époque de 3 ans plus âgé qu'Aline-Sitoué[90]. »

Ce qui est vrai dans cette affirmation de Tété Diédhiou c'est que « Sitoué[91] » était bel et bien un cousin, un membre de la lignée à laquelle appartient Áliin Siitoye. Mais la jeune Áliin ne s'appelait pas « Aline-Sitoué » parce qu'elle n'avait pas de frère. Le frère aîné de Áliin Siitoye s'appelait Kualimo. Ses enfants vivent aujourd'hui encore à Nialou et dans d'autres régions du Sénégal, notamment à Dakar (voir photos des visages de la famille de Áliin Siitoye page 212). La fratrie était donc composée de Kualimo, l'aîné, suivi de Áliin Siitoye, de Dembulo, notre informatrice, de Silesie et de Gnagna qui est décédée très jeune.

À l'exception de Gnawless, l'unique enfant de Áliin Siitoye qui vivait en Gambie et ce, jusqu'à son décès survenu à Dakar le 01 mars 2015, tous les enfants et petits-enfants de la fratrie vivent aujourd'hui à Kabrousse et dans d'autres régions du Sénégal. Mais pourquoi ne l'avait-on pas appelée alors Áliin-Kualimo ?

Áliin Siitoye ne pouvait pas s'appeler Áliin-Kualimo puisqu'elle en était de toutes les façons la sœur issue du même père. Elle ne pouvait même pas s'appeler Áliin-Jikamut dont elle était la cousine germaine. Le fils ou la fille de l'oncle du côté du père – l'appellation française correcte aurait été *le cousin* ou *la cousine* – est considéré en pays Eer comme un frère ou une sœur de même sang. Porter le nom de son frère ou de sa sœur est, selon la coutume, un non-sens. Tout le monde sait que vous êtes du même père ou du moins du même sang quand les pères sont des frères. La femme appelée à quitter sa lignée pour aller se marier

90 Archives nationales du Sénégal (ANS) 1Z117. Tété Diédhiou, *Aline Sitoué, Filiation et liste de ses compagnons*.

91 Nous reprenons ici l'orthographe utilisée par Tété Diédhiou.

ailleurs, devait être identifiable par le prénom d'un membre de sa lignée. Généralement un membre influent de la lignée. C'est le marqueur qu'elles emportent avec elles lorsqu'elles rejoignent leur foyer. Par ce prénom, une femme renvoie à son entourage le message suivant : « je suis une fille/femme de la lignée à laquelle appartient le cousin dont je porte le nom. Ce nom impose le respect. »

Dembulo s'appelait de son vrai prénom Áliin-Dembulo ce qui veut dire « la sœur de Dembulo », Dembulo, un cousin issu de la même lignée qu'elle. Jusqu'à sa mort, on l'appelait seulement Dembulo, un prénom d'homme. Mais tout le village savait qu'elle s'appelait Áliin-Dembulo. Le procédé sert à marquer la valeur identitaire de la famille et les liens de sang qui unissent les uns aux autres.

Atteinte d'une infirmité suite à une luxation du genou droit[92], on sait très peu de choses de l'enfance et de la jeunesse de Áliin Siitoye. À vrai dire, on ne sait rien de sa jeunesse. Dans la société jóola, le handicap est souvent vécu douloureusement par les proches. Toujours entouré de discrétion, le lexique qui désigne le handicap est empreint d'une délicatesse mêlée d'une certaine crainte parce que le handicap, selon la croyance jóola, pouvait être l'œuvre des génies ou, pire encore, celle des « sorciers » qui, n'ayant pas pu neutraliser la vie de leur victime, lui infligent donc une marque. Alors lorsque les gens à Eer sont amenés à parler du handicap ou de devoir nommer la partie du corps qui manque ou qui n'est pas développé, ils se protègent des effets des mauvais génies en touchant le membre dont il s'agit, puis on crache à terre tout en émettant un clic très sonore pour éloigner le sort.

De l'infirmité de Áliin Siitoye, on dira que ce sont les génies qui la possédaient depuis son enfance qui l'ont ainsi marquée pour en faire leur objet. Bien qu'elle appartînt à la classe d'âge qui portait le glorieux nom de *júnonuloli*, ce qui veut dire : « Défiez-nous et vous allez voir ce que vous allez voir » Áliin Siitoye, à cause de son handicap, n'a pas participé à cette fougue de jeunesse. Les joutes qui opposaient cette génération à toutes celles qui osaient les défier, elle les suivait de loin. C'est pourtant la génération *júnonuloli* qui a ouvert aux jeunes filles de Kabrousse l'accès à l'arène, leur permettant ainsi de ne pas être que des spectatrices, mais de pouvoir, au même titre que les garçons, se mesurer

---

92 C'est du moins ce qu'en disent les rapports des administrateurs. Ses proches accréditent la thèse selon laquelle les génies, qui voulaient faire d'elle un être exceptionnel, l'avaient ainsi marquée.

à d'autres jeunes filles. Mais quand Áliin Siitoye y était, elle y était hélas comme spectatrice.

En dépit de cette jeunesse que l'on peut qualifier de difficile, voire de solitaire, Áliin Siitoye est considérée par tous ceux qui l'ont connue comme un être exceptionnel : belle et intelligente, elle possédait un esprit ouvert. Dembulo, sa sœur, disait d'elle, qu'« elle était si bonne que Dieu l'a choisie pour en faire une messagère[93] ». Dans ce propos de Dembulo, il faut entendre non seulement la bonté de cœur, mais l'ouverture d'esprit qui permet de communiquer avec des génies porteurs d'une énergie positive. Cette énergie transparaissait dans son regard, disait-on.

À Dakar, Áliin Siitoye rencontra Tomos, un jeune homme de Nialou, de la concession Kúlahaj qui, comme elle, avait entendu l'appel de la ville. Le jeune couple s'installa à Dakar. De cette union naquit Ñawles, l'unique enfant de Áliin Siitoye et dont le nom signifie littéralement « la mère des pagnes ». Tomos mourut à Dakar alors que Ñawles n'était qu'un bébé. Áliin Siitoye resta veuve jusqu'à son retour à Kabrousse.

5.2 Affiliation à la lignée Bahemb

En secondes noces, Áliin Siitoye se maria à un riche homme de la lignée Bahemb. Contrairement à Júhoŋul, la lignée Bahemb comptait des hommes riches et puissants. Parmi eux, un nommé Álugay. Au moment où Áliin Siitoye professait à Mossor, Álugay, qui vivait à Nialou, était non seulement l'homme le plus riche du village de Kabrousse, mais il possédait également le plus puissant sanctuaire de tout Kabrousse. C'est cet homme qui avait été pressenti pour être l'époux de Áliin Siitoye lorsque le quartier de Nialou décida de la récupérer pour la ramener au bercail. Avec le prestige dont s'était auréolée Áliin Siitoye, la famille digne de recevoir cette « nouvelle reine » était celle de Bahemb.

Álugay était riche et pouvait offrir à Áliin Siitoye le confort qui seyait à son rang. C'était l'alliance du savoir et du pouvoir économique. Áliin Siitoye apportait un savoir nouveau qui renforçait celui de Álugay et la puissance économique de la famille Bahemb à laquelle appartient Álugay.

Álugay était polygame, comme la plupart des hommes de Eer, au moment où il prenait Áliin Siitoye comme épouse. Mais cela n'était en soi pas nouveau à cette époque à Kabrousse. La polygamie y était de

---

[93] Interview avec Demboulo et d'autres femmes de la cité des vieilles.

rigueur. Ce qui était différent dans ce cas-ci, c'est ce que Áliin Siitoye apportait dans ce foyer : la renommée et une richesse que ses coépouses n'avaient pas. Les témoins de l'époque racontent que le statut de Áliin Siitoye lui avait permis de vivre comme les femmes dans les centres urbains : des domestiques s'occupaient de son linge, de la propreté de sa maison et de préparer ses repas. Aucune femme au village ne pouvait se prévaloir d'un tel privilège.

5.3 Áliin Siitoye rejoint le salariat urbain

1. Le séjour à Dakar

Un adage populaire dit que « quand on est allé en ville une fois, on ne revient jamais le même ». Comme toutes les femmes de son village, Áliin Siitoye entendra aussi l'appel de la ville. Sa mère vivait déjà à Ziguinchor et elle voulut la rejoindre. Elle y apprit que sa mère était déjà partie pour Dakar. Elle décida alors de faire le voyage sur ses traces.

Avec l'introduction de l'économie marchande et de l'acquittement des impôts, l'argent avait fait son entrée dans la vie des villages, même parmi les plus reculés. Des commerçants libano-syriens installés à Ziguinchor achetaient les graines de palmistes et autres produits soit sur place, par le biais des intermédiaires locaux qui sillonnaient les villages, soit directement lorsque les femmes apportaient elles-mêmes les produits vers les villes. Puis petit à petit un autre marché s'ouvrait à elles : le travail de docker. Le port de Ziguinchor offrait cette opportunité. Les femmes allaient s'y employer comme dockers pour le chargement ou le déchargement des bateaux. Un travail temporaire qui leur permettait pendant un laps de temps de gagner de l'argent et de revenir à leur principale occupation : la culture du riz. L'argent gagné servait à payer l'impôt de capitation mis en place par l'administration coloniale depuis août 1861. Le séjour en ville permit aussi de découvrir ce que la ville offrait comme facilités : les femmes rapportèrent au village des produits manufacturés : des marmites en étain remplacèrent les pots en terre cuite trop fragiles (ils se cassaient vite et il fallait toujours les remplacer – on échangeait alors du riz contre un pot en terre), des bols, des cuillères et des pots en métal prirent service dans les familles à la place des objets en bois. Des ustensiles qui amélioraient les conditions de vie dans les villages et allégeaient le travail domestique des femmes. Mais les femmes n'étaient pas les seules à emprunter le chemin des villes. À la fin des travaux, les jeunes gens se rendaient aussi dans les villes ou aux alentours de celles-ci. Certains prenaient un travail salarié, d'autres récoltaient et vendaient les produits du palmier (vin et graines de palmier) sur les marchés des villes dans lesquelles ils vivaient. Au fur et à mesure qu'ils découvraient l'anonymat de la ville qui leur offrait la possibilté de se soustraire à la lourde imposition en vigueur au village (l'administration coloniale exigeait pour les impôts 300 kilos de riz paddy par adulte et par an[94]) ; ils fuyaient aussi les lourds travaux des rizières qui devenaient d'autant plus pénibles que les récoltes engrangées étaient aussitôt données dans le cadre des impôts. Alors ce qui était jusque-là une migration saisonnière permettant de gagner de l'argent l'espace d'une saison sèche devint progressivement un projet de sédentarisation. La ville de Ziguinchor, mais aussi celle de Dakar grandit. On fonde une famille. Des enfants naissent et grandissent dans les faubourgs des villes sans jamais avoir connu le village de leurs parents. Lorsque ces nouveaux citadins revenaient au village le temps d'une cérémonie, ils rapportaient des objets de la ville : des savons, des tissus, du pain, etc. Tout ce qui montrait la vie attrayante des villes. Cela ressemblait à une publicité avant l'heure ; les femmes contribuèrent beaucoup à la renforcer. Elles travaillaient dans les villes souvent comme domestiques et avaient appris à préparer d'autres mets, savaient se mettre en valeur, utiliser d'autres produits pour le corps et pour les cheveux. De nouvelles odeurs se répandaient dans les villages et laissaient rêveuses d'autres jeunes filles. Elles apportaient en somme la ville au village et contribuaient à changer les comportements et les mentalités.

Si l'on en croit les récits des témoins de l'époque qui racontent dans un soupir comment ils voyaient leur monde pâlir sans pouvoir rien faire, le boulersement que connaissait leur société ne venait pas seulement les femmes ; mais aussi et surtout des collaborateurs de l'administration coloniale et de ceux qui avaient quitté la religion de leurs ancêtres pour celle des autres. Ce sont ceux-là, disaient-ils, qui avaient affaibli leur monde. Le germe de cet affaiblissement, c'était la colonisation qui l'avait introduit dans leur monde : le service militaire, obligatoire ou volontaire, l'emploi dans l'administration d'auxiliaires autochtones qui se sont avérés souvent plus cruels que les administrateurs coloniaux, les nombreuses conversions au christianisme et à l'islam.

Et comme souvent chez les Jóola, les protestations face à de tels changements prenaient une forme religieuse. Ce sont les femmes elles-mêmes qui initient cette protestation. Alors apparurent dans plusieurs

[94] Propos recueillis en 2000 au cours de nos recherches auprès de Dembulo, notre informatrice.

villages des mouvements charismatiques initiés et/ou dirigés par des femmes. « Les femmes semblaient n'avoir peur de rien : elles s'attaquaient aussi bien à l'administration coloniale qu'aux hommes de leur propre milieu » dit le vieux Kájumba de Diembereng[95]. L'administrateur de Coppet traduira certaines d'entre elles en justice et les mettra en prison pour résistance à la force publique[96].

Lorsque Áliin Siitoye rejoignait sa mère et d'autres femmes à Dakar, capitale de l'AOF, elle laissait derrière elle cette vive agitation. Dakar offrait plus de possibilités de travail, surtout pour une handicapée. À Dakar, les femmes de Kabrousse s'étaient établies dans ses faubourgs et travaillaient comme femmes de ménage ou lavandières dans les familles africaines qui pouvaient se le permettre. Pour des femmes de Kabrousse mariées à un polygame, à tour de rôle, chaque femme quittait le foyer pour un ou deux ans pour aller travailler en ville. Áliin que la nature avait privé de jambes solides, devait se faire une place en ville, trouver une activité qu'elle pouvait exercer malgré son handicap. Les sources orales racontent que très vite Áliin s'était mise au service d'une famille dans laquelle elle travaillait comme femme de ménage. Elle restera attachée à cette famille jusqu'au moment où elle reçut l'appel à sa nouvelle mission qui débuta à la fin de l'année 1939.

De son séjour en ville, les témoins de l'époque s'accordent à dire qu'Áliin Siitoye avait beaucoup appris. En effet, Dakar qui faisait partie des Quatre Communes connaissait une vie politique intense, parfois très houleuse surtout en période électorale[97]. Le brassage des idées dans une ville qui rassemblait des ethnies diverses, les rencontres avec d'autres peuples contribueront à ouvrir l'esprit de la jeune Áliin Siitoye que ses contemporains décrivent comme une jeune femme à l'esprit vif et gai.

2. Contexte d'apparition du mouvement d'Áliin Siitoye : 1940, une année charnière

L'année 1940 constitue une année charnière dans la colonie du Sénégal. La nouvelle de la débâcle de l'armée française face à celle de l'Allemagne et la signature de l'armistice de juin 1940 qui s'en est suivie est parvenue dans la colonie. En septembre 1940, de Gaulle, représentant la France Libre, appuyé par une escadre anglaise,

[95] Propos recueillis au cours d'un entretien en mars 2000.

[96] ANS, 1Z 98, Rapport du commandant de Coppet à l'intention de son successeur, 1917.

[97] François Zaccarelli. « La vie dans les quatre communes du Sénégal de 1872 à 1914 » in *Éthiopiques*, n° 12, octobre, 1977.

bombarda Dakar. Ces évènements qui ont fait beaucoup de victimes, Áliin Siitoye les avait vécus à Dakar où elle se trouvait à l'époque avec sa petite famille. La rumeur parle de dizaines, de centaines, voire de milliers de morts. Lorsque deux ans après, elle retourna à Kabrousse et se mit à dire des choses que personne n'avait jamais entendues auparavant, les gens conclurent tout de suite à un dérèglement mental qu'ils liaient aux évènements de septembre 1940.

Dans la colonie, les difficultés s'intensifièrent au lendemain de l'échec de la tentative de la prise de Dakar. Les navires anglais avaient organisé le blocus gênant considérablement le commerce entre la métropole et la colonie, qui devait donc subvenir à ses besoins par ses propres moyens. Le riz d'Indochine ne parvenant pas à la colonie, l'Intendant de Dakar exigea de l'administrateur de Ziguinchor de débloquer les réserves de riz contenues dans les greniers des Jóola[98]. Le gouverneur Deschamps explique la situation qui prévalait à l'époque :

> « La guerre arrêta les importations et le paysan sénégalais, logiquement, abandonna l'arachide pour revenir au mil. Mais les militaires avaient droit au riz et nul ne songeait, pour si peu de chose qu'une guerre, à modifier le sacro-saint règlement. Apprenant donc qu'il existait dans les greniers Floup du riz accumulé, l'intendant de Dakar exigea qu'on le livrât. Or le riz, pour le Floup, a un caractère religieux. De plus on avait exagéré l'importance des réserves et fixé, pour la livraison, des délais trop courts[99]. »

Pour les Jóola, la réquisition du riz constituait en effet une atteinte grave à leur intimité. Le riz qu'on voulait leur prendre est une céréale sacrée. C'est celle qu'on offre à Dieu lorsqu'on lui présente les initiés du *bukut ;* c'est celle qu'emporte le mort lorsqu'il rejoint la terre des ancêtres. C'est aussi avec du riz qu'on achète un bœuf ou un porc, animaux de prédilection dans les sacrifices au *bákiin*. Le céder, de gré ou de force, était inacceptable. À ces provocations, viendra s'ajouter une pluviométrie capricieuse. L'hivernage 1940 vit alterner des moments de sécheresse et de grosses pluies. Une saison pas assez stable pour donner une bonne production de riz. L'hivernage de l'année 1941 fut pire. Les greniers que l'administrateur de Ziguinchor devait vider pour

[98] Pierre Xavier Trincaz, *Colonialisme et régionalisme. Ziguinchor en Casamance*. Paris, Édition de l'ORSTOM, 1984, p. 52-53.
[99] ANS, microf. AN, 200 mi/1842, 2G/43, Pièce1, rapport politique annuel du Sénégal 1943, p. 8 et Deschamps H., *op. cit.*, p. 270-273.

contribuer à la consommation d'une partie de la colonie ne sont pas aussi pleins qu'on le croit[100]. Alors certains villages refusèrent de livrer la quantité de riz paddy demandée, d'autres, le nombre de têtes de bétail exigé par l'administration coloniale.

La réquisition qui fut imposée aux populations comme un impôt finit par installer un mécontentement généralisé et une opposition ouverte aux actions de l'administration coloniale. Le climat social se dégrada avec le recrutement de 1941. Les refus devenaient de plus en plus ouverts : 80 % des recrues de chaque village convoqué ne se sont pas présentés au rassemblement à Ziguinchor. À Oussouye, la situation était pareille : seuls 20 % des recrues inscrites sur les listes de Benjamin Diatta se sont présentées une heure et demie après l'heure de la convocation. À Sédhiou, seuls les Mandingues ont répondu à 80 %, alors que les Jóola et les Peuls ont répondu respectivement à 50 % et 40 % à l'appel[101]. Entre 1942 et 1943, les villages d'Effok et de Youtou, excédés par les agissements de l'administration, entrèrent en rébellion ouverte contre les autorités coloniales. C'est dans ce contexte socio-politique trouble qu'est apparu le mouvement de Áliin Siitoye Jaata.

6. Les héritages du mouvement d'Áliin Siitoye

6.1 Le mouvement associatif féminin dans le Kassa

Le mouvement du *husarahak* s'inscrit dans la continuité d'autres mouvements de femmes construits autour d'un culte. Comme nous l'avions indiqué plus haut, les protestations prennent souvent dans le monde jóola une forme religieuse portée presque toujours par des femmes. Sans doute à cause de leur situation politico-sociale dans la société jóola[102], les femmes se sont toujours servies de leurs cultes – et c'est encore le cas aujourd'hui – pour s'ouvrir un espace politique leur

[100] Louis-Vincent Thomas, *Les Diola. Essai d'analyse fonctionnelle sur une population de Basse-Casamance* (thèse), Paris, université de Sorbonne, Faculté des lettres, 1959.

[101] Christian Roche, « Chronique casamançaise. Le cercle de Ziguinchor au Sénégal pendant la guerre de 1939-1945. » In: *Revue française d'histoire d'outre-mer*, tome 85, n° 319, 2e trimestre 1998. p. 87-115.

[102] Les mariages en pays jóola sont de type exogamique. Les épouses viennent d'ailleurs (d'une autre concession, d'un autre village ou d'un autre pays). Pour cette raison, les femmes sont toujours considérées comme des « étrangères » à la concession de leurs maris. Prenant conscience de cette position de fragilité, les femmes vont former des groupes pour défendre leurs intérêts et ceux de leurs enfants.

permettant de prendre la parole pour parler des troubles et menaces auxquels la société fait face.

Parmi les cultes les plus connus à cette époque, on peut citer celui d'*ehuña* tenu par les femmes du Kassa : d'Oussouye à Mlomp en passant par Diembereng et Kabrousse. Au début du siècle, le roi Ahoumoussel fit d'Oussouye le siège de la royauté et implanta pour les femmes *ehuña*, un pendant féminin du culte royal. Cette démarche permit aux femmes de jouer un important rôle dans un culte qui jusque-là était dominé par les hommes.

Entre Oussouye et Ziguinchor, en plein cœur du pays Bayot-Ésiŋ, les femmes de cette contrée se réunissent autour du *kabaa*, un culte de femmes qui a été à l'origine de la création d'autres cultes de femmes dans la région. C'est le cas du culte des femmes du Mof Ávvi. Le grand-prêtre de l'époque alla chercher dans le Bayot-Ésiŋ auprès du culte kabaa, la pierre du culte féminin pour le remettre à ses sœurs qui implantèrent le *bálega*, un pendant du culte central qui procède à la fondation du groupe appelé Mof Ávvi à la tête duquel ne sont admis que des hommes. Malgré tout, pour préserver l'harmonie et l'équilibre entre tous, une place est aménagée aux femmes dans l'architecture religieuse centrale.

En dehors des centres féminins implantés par des hommes, d'autres cultes sont nés de la seule volonté de femmes fortes. Autour de ces lieux de culte, les femmes prenaient en charge non seulement des problèmes spécifiques de femmes ; mais aussi des questions sociales de l'heure. Il est à noter que les messages qui partaient de ces foyers religieux de femmes sont relayés par d'autres femmes ou par des hommes ; mais ils n'allaient presque jamais au-delà de leur sphère d'influence dans la même aire géographique. Le fonctionnement de ces lieux de culte était à l'image du morcellement politique des sociétés jóola.

C'est Áliin Siitoye qui viendra propulser un élan nouveau, un souffle plus large à ces mouvements politico-religieux de femmes. Son message a couvert l'ancienne province d'Oussouye et même au-delà. Il s'ouvrit aux hommes, aux femmes et aux enfants ; mais aussi à l'étranger qui passe. Fondé par Áliin Siitoye elle-même sans l'aide et la participation des hommes, le culte de Áliin Siitoye avait aussi ceci de particulier qu'il se revendiquait de *báliba*, le Dieu dont elle disait être habitée. Mais báliba était jusqu'à l'avènement du culte de Áliin Siitoye une affaire d'hommes. Báliba prenait possession de la vie d'un homme et celui-ci avait alors le devoir de porter aux autres vivants le message qu'il était venu délivrer aux Hommes sur terre. Les seules manifestations surnaturelles que l'on connaissait pour ce qui concernait les femmes, c'était d'être possédé par l'esprit d'un mort qui revenait de la demeure des ancêtres pour expliquer les circonstances de sa mort. C'est à la suite des actions de ce genre que certaines femmes ont érigé des lieux de culte dont elles sont devenues les prêtresses. Pour lui avoir permis d'habiter son corps, l'esprit, avant de se retirer du corps de la femme qu'il avait pris possession[103], lui offrait en guise de remerciement une énergie, une force avec laquelle elle pouvait ériger un sanctuaire.

Áliin Siitoye va bouleverser cette vieille tradition. Elle déclare qu'elle est possédée par *báliba* Jibassassor, le Dieu suprême, celui qui fait verdir la terre ou la laisse s'assécher si les hommes ne respectent pas le pacte qui le liait à lui. Cest celui-là qui l'habitait et lui commandait de dire certaines choses et de poser certains actes en faveur des humains. Dès lors que les actes qu'elle posaient – faire pleuvoir, guérir, prophétiser, etc. – laissaient entrevoir que son pouvoir ne pouvait provenir que de *báliba*, Áliin Siitoye se hissait au même grade que les grands-prêtres, tous des hommes, appelés « *áyi*[104] ». Cela lui valut de porter aussi l'attribution de « áyi », un terme qui traduit dans ce cas-ci plutôt une fonction religieuse.

Dans le Kassa, *Ehuña*, comme tous les sanctuaires de femmes dans ce milieu, est apporté et implanté par des hommes qui choisissent et intronisent les prêtresses du sanctuaire. Les hommes définissaient ainsi à l'avance la fonction et la direction des rites. Il était donc prévu qu'*ehuña* soit le sanctuaire qui fructifie et protège la maternité, guérit les malades, s'investit dans la prévention des malheurs (on parle parfois plutôt de maladies) ou, le cas échéant, apporte une réponse au mal et propose une solution.

Mais une fois que les femmes prenaient possession d'un sanctuaire, elles y apportaient leur touche, ouvraient d'autres perspectives. La fonction de mère, reproductrice et protectrice de la maternité, les femmes en avaient une compréhension plus large et beaucoup plus souple : protéger la maternité, c'est aussi s'engager à la protection de la communauté toute entière. C'est par une femme qu'un homme vient au monde, dit-on !!! Alors pourquoi la protection de la communauté devait

[103] La possession laisse des séquelles. Elle tombe généralement malade lorsque l'esprit quitte son corps. Elle traîne pendant des semaines, voire des mois une grosse fatigue.
[104] La traduction littérale du terme « *áyi* » est roi ou reine. Mais ses fonctions sont plutôt celles d'un prêtre ou d'une prêtresse.

s'arrêter aux portes de la maternité et de l'enfance ? La femme enfante et met au monde toute une communauté. Elle se charge aussi de sa protection. C'est ainsi que les femmes entendaient et entendent aujourd'hui encore leur mission.

Alors que le danger vienne du comportement des membres de la communauté ou de l'extérieur, les femmes réagissent au danger qui menace la communauté avec la même fermeté. Pour apporter une réponse adéquate à ce qu'elles considèrent comme un danger, elles se retiraient – elles agissent encore aujourd'hui de la même manière – dans la forêt auprès d'ehuña. Là, elles se concertent, confient aux « forces » de leur sanctuaire l'objet de leur préoccupation et exigent d'elles de punir toute personne qui porte atteinte à la cohésion du groupe. En définitive, le rôle assigné à chaque sanctuaire, quelle que soit la fonction qui lui était dévolue à l'origine, c'est de veiller à la survie du groupe. Pourquoi les sanctuaires des femmes devraient-ils faire exception à cet entendement ? C'est ce que les femmes avaient compris. Même si les hommes qui avaient apporté, implanté et intronisé les prêtresses de ces sanctuaires étaient peut-être d'avis que les femmes devaient s'occuper exclusivement de la maternité et du bien-être de la population, c'est-à-dire en définitive que de la santé de la reproduction du groupe.

Entre 1929 et 1930, les femmes d'ehuña de Siganar, un village situé dans l'actuelle commune d'Oussouye, tentèrent de s'opposer aux opérations de circonscription. Le recrutement des jeunes gens pour renforcer les groupes de tirailleurs, de gardes de cercle, arrachait aux familles les bras valides et déstabilisait ainsi l'économie familiale. Les femmes avaient compris que le recrutement, en dehors de son caractère injuste et arbitraire parce qu'il ne tenait compte que de l'intérêt des colons, constituait un facteur de déséquilibre pour la communauté. L'agriculture avait besoin de bras jeunes et vigoureux. Or c'étaient justement ces jeunes qui étaient choisis pour servir sur les différents fronts partout dans le monde. Une situation qui conduira à la longue à une insécurité alimentaire et une menace pour la survie du groupe. Avec ses compagnes, Ebediali, la prêtresse de Ehuña, voulut y mettre un terme et demanda au culte de :

> « punir de mort toute personne qui traverserait le marigot pour aller au recrutement. Celui qui concevrait même l'idée d'aller se porter volontaire tomberait malade et devrait, pour guérir, sacrifier six bœufs à Ehuña. S'il ne le faisait pas, il mourrait et, au-delà, endosserait toute responsabilité des malheurs qui arriveraient dans les villages. »

Le caractère décisif de cette lourde sentence ne laissa personne indifférent. La conséquence directe de ce message a été la fuite de beaucoup de jeunes gens pour se réfugier dans les forêts, dans la Guinée portugaise voisine ou dans la Gambie anglaise afin de se soustraire au recrutement et d'échapper par voie de conséquence aux foudres d'*ehuña*.

Pour avoir pris une telle décision, Ebediali de même que ses suivantes, Ayimousso et Asangabo, en payèrent un lourd prix. Elles furent traduites en justice et condamnées à de lourdes peines de prison et à une forte amende. Les témoins convoqués à la barre – ils étaient tous des hommes – chargèrent lourdement les responsables d'*ehuña*, notamment Ebediali.

Le premier convoqué á la barre fut le responsable de l'intronisation des prêtresses d'*ehuña* et donc, premier conseiller religieux du fonctionnement du sanctuaire. À la question suggestive de savoir ce qu'il pensait des cérémonies faites par Ebediali pour entraver les opérations de recrutement, il répondit :

> « C'est moi qui nomme et intronise les féticheuses d'Ehougna[105]. C'est moi le dépositaire des pouvoirs et qui transmets aux successeurs. À Ehougna, on ne doit demander que le bien-être des femmes mariées et la guérison des malades, mais je ne savais pas que Ebediali y faisait d'autres invocations, surtout prêcher l'entrave au recrutement des jeunes gens pour le service militaire. Si elle m'avait demandé conseil comme elle devait le faire, puisqu'elle est sortie du rôle qui lui était assigné, je lui aurais interdit de faire de semblables cérémonies qui ne sont pas du ressort d'Ehougna[106]. »

Dans sa réponse, Angoleka choisit de se protéger contre toute sanction qui pourrait être prononcée à son encontre, s'il admettait que les femmes ont agi dans le sens de la protection de la communauté. Une démarche que tout Jóola aurait compris. Elles ont reçu le sanctuaire certes des mains des hommes, mais les femmes devaient l'investir et lui insuffler un esprit pour en faire un objet propre à elles, conforme à la place qu'elles ont ou qu'elles aspirent à occuper dans la société. Le

[105] Nous reprenons ici l'orthographe utilisée dans le document du jugement.

[106] ANS, 13 G 13 (17), Tribunal d'Oussouye, jugement n°13, 193. Ebédiali : condamnée à 15 mois d'emprisonnement, mille francs d'amende, 5 ans d'interdiction de séjour et à la confiscation de ses biens. Ayimousso : condamnée à 8 mois d'emprisonnement, 370 francs d'amende, 2 ans d'interdiction de séjour et à la confiscation de ses biens. Assangabo : condamnée à 4 mois d'emprisonnement et 300 francs d'amende.

contexte colonial et la politique répressive qui sévissaient à l'époque n'ont pas permis à Angoleka, sous peine de s'enfoncer lui-même, d'expliquer devant la cour l'esprit d'un sanctuaire. Il choisit donc de prendre ses distances. Dans son témoignage, Angoleka, le responsable de l'intronisation des prêtresses d'Ehougna disait également ignorer qu'Ebediali « faisait d'autres invocations, notamment celles qui entravaient le recrutement des jeunes gens pour le service militaire. Ebediali devait, avant de sortir des limites que lui assignaient les fonctions d'ehuña, lui demander conseil ».

Le message délivré par les femmes pour empêcher le recrutement n'était pourtant pas secret. Il avait été conçu pour être livré aux jeunes gens et à tous ceux qui portaient la responsabilité du recrutement. C'était donc un message qui avait un caractère public. Angoleka, comme tous les habitants des villages concernés par le culte d'*ehuña*, l'avait également reçu. Avait-il interpellé Ebediali sur les raisons qui l'ont poussée à transgresser les règles d'Ehuña ? Il ne le dit pas dans sa déposition.

Les auxiliaires de l'administration coloniale, Benjamin Diatta, chef de la province d'Oussouye et Ampa Eloute, chef de canton des Floup, allèrent dans le même sens qu'Angoleka. Responsables du recrutement, ils entendaient bien restaurer leur autorité. Benjamin Diatta et Ampa Eloute savaient que le colonisateur leur ferait porter la responsabilité de l'échec du recrutement. Une telle accusation sera portée contre Benjamin Diatta, lorsqu'en 1942 il peinait à avoir le nombre de recrues exigé par l'administration. Il fut suspendu de ses fonctions. Traité « d'incapable et de paresseux », il fut rétrogradé et remis à la disposition des autorités judiciaires pour servir à nouveau d'interprète, charge qu'il avait occupée avant d'être nommé chef de province[107]. Pour Benjamin Diatta, l'enjeu était trop important. Il fallait désigner à l'administration les vrais coupables de l'échec au recrutement. Dans sa déposition, il fit assumer aux femmes toute la responsabilité de l'échec des recrutements passés et la tendance générale de refus au recrutement auquel, lui et les autres auxiliaires de l'administration étaient confrontés dans la région. Il demanda pour cela, comme moyen de dissuasion, une punition exemplaire contre Ebediali en particulier que Benjamin considérait comme la tête pensante de la résistance au recrutement. Il disait à ce propos :

---

[107] Christian Roche, « L'affaire Benjamin Diatta 1942-1944 », *Notes africaines*, IFAN, n°155, juillet 1977.

> « Toute la résistance que l'on a au recrutement des jeunes gens au service militaire vient des femmes d'Ayoune, Niambalang et Karounate, qui se réunissent sous la direction d'Ebédiali, au fétiche Ehougna pour comploter contre l'organisation du recrutement des soldats dans la région. Et comme elles ont réussi pendant quelques années à empêcher les jeunes gens de se présenter, les autres villages ont voulu faire la même chose. Je demande la punition de quelques-unes d'entre elles et une punition exemplaire contre Ebédiali qui est l'instigatrice du mouvement »[108].

Ebediali et les autres femmes s'étaient en effet servies de leur culte pour résister à l'ordre colonial. Comme nous le verrons plus loin avec Álandiso Bassène et Áliin Siitoye Jaata, les femmes se présentaient à cette époque – comme aujourd'hui encore – comme les intermédiaires de la voix des ancêtres qui, dans l'au-delà, continuaient de guider à travers celles qu'ils choisissaient les actions des hommes et des femmes dans les villages. En suivant les injonctions des femmes, les hommes et les femmes dans les villages se soumettaient ainsi aux recommandations des ancêtres.

Même si Angoleka représentait une importante personnalité dans la mise en place du culte d'*ehuña*, les femmes n'avaient nullement besoin de se référer à lui lorsqu'elles voyaient venir une menace. Les sociétés jóola étant de type égalitaire avec un pouvoir non centralisé, les femmes pouvaient développer leur propre stratégie sans se rapporter aux hommes. C'est ce qu'elles firent tout au long du processus d'occupation, de maillage et de réorganisation de leur société. Toutes, elles eurent recours à leurs lieux de culte pour faire face à la menace de déstabilisation.

Cependant, quand la situation semblait leur échapper, elles utilisaient alors comme arme l'insulte ou la provocation. Elles insultaient et provoquaient les hommes de leurs villages qui avaient choisi volontairement ou non de se rendre au recrutement et de servir ainsi l'administration coloniale jusqu'à ce qu'ils fassent défection. Le commandant de cercle de Coppet en fit une amère expérience lorsqu'il voulut conduire des recrues de Karounate vers Ziguinchor. Il écrit :

> « Les femmes de Karounate en décembre 1915 m'ont empêché de conduire à Ziguinchor les recrues réellement volontaires qui avaient consenti à s'y rendre. Les femmes diolas agissent sur les hommes par l'insulte, en leur faisant honte de leur lâcheté.

[108] ANS, 13 G 13 (17), Tribunal d'Oussouye, jugement n°13, 193.

> Certaines de ces insultes, celles qui ont trait à la virilité des diolas, ne manquent jamais d'exaspérer les hommes. Je souhaite à mon successeur de ne pas avoir l'occasion d'en faire l'expérience[109]».

Au cours de ces confrontations, de Coppet en fit arrêter quelques-unes qu'il soupçonnait d'être à l'origine des mouvements de refus :

> « Les arrestations des femmes pourront sembler excessives et inutiles aux personnes peu averties de la mentalité diola. Mais que nous le voulions ou non, nous devrons compter avec elles et nous pouvons être certains de les avoir toujours contre nous (...). Paisibles et douces d'ordinaire, ce sont dans les moments de crise de véritables énergumènes qui, par leurs injures, affolent les hommes et les *poussent à commettre les pires excès*[110].»

Quant aux hommes, responsables des *bákiin* comme celui du *bukut*, leurs cultes n'offrent pas la même flexibilité dans l'action que ceux des femmes. À défaut de pouvoir se défendre avec des armes (en 1917, le désarmement de la population était complet et le maillage de la région achevé), les hommes devaient développer d'autres formes de résistance telle que la dissimulation, la fuite ou l'esquive. Des récits de ces stratégies, les villages en foisonnent : de la politique de la chaise vide en passant par la simulation jusqu'à la déformation de ses propres membres (pied ou bras qu'on tordait, du piment qu'on se mettait dans les yeux pour simuler une infirmité ou une maladie, etc.) tout était bon pour échapper au recrutement ou à tout autre contact avec le colonisateur. À ce propos, un vieillard racontait qu'il avait fait de la fuite une stratégie pour échapper au contrôle du colonisateur. Les impôts, il ne les payait que si les auxiliaires le surprenaient au village. Sinon, il partait du village dès que la période de prélèvement des impôts s'approchait ou pour échapper à toute autre exigence de l'administration coloniale telle que la remise en état des routes. Lorsque dans le village les autres se moquaient de lui pour ce qu'ils considéraient comme une couardise, lui rétorquait invariablement : *« bubbun Álulum etey »* Ce qui veut dire « contre le Blanc, il n'y a d'autre remède que l'esquive ». Cette expression est devenue un dicton populaire dans les villages et elle exprime la politique de la chaise vide devant une situation jugée

---

109 ANS, IZ 98, Rapport du Commandant de Coppet à l'intention de son successeur, 1917.

110 ANS, 1Z 98, Rapport du commandant de Coppet à l'intention de son successeur, 1917.

incontrôlable. À arme inégale, la sagesse recommande de ne pas s'exposer. On pourrait multiplier des exemples de ce genre qui, même si les actions menées n'étaient jamais pensées à l'échelle d'un groupe de villages ou d'un groupe de parenté, elles étaient connues dans les coins les plus reculés, colportées par les travailleurs saisonniers qui, à la fin des labours, s'installaient aux abords des villes ou dans d'autres villages où ils menaient diverses activités.

L'administrateur Benquey (1918) fait état de cette attitude de fuite et/ou de dissimulation devant laquelle l'administration coloniale semblait encore plus désarmée puisqu'elle ne pouvait prétendre répondre à la force par la force. Les Jóola ne lui opposaient plus la force, mais la fuite et la dissimulation :

> « Les Diolas viennent de nous prouver que leur obstination incoercible est tout aussi difficile à vaincre qu'une rébellion active et que, en définitive, les résultats sont les mêmes... Nous sommes malheureusement à peu près désarmés devant ce genre de résistance. On n'admettrait pas en effet l'emploi des armes contre une population obstinément butée, qui ne répond à aucune de nos mises en demeure d'obéir, mais qui se garde bien de faire le moindre geste ou de se livrer à une démonstration menaçante[111].»

Les stratégies de résistance constatées ici et là relèvent en réalité d'une attitude coutumière profondément jóola. En effet, face à une situation qui ne peut faire l'objet d'une démarche collective, les Jóola recommandent à chacun, selon son génie, de se soustraire à la pression, en toute connaissance de cause, pour retarder le plus longtemps possible le maillage, la réorganisation et en définitive la restructuration de leur société. Les actions de résistance étaient à l'image de l'organisation sociale et politique de la société jóola : solidaire et individuelle, morcelée et éparpillée, mais dont les fils souvent invisibles, sont tenus par de multiples interdits.

6.2 Les mouvements de femmes dans le reste de la Casamance

Au début du XXe siècle, alors que la réorganisation des villages prenait forme avec à la clé la nomination de chefs notamment « étrangers » à la tête des unités administratives qui avaient été créées,

---

[111]ANS, 13 G 384, Rapport de l'Administrateur Benquey sur la situation politique de la Casamance et programme de désarmement et de reprise en main de la population, 19 août 1918.

naquirent, à côté des sanctuaires des femmes traditionnellement établis depuis fort longtemps, d'autres mouvements charismatiques de femmes. À vrai dire, il n'y avait rien de nouveau dans l'apparition de ces mouvements charismatiques. Que les populations soient confrontées à des phénomènes naturels ou à d'autres hommes, chaque trouble dans le monde jóola donnait naissance à une forme religieuse. Dieu devait donner une réponse aux questionnements et, surtout, il devait dire ce qu'il fallait faire pour s'en sortir. Les mouvements naissaient à la suite de visions au cours desquelles des génies leur apparaissaient et leur demandaient d'exécuter une mission. Álandiso Bassène du Mof Ávvi fut de celles-là. Son culte était apparu vers 1912 et fut suspendu vers 1916, date à laquelle elle fut emprisonnée à la garnison du canton de Kamobeul.

Née à Bandial[112], il semble que les visions de Álandiso Bassène aient commencé alors qu'elle était une jeune fille. Elle créa à la suite de ces visions un lieu de culte dont elle devint la prêtresse. Un lieu de culte exclusivement réservé aux jeunes filles. L'implantation d'un lieu de culte par des jeunes filles pour des jeunes filles était connue dans le monde jóola. Álandiso ne l'avait pas inventé. Quand elle a quitté son quartier pour aller se marier dans un autre quartier, elle voulut déplacer le culte pour l'implanter dans son nouveau lieu de résidence. Cela créa un tel conflit entre Álandiso et les autres membres du culte qu'Álandiso finit par divorcer pour revenir dans son quartier d'origine. Elle chantera :

Oh jiimo waare Bandial jiimo
Jixat Áiso nayimoo
axuru fan umu néjuul

ce qui se traduit par :

oh femmes de Bandial habillez-vous
et laissez Áiso[113] s'habiller aussi comme vous
Moi qui donne à manger à tous les adultes suis de retour[114]

[112] Située à l'embouchure du fleuve du Casamance, Bandial est une île appartenant à la commune d'Enampore.

[113] Dimunitif de Álandiso.

[114] Dans son lieu de culte, Álandiso aidait les femmes qui avaient des difficultés à avoir des enfants. Lorsque le projet d'avoir des enfants réussissait, les femmes revenaient vers Álandiso et organisaient une grande fête à laquelle participaient tout le village et même les villages à l'entour.

Elle se mariera en seconde noce à un homme d'Etama, un célèbre joueur d'un petit tam-tam appelé « éindum ». Cet homme était d'une habilité incroyable qu'il pouvait faire des acrobaties tout en continuant à jouer du tam-tam. Pour le bonheur qu'elle connut d'avoir épousé un tel génie du tam-tam, Álandiso chantera :

> Oh Álandiso, Álandiso nammeŋ kupalay
> Búyabo bo nakema Etama
> Jisekamis nategol éindum

Ce qui se traduit :

> Oh Álandiso, Álandiso a beaucoup d'amis
> à son mariage à Etama
> Jisekamis (c'est le nom de son mari) a joué pour elle du tam-tam éindum

À Etama, elle fut possédée par l'esprit d'un mort[115]. Celui-ci, à travers Álandiso, était revenu à la vie pour dévoiler les causes de son décès et faire taire ainsi les rumeurs qui circulaient sur son compte et, par la même occasion, parler d'autres évènements survenus dans le village avant ou après son décès. Possédée par l'esprit du mort, les pouvoirs mystiques d'Álandiso s'en trouvèrent multipliés : le pouvoir de guérir, de chasser les mauvais esprits et d'en dompter les bons. Elle réussit à en dompter un bon et à lui dresser un autel dans le village. Elle recevait ses patients devant cet autel, les soignait, les conseillait et chassait les mauvais esprits. Le génie s'appelait Ahumanding. Elle s'attacha les services des devins du village d'Etama qui l'aidaient à accomplir les tâches auxquelles elle devait faire face au quotidien. Sambuyi Bassène, le prêtre du Batoŋay, un important lieu de culte à Etama, racontait ce qui suit :

> « Álandiso n'aurait peut-être jamais connu la prison si elle était restée dans les limites du pouvoir que lui avaient transmis les ancêtres.»

Auréolée de son prestige de prêtresse adulée, Álandiso voulut élargir le cercle des devins ; elle l'ouvrit à ceux du village de Séléky. Les

[115] Selon la tradition religieuse des Jóola, les morts communiquent avec les vivants à travers des femmes dont ils prennent possession pendant quelques jours. La femme possédée parle, se déplace et réagit comme le mort dont elle porte l'identité. Entretien tenu à Etama en 2008.

devins du village d'Etama se retirèrent aussitôt du cercle, raconta le vieux Sambuyi.

En ouvrant son culte à d'autres devins, Álandiso cherchait sans doute à étendre sa sphère d'influence au-delà de la petite île d'Etama. Séléky était à l'époque le centre de l'opposition au colon. Le village avait été occupé, bombardé et incendié pendant 30 ans, mais les populations de Séléky, tenaces, continuaient à y défier le colon, à refuser de payer les impôts et à se soustraire à toute injonction venant de l'administration coloniale. La forte résistance de Séléky au colonisateur n'a cependant pas empêché une partie de la population de se convertir au christianisme ni certaines personnes de se mettre au service de l'administration coloniale. Deux natifs du village étaient des auxiliaires de l'administration coloniale. Le premier était le chef du canton Brin-Séléki et le second faisait office de percepteur d'impôts, de commis chargé de l'exécution et de la surveillance des travaux publics. Il avait été particulièrement dur envers les populations, plus que ne l'était le colon lui-même. Cet illustre commis se nommait Sikeŋil[116]. Chargé du recouvrement des impôts directs ainsi que des amendes et condamnations pécuniaires – une tâche très ingrate – Sikeŋil qui lisait sans doute dans le regard de ses concitoyens le mépris qu'ils lui opposaient, poussa le ridicule jusqu'à se servir d'un interprète lorsqu'il s'adressait aux gens du village qui parlaient pourtant la même langue que lui. Une manière de se mettre au-dessus du mépris des autres.

En plus de l'administration coloniale et de ses auxiliaires, il y avait aussi les missionnaires qui exerçaient par leur zèle une pression supplémentaire. Au rythme des conversions, des chapelles furent construites un peu partout dans la commune, à Séléky aussi. Parmi les convertis, des fils et des filles de familles qui, à cause de la position religieuse de leur famille, jouissaient d'un grand prestige dans les villages. Être chrétien équivalait – c'est encore le cas aujourd'hui – à abandonner tous les cultes, y compris ceux qui fondent la communauté : par exemple, les chrétiens qui participaient ou faisaient participer leurs

[116] Ce nom à consonance « Fogny » pourrait lui avoir été attribué pour se moquer de la manière ridicule dont il s'adressait aux gens. Il parlait aux gens en jóola Bandial, puis à la fin de son discours, il s'adressait en jóola Fogny à son second qui s'appelait Aboulaye par cette phrase : « Aboulay *uregool* » Ce qui signifie : « Aboulaye dis-lui ce que je viens de dire ». Le verbe « ekeeŋ » qui signifie en jóola Fogny « poser des questions » suivi du préfixe de classe «s-» donne cette traduction littérale : « la chose qui pose trop de questions », autrement dit : « une machine à poser des questions ».

enfants au *bukut*[117] dans sa forme traditionnelle étaient automatiquement excommuniés. Ce qui équivalait pour ces familles à quitter l'institution du *bukut*, du moins dans sa forme traditionnelle. Les missionnaires et leurs prosélytes multiplièrent les actes de provocation en arrachant les pieux qui symbolisent les lieux de culte ou procédaient à des séances d'exorcisme sur ces mêmes lieux ou dans les cases qui les abritaient. Les communautés villageoises et même des familles s'en trouvèrent fortement divisées. Il y eut d'un côté les modernes, ceux qui « qui apprennent les formules leur permettant d'accéder à la lumière divine », et de l'autre, ceux, les adeptes de la religion traditionnelle, qui sont restés dans « l'obscurité[118].» Il y eut des déménagements d'un quartier à l'autre, de nouveaux quartiers occupés exclusivement par des chrétiens virent le jour[119]. Les conséquences de ce profond antagonisme sont encore palpables aujourd'hui dans le Mof Ávvi et dans le département d'Oussouye aussi.

S'allier une prêtresse de l'envergure d'Álandiso qui serait en mesure de rééquilibrer les forces était une démarche largement connue et utilisée. Séléky, en opposition ouverte à l'autorité coloniale, avait donc besoin à l'époque d'une alliance solide pour faire face à l'adversité. Le génie qu'Álandiso avait réussi à dompter grâce à l'esprit du mort, était une personne de peau blanche. Être la prêtresse d'un culte dont le génie est un « Blanc » équivalait à posséder le pouvoir de dompter l'esprit du colon et donc d'être en mesure de l'affronter, sinon d'être son égal en tout.

Avec les devins de Séléky, le culte de l'*ahumanding* connut un nouvel essor. Les guérisons se multiplièrent et la renommée de la prêtresse dépassait déjà largement les frontières de la petite île d'Etama. Ceux qui dans d'autres villages prétendaient avoir un don de voyance se joignirent au groupe. C'était le cas d'un homme du village de Kamobeul qui s'appelait Jíbanuma. Il s'était joint au groupe des voyants et était non seulement sûr de son savoir, mais n'avait qu'admiration pour Álandiso et son action. Il chantait pour étaler son savoir qu'Àlandiso elle-même lui reconnaissait :

---

[117] Rite d'initiation qui fait passer les jeunes gens dans la catégorie des hommes adultes.

[118] Jusqu'en 1964, c'était le vocabulaire en cours dans les chapelles pendant la catéchèse.

[119] À Oussouye, les chrétiens se regroupèrent dans un quartier et lorsque les parents étaient occupés dans les rizières, leurs enfants, de peur qu'ils ne soient empoissonés, étaient gardés dans la résidence du chef de province Benjamin Diatta, une garderie d'enfants avant l'heure.

Oh Jíbanuma, oh ávvi
Eŋan eŋandenol pan épur etey
Álandiso nagol elonga ejege oh oh

Ce qui se traduit :

Oh Jíbanuma, oh moi le roi (roi des voyants)
Dès qu'un mauvais esprit me voit venir, il prend la fuite
Álandiso m'a dit : « toi, tu possèdes un puissant fusil »

Convaincus de la force de leur voyance, les personnes de l'entourage d'Álandiso multiplièrent les défis à l'encontre du colon et des missionnaires. Les convertis au christianisme qui, dans leur zèle, tentaient d'éteindre les pratiques religieuses traditionnelles de même que les auxiliaires de l'administration ne trouvèrent aucune grâce à leurs yeux. Mais les devins ne s'arrêtèrent pas là. Ils rappelaient dans leur démarche le proverbe malinké qui dit : « Le lignage qui va s'éteindre se chauffe au feu alors que le soleil brille[120]» pour signifier l'absurdité des actes posés. L'une des plus grandes absurdités a été de s'attaquer à sa propre population. Pour les devins, les populations devaient, elles aussi, contribuer à la prospérité d'Ahumanding en lui octroyant les plus belles bêtes, celles qu'on amenait pour le sacrifice en hommage aux morts lors des cérémonies de deuil n'y faisaient pas exception. Les gens devaient s'exécuter de gré ou de force. Au cours d'un décès, un homme qui avait apporté pour le sacrifice une belle bête, ne voulant pas céder aux exigences des devins, au milieu de l'échauffourée il fut tué. Un geste insensé qui portera à conséquence. Álandiso fut arrêtée – de même que d'autres gens de sa suite – et mise en prison dans la garnison de Kamobeul.

Les moyens mis en œuvre par Álandiso et ses compagnons pour faire émerger une nouvelle société déchirèrent plus le tissu social qu'ils ne créèrent d'opportunités pour sortir de la crise dans laquelle la société jóola s'était enlisée depuis l'arrivée du colon. À sa sortie de prison en 1918, Álandiso s'installa à Djibélor, un petit hameau dans la banlieue de Ziguinchor où elle tenta de reprendre le flambeau tout de suite après la déportation de Áliin Siitoye Jaata. Dans sa genèse, Ahumanding s'inscrivait dans le mouvement messianique qui devait apporter une ère nouvelle. Les recherches n'ont jamais pu montrer si Álandiso et Áliin Siitoye s'étaient une fois rencontrées ou pas.

---

[120] « Celui qui est voué à l'extinction pose des actes qui présagent sa ruine. »

D'après les rapports des services de renseignement de l'époque[121], après l'arrestation d'Áliin Siitoye, Álandiso aurait repris aussitôt le flambeau. Les agents de renseignements de l'époque observèrent un mouvement de foule qui se rendait chez elle à Djibélor. Essayait-elle de cette manière de saisir l'opportunité de revenir sur la scène publique ? Ou nourrissait-elle tout simplement une certaine admiration pour sa jeune sœur Áliin Siitoye Jaata ou pensait-elle par ce moyen sauver l'essentiel de ce qui constituait le *husarahak* ? On ne le saura jamais. Le rapport des services secrets s'était contenté de mentionner seulement le fait. Une information adressée aux autorités coloniales pour leur permettre d'agir en cas de besoin. Les relations que pouvaient entretenir ces deux femmes importaient peu. D'ailleurs percevait-on vraiment les interconnexions qui pouvaient exister entre ces différents mouvements ? Rien n'est moins sûr. Interrompre le flux des pèlerins et exercer par-là un contrôle plus rigoureux sur les populations était ce qui intéressait l'administration.

7. Le retour au village : implantation du kasarahak et expansion du husarahak

Rappelons-le, le *husarahak* est le mouvement fondé en 1942 par Áliin Siitoye lorsqu'elle revint de Dakar avec ce qu'on appelle encore aujourd'hui à Kabrousse *hurimahu*, c'est-à-dire « la parole ». Une parole qui devait faire revenir la pluie, changer la vie des gens dans la province, parce que cette parole vient de báliba. Les ancêtres en étaient témoins. Pour rattacher le lieu *husarahak* à báliba, il fallait organiser un rite qu'elle appela *kasarahak. Husarahak*, le mouvement et *kasarahak*, le rite, étaient donc les deux faces d'une même médaille.

Vers la fin de l'année 1941, Áliin Siitoye s'ouvrit à sa mère et à son entourage pour leur annoncer que báliba l'habitait et lui enjoignait de retourner à Kabrousse pour organiser des offrandes en son honneur. Ces offrandes devaient faire revenir l'ordre établi par les ancêtres. Et c'était cet ordre-là qui ferait revenir la pluie bienfaisante qui remplirait à nouveau les greniers vidés par des hivernages capricieux et les réquisitions opérées par l'administration coloniale dans le cadre des efforts de guerre. Sa mère, inquiète, ne comprenait pas ce que tout cela voulait dire. Comme toute la communauté de Kabrousse de Dakar, sa mère, Álakafuren Jaata, pensait que sa fille était atteinte d'un dérèglement mental. Elle lui proposa de rencontrer un guérisseur qui

[121] ANS, 11 D1/226. Renseignements adressés aux différentes autorités administratives en date du 23 avril 1943 sur le cas Álandiso.

l'aiderait à surmonter la crise qu'elle traversait. Áliin, s'exécuta, alla sans succès de guérisseur en guérisseur. Vaincue par la fatigue, l'insomnie – les esprits messagers se manifestant la nuit par des rêves qui troublent le sommeil – Áliin Siitoye et sa mère décidèrent de rentrer au village et d'affronter le regard soupçonneux de certains parents. Parmi les chants composés par Áliin Siitoye, certains font référence à l'accueil qui lui a été réservé par les gens de Mossor, le quartier de sa mère d'où elle était partie quelques années plus tôt pour Ziguinchor ; puis pour Dakar.

En effet, à Mossor, l'accueil fut d'abord méfiant et distant. Les gens de la concession de sa mère ne crurent pas à la « parole. » Certains avançaient que báliba ne pouvait prendre corps dans le corps d'un « être » aussi diminué que l'était Áliin Siitoye. L'on faisait ainsi référence à son infirmité. Dieu ne peut habiter que dans un corps fort, droit, athlétique, de même qu'Il ne peut accepter l'offrande d'un gaucher. Seul un esprit dérangé dans un corps diminué peut penser le contraire. En d'autres termes, les propos de Áliin Siitoye ne pouvaient provenir que d'un esprit dérangé. D'autres avançaient que le bombardement de Dakar de septembre 1940 avaient dû créer chez elle des troubles psychiques. D'autres lui enjoignirent « d'arrêter de propager de tels mensonges parce que sinon les autorités viendront la mettre dans un sac et la jetteraient à la mer[122].»

La lignée paternelle de Nialou n'était pas, elle non plus, du tout convaincue par ce que disait Áliin Siitoye. Elle prit ses distances, se gardant de tout commentaire. En somme, pour tous, Áliin Siitoye était folle et les propos qu'elle tenait ne devaient être pris au sérieux par personne.

Áliin Siitoye ne se laissa pas décourager par les sarcasmes des gens du village. Elle commença, avec quelques personnes qui y croyaient, à implanter le culte husarahak. À mesure que ses prophéties se concrétisaient, une foule de disciples se formait autour d'elle. Le culte du husarahak quitta le quartier pour un espace plus grand, plus beau, une colline au sable couleur jaune orange.

> « Au clair de lune, l'endroit avait un effet magique », racontait un témoin de l'époque. À la saison des pluies, le ciel ouvrit ses vannes et des torrents d'eau se déversèrent sur les terres asséchées. La province entière se mit en mouvement vers le petit village de Kabrousse alors jusque-là quasi inconnu du reste de la région ».

---

[122] Entretien avec Dembulo, février 2008.

Il fallait alors donner une structure à l'ensemble pour pouvoir l'exporter. Áliin Siitoye mit toute son énergie à donner au mouvement une structure claire et précise et aux rites, une pratique simple, compréhensible de tous. Des chefs religieux parmi les plus prestigieux, de même que des anciens combattants et tous ceux qui avaient un savoir à faire valoir se joignirent à elle. Le culte prit un caractère inter-villageois voire inter-régional puisque parmi les chefs religieux, certains arrivaient de la Guinée portugaise (actuelle Guinée-Bissau).

Structuré, le mouvement envoyait des messages sur la situation sociale et politique qui prévalait à l'époque; apportait des réponses aux préoccupations des pèlerins quant à la rareté de la pluie et aux exigences du colon. Des villages les plus lointains arrivaient des émissaires venus apprendre les rites et les chants du kasarahak pour les ramener chez eux. Áliin Siitoye devint enfin célèbre. Dans ses chants, elle évoquera ses difficiles débuts, les gens de Mossor et ceux de Nialou qui n'avaient pas cru en elle et qui se sont depuis lors couverts de honte. Aux personnes de la concession búsaful qui avaient dit que les mensonges qu'elle répandait en prétendant que c'était Dieu qui l'habitait, ce qui l'autorisait à critiquer les actions des colonisateurs et que ceux-là viendraient un jour la mettre dans un sac pour la jeter au fond de la mer. Elle répond par cette chanson :

Ájumebeooooh ejanjaŋ,
elañen husamu
Bare búsaful kusite

Ce qui se traduit par :

Moi la belle au port fier et altier
Moi qui transforme la terre en mer
Quand on me jettera à la mer
Je me transformerai en mer.
Et vous, les gens de Búsaful,
vous baissez la tête de honte
Ateemitaw nane áriŋ juhunk
naminden kuhaan
ohooye Mossor Sariŋukubay

ce qui se traduit par :

> *Dieu avait conduit mes pas vers le village de Juhunk*[123]
> *Et là, je surprends deux vieillards :*
> *l'un de Mossor et l'autre de Sariŋukubay (surnom de Nialou) qui parlaient de moi*

En 1942, Áliin Siitoye n'avait plus rien à prouver. Tout semblait lui réussir : la pluie était de retour; elle était une prêtresse connue et reconnue ; les gens semblaient reprendre confiance dans le système religieux traditionnel que le colonisateur avait presque démantelé. C'est le moment choisi par Nialou, sa concession d'origine, pour venir la réclamer à Mossor. Elle devait rentrer à Nialou. La richesse que son culte produisait et les foules que sa célébrité attirait devaient profiter à son quartier. Ce à quoi Mossor s'opposa fortement. Les deux quartiers allaient en venir aux mains si Áliin Siitoye n'était pas intervenue. Elle prit alors la décision de rentrer à Nialou pour éviter tout conflit ouvert entre les deux parties de sa famille. Le culte du *kasarahak* quitta alors la belle carrière au sable fin de Mossor pour les terres intérieures de Nialou. Et les foules aussi. Le déménagement vers Nialou qui n'était pas du tout du goût des gens de Mossor sera suivi par une affreuse prédiction : Mossor proféra en effet que Áliin Siitoye n'allait pas connaître une fin heureuse à Nialou. Une prédiction par dépit ? La succession des évènements de 1942 que le colonel Sajous lia à Áliin Siitoye leur donnera raison.

1. La fonction du kasarahak

Le terme *kasarahak* vient du wolof « *sarax* » (déformation du vocable arabe *sadaxa*) qui signifie offrande ou aumône. L'offrande que préconisait Áliin Siitoye avait pour but de rétablir, à travers les ancêtres, le lien entre Ateemit (Dieu) et les humains. Lien distendu ou coupé par le fait colonial, par le fait de la trahison ou de la sorcellerie pratiquée par certains membres de la communauté. Une fois le lien rétabli, la bienveillance de báliba se révèlerait à l'humanité par une pluie abondante, un bien-être pour tous et une fécondité pour les femmes. Pour rétablir le contrat entre les hommes et báliba, il faut de l'abondance : du riz et du bétail. De plus, pour que le contrat se raffermisse, Áliin Siitoye, en tant que prêtresse, doit prêter son corps, sa voix et son esprit pour que báliba communique à travers elle aux

[123] D'après la légende, les habitants de Mossor viendraient de Juhunk, en Guinée-Bissau.

populations. Par cette attitude de don de soi, elle montre qu'il faut donner à báliba et attendre en retour qu'il donne alors la quantité d'eau qu'il faut pour régénérer la nature, procurer l'abondance et la santé aux hommes et aux femmes ainsi qu'à leurs enfants.

Sa sœur Dembulo racontait que pour accomplir ce devoir, Áliin Siitoye restait si longtemps assise qu'à la fin de la journée il fallait la porter pour la faire rentrer chez elle. À cause de son infirmité, ses jambes refusaient de la porter après une longue position assise.

Pour le nouveau culte d'Áliin Siitoye, l'aspect extérieur revêtait aussi beaucoup d'importance. Personne ne devait venir au kasarahak avec des habits sales. Pour elle, l'aspect extérieur traduisait un état intérieur. Celui qui soigne son corps soigne aussi son aspect intérieur et porte des idées positives. C'était cela sa philosophie, raconte-t-on à Kabrousse. Elle invectivait donc ceux qu'elle tenait pour des esprits impurs ou ceux dont l'aspect extérieur était mal soigné. Elle ne se laissait approcher ni par l'un, ni par l'autre, affirmaient les témoins de l'époque. La consigne était donnée : la propreté était le maître-mot. Propre dans son corps et dans son esprit. La purification de l'espace social, d'autres prêtresses avant elle avaient cherché à le faire dont l'une des plus célèbres était Álandiso Bassène. Ce qu'Áliin Siitoye faisait d'autre, c'était de pousser son peuple vers des mœurs plus modernes. Les hommes devaient porter des pantalons bouffants propres et les femmes des pagnes traditionnels noirs, également propres. Áliin avait elle-même à son service des femmes qui, quotidiennement, lui faisaient le linge.

> « En matière d'hygiène et dans bien d'autres domaines, nous n'étions pas très « évolués[124] » », disait sa belle-fille Niakassar.

En dehors du rétablissement de l'ordre ancien qui devait apporter la pluie, la santé, l'abondance et donc le bien-être, Áliin Siitoye s'en était prise aux autorités administratives de l'époque. Comme une envoyée de Dieu, elle se croyait investie d'une mission divine, celle de protéger les populations contre les agissements de l'administration coloniale. Elle chantait à ce propos :

Atemit naane jinelo kajo so juñuh Kumandaŋ
Atemit naane jinelo kajo so juñuh Kumandaŋ
husohih husohih baaba

[124] Niakassar est la fille de Álugay. Elle entend par « évolués » être modernes, appliquer les mesures d'hygiène connus à l'époque.

Ce qui se traduit par :

Dieu a dit de ne pas prendre le bétail des gens pour les remettre au commandant
Dieu a dit de ne pas les attraper sans autorisation
là-bas, là-bas, dans le pâturage.
Báliba ohooye jiwalenol ohooye
Kusendarm kulako totu
Ateemit náriŋulo hinkiil
mina minden husama ohooye
jiŋar ohooye

Ce qui se traduit par :

Louez báliba
Des gendarmes[125] *se sont installés ici, là, à côté*
Dieu est arrivé cette année
et a barré la route comme une mer
Pour vous prouver sa force

À vrai dire, Áliin Siitoye cherchait à tirer le meilleur parti de la présence du colon. Une présence qui devait permettre un choix. Un choix basé sur le respect mutuel et l'échange. Du moins c'est ainsi qu'elle se l'imaginait :

> « Quand on veut quelque chose, on le demande. On ne prend rien par la force ». Aurait-elle dit.

Elle voyait bien les transformations qui s'opéraient dans sa société. Elle en était un produit. À ce propos, elle aurait dit au cours d'un Kasarahak : « nous ne pouvons pas faire comme si le Blanc n'était jamais venu chez nous[126].» Elle signifiait par là que la présence du colonisateur n'était pas une simple parenthèse. Les changements que leur présence et leurs actions ont apportés étaient bien trop importants pour ne pas laisser de traces dans la société. La question était : « Quels changements voudrait-on accepter dans la société Eer ? » Elle-même semblait jouir des opportunités que lui offrait la nouvelle civilisation : le vin, les savonnettes, les foulards et tissus manufacturés, etc. Ce qu'elle refusait, c'était le rapport de force que les nouvelles autorités

[125] Par « gendarmes », Áliin Siitoye voulait, sans les nommer, parler des autorités coloniales. Les gendarmes représentaient ici la force abusive.
[126] Entretien à Kabrousse avec Niakassar. Février 2008.

avaient établi entre elles et les populations ; car ce que ces autorités décidaient avait force de loi. Elles organisaient et réorganisaient la vie des populations, prenaient de gré ou de force les biens des populations. Le commandant et ses hommes ne devaient pas s'arroger le droit de prendre ce qu'ils voulaient tout simplement parce qu'ils avaient la force avec eux. Ils devaient demander comme l'aurait fait tout être humain qui attend quelque chose de son semblable, racontait sa sœur Dembulo[127] qui avait assisté à une cérémonie au cours de laquelle Áliin Siitoye tenait ces propos. Des propos confirmés à Oussouye et à Diembereng par des témoins de l'époque.

Lorsque l'administrateur ou ses agents effectuaient des tournées pour surveiller ses agissements, Áliin Siitoye mettait un point d'honneur à les recevoir comme le voulait le monde moderne. Elle leur offrait le vin que lui apportaient les pèlerins et organisait des danses en leur honneur, racontait sa sœur Dembulo. Le message était clair : elle occupait dans ce milieu un rang que lui avait conféré Dieu. Elle connaissait le monde et les codes auxquels appartenaient les administrateurs. Elle exigeait d'eux – sans mot dire – qu'ils reconnaissent son rang, son monde et sa culture. Comme prêtresse de báliba, elle prenait instantanément le rôle d'intermédiaire entre les autorités coloniales et les populations. Le changement qu'elle voyait arriver devait se faire par son intermédiaire sous le commandement de báliba. Elle était une envoyée de Dieu et elle le disait, « Je suis une envoyée de Dieu qui m'a commandé de dire et de faire ce que je fais… » répétera-t-elle, même pour sa défense en janvier 1943 devant le commandant de cercle de Ziguinchor. Le rôle qu'elle jouait ne venait pas d'elle, mais de cette force, Emitai, Dieu.

Le culte du *kasarahak* revêtait un important caractère : il reconnectait les gens avec Emitai, par la revalorisation de la tradition et par le truchement des ancêtres qui sont toujours évoqués lors des cérémonies. Ainsi se resserrait la cohésion sociale. Mais il fallait aller plus loin et faire du Kasarahak un lieu d'apprentissage d'ouverture au monde : brassage ethnique et religieux des pèlerins, hommes, femmes et enfants, qui arrivaient de toute la province, mais aussi de la Gambie, de la Guinée portugaise et même de Dakar pour prendre part à ce culte. Chacun y apportait sa langue et ses traditions et une part de sa spiritualité. Comme un volet du culte, Áliin introduisit des mesures d'hygiène corporelle et spirituelle. On n'était admis dans son cercle que

---

[127] Entretien à Kabrousse. Février 2008.

si on était propre dans son corps, animé de bonnes intentions et ouvert à tous. La propreté du corps comme une image de ce que doit être l'esprit. Dans une société où des heurts entre voisins étaient assez fréquents, les accusations de sorcellerie, monnaie courante, utiliser une telle stratégie comme un antidote au conflit avait du sens.

Les produits venus d'ailleurs et qui symbolisaient le monde moderne circulaient déjà dans cette bourgade devenue cosmopolite le temps d'un *kasarahak*. On y apportait du vin rouge, des savonnettes, etc. Entraîner les esprits à voir le reflet du monde moderne relevait d'un certain pragmatisme.

Le *husarahak* avait donc cette double fonction : celle d'être un foyer de spiritualité où on donne à báliba pour recevoir de lui la pluie bienfaisante, la santé du corps et de l'esprit ; mais aussi celle d'être un lieu d'information et de formation. On y apportait les nouvelles de sa contrée et on y recevait celles des autres. On se formait aux choses nouvelles qui s'échangeaient là le temps d'un kasarahak.

Des territoires de la Guinée portugaise à la Gambie, l'administration coloniale avait partout perturbé, voire cassé, l'évolution naturelle des sociétés qu'elle administrait : les religions, les cultures, tout n'était que « l'ombre de l'ombre ». La question était de savoir ce qu'il fallait faire en de telles circonstances : plier l'échine et laisser passer la bourrasque ; opposer une résistance et défendre l'essentiel ou s'ouvrir une troisième voie, celle qui combine les deux ? Le *husarahak* semblait offrir cette dernière alternative : devant les agissements du colon, Áliin Siitoye exhortait tantôt à la patience et à la confiance que tout finirait par passer. Elle assurait que l'autorité coloniale partirait, que Benjamin Diatta reprendrait le commandement du pays. Tantôt, lorsque la situation devenait insupportable, elle embouchait la trompette de la résistance pour appeler, au nom de Dieu, au refus d'exécuter un ordre injuste. Elle s'adressait en chantant aux autorités coloniales à travers les auxiliaires de l'administration, ceux-là mêmes qui exécutaient les ordres des administrateurs coloniaux et participaient de la sorte à perturber les coutumes. Le chant que nous évoquions plus haut en est un exemple :

> *Ateemit naane jinelo kajo so*
> *juñuh Kumandaŋ*

Ce qui signifie littéralement :

> *Dieu a dit d'arrêter de les attraper (le bétail)*
> *pour les remettre au commandant*

Le *husarahak* reste fondamentalement une voie de reconstruction de soi à partir d'une démarche qui impose un retour vers Ateemit qui donne lorsqu'on respecte le pacte que les ancêtres à travers les *bákiin* ont lié avec Lui. L'essentiel du pacte repose sur le culte des ancêtres, le respect de la nature, le gain par le travail. Le retour vers le pacte exige aussi, par des offrandes, de nettoyer l'espace public de tout ce qui peut entraver la démarche de retour pour s'ouvrir la porte des bienfaisances du Báliba. Le *kasarahak* comme rituel a donc cette double exigence : le ré-enracinement des peuples dans leurs traditions et leur ouverture vers de nouvelles perspectives. Pour atteindre cet objectif, Áliin Siitoye changea certaines pratiques de la coutume : elle introduisit le repos obligatoire un jour de la semaine jóola, choisit des prêtres et prêtresses du culte, fit se rencontrer autour d'un même culte des personnes de confessions, de cultures et de langues différentes, etc. Que cet espace qui semblait offrir des possibilités d'expression sans limite fonctionne pour la population comme une soupape, il n'y a pas de doute à cela.

2. Cartographie et déroulement du kasarahak : plusieurs sites d'implantation

À Kabrousse l'implantation du culte du *kasarahak* suit (et c'est toujours le cas aujourd'hui) la structure sociale villageoise. Le village est divisé en trois quartiers ; chaque quartier et chaque concession a son lieu de *kasarahak.* Dans les quartiers, le *kasarahak* se fait une fois par an et se déroule le même jour pour tous les trois quartiers, selon les mêmes modalités : les animaux de sacrifice sont un taureau noir et un coq. Quant au *kasarahak* dans les concessions, il se fait tous les quatre ou cinq ans avec comme animal de sacrifice un porc. Chaque Kasarahak, qu'il soit du quartier ou de la concession, poursuit le même but et obéit au même principe : amener les gens à renouer avec leur terre par le biais de leurs ancêtres.

2.1 Enseignements pour la mise en œuvre du Kasarahak

Dans tous les autres villages de l'ancienne province d'Oussouye, le *kasarahak* était une structure religieuse nouvelle et ceux mandatés par leurs villages respectifs devaient apprendre la démarche à suivre et l'esprit qui accompagne son implantation dans leurs villages. Le *kasarahak* étant une démarche de retour vers le pacte, l'organisation du rite devait suivre une certaine rigueur telle que Áliin Siitoye dit l'avoir reçue de Emitai. Elle disait aux émissaires envoyés auprès d'elle : « de retour chez vous, vous réunirez tout le village pour leur rapporter exactement ce que je vais vous enseigner pour l'accomplissement du *kasarahak* [128]». Les gestes du rite devaient être partout les mêmes. S'en écarter attirerait une réaction systématique de Emitai qui fermerait aussitôt ses vannes. Il fallait donc enseigner à tous ceux qui voulaient installer le rite du *kasarahak* chez eux les gestes et les paroles à mettre en pratique. Ces enseignements se faisaient avant, pendant et après le *kasarahak* qui était pour tout émissaire un moment propice de voir en pratique le déroulement de la cérémonie : les objets utilisés, les animaux de sacrifice, le riz rouge, la céréale des ancêtres, etc. L'enseignement se voulait pratique et clair. Chaque geste posé et chaque objet utilisé devait être clair pour tous. Une démarche autre que celle de la tradition qui ouvre l'accès et la connaissance du secret d'un culte aux seuls initiés. Ici chacun devait connaître la portée de chaque geste : le bœuf noir représentait les nuages porteurs de pluie, le riz rouge était le symbole du lien que les hommes devaient entretenir avec les ancêtres. Tout sacrifice prenait appui sur le soutien des ancêtres. C'était cela les conditions de base de la réussite du *kasarahak.*

Le riz rouge pilé par les jeunes filles du village remplissait sept paniers que l'on alignait du lieu du *kasarahak* jusque devant la maison de Áliin Siitoye. Le jour du *kasarahak*, se tenaient autour des paniers des jeunes filles, des femmes et des enfants avec chacun un poulet à la main. Ces poulets seront associés plus tard au sacrifice du bœuf noir.

2.2 Les objets-symboles du rituel du kasarahak

Comme dans tous les rites, le Kasarahak a aussi ses objets symboles qui accompagnent le rite. Pour les cérémonies du *kasarahak*, Áliin Siitoye portait le pagne traditionnel jóola teinté à l'indigo avec un fond noir et des motifs blancs. Ce pagne qui accompagne le Jóola de la naissance à la mort est présent dans toutes les cérémonies. Il symbolise la vie, la fécondité et la fertilité et il est signe de communion avec les ancêtres. Tous les pèlerins devaient arborer ce symbole. Quant à Áliin Siitoye, en tant que prêtresse, elle portait une étoffe rouge autour des reins, symbole du sang versé en sacrifice pour un retour de la pluie et donc de la stabilité de la communauté. Ses objets de culte à proprement parler étaient composés :

– d'un petit sac à couvercle tissé avec des feuilles de rônier dans lequel elle conservait son couteau à sacrifice et une poignée du riz rouge ;

[128] Propos recueillis en 2005 auprès de Dembulo.

– d'une coquille de mollusque qui servait à contenir l'eau de mer qu'elle utilisait au moment du culte du kasarahak ;

– de deux petites lances dont une toute blanche ;

– d'un instrument en fer forgé fait de plusieurs morceaux de métaux qui se superposent et dont la fonction était de rythmer les chants qu'elle entonnait et lançait en direction du public qui les reprenait en chœur ;

– d'une calebasse remplie d'eau de pluie qui servait dans le rite du kasarahak.

2.3 Le déroulement du rite

Le petit panier en feuilles de rônier était aussi un instrument divinatoire par lequel Áliin entrait en contact avec les forces qui lui ouvraient la possibilité de donner des réponses aux questionnements de ceux qui venaient à elle :

– les raisons du manque plus ou moins prolongé d'eau dans les rizières ;

– les explications des troubles auxquels une personne ou sa famille étaient aux prises.

Pour obtenir une réponse à la requête et s'assurer des gestes que la communauté ou une personne en particulier devaient faire pour obtenir satisfaction, Áliin levait le petit sac en feuilles de rônier, le tournait lentement de la droite vers la gauche tout en répétant les requêtes formulées. À haute voix elle disait par exemple :

> « le village X (elle nommait le village dont les émissaires envoyés auprès d'elle portaient le message) veut de l'eau, indique-moi ce qu'il faut que les gens de ce village fassent pour l'obtenir[129] ».

Elle leur donnait ensuite la réponse obtenue que ceux-là devaient traduire en actes une fois rentrés chez eux. Pour ce qui est de la pluie, il y avait une démarche très stricte qu'elle leur indiquait et qui devait être suivie à la lettre. C'est ainsi que s'ouvraient et se refermaient les audiences privées avant de passer au rite du *kasarahak* proprement dit qui revêtait plutôt un cachet populaire. Les gens du village, les étrangers venus demander de l'aide pour un retour de la pluie bienfaitrice chez eux, de simples curieux, mais aussi, comme nous allons le voir plus loin, des espions à la solde du colonisateur, tous étaient réunis sur la

[129] Propos recueillis auprès de Dembulo en février 2008.

place centrale où se déroulera, année après année et ce, jusqu'à ce jour, le rite du *kasarahak*.

Le rite qui se déroulait devant les émissaires envoyés par les autres villages pour venir apprendre le rite du *kasarahak* était déjà vieux d'au moins un an. Áliin Siitoye l'avait formalisé à Mossor et raffermi à Nialou. Les rôles étaient déjà connus et chacun des membres de son cercle restreint savait ce qu'il lui revenait de faire. À Nialou, pour contenir le flux de pèlerins, le cercle des membres chargés du bon fonctionnement du *husarahak* devint plus large : d'autres compétences se joignirent à eux : c'étaient des hommes et des femmes responsables de lieux de culte importants dans la région, d'anciens tirailleurs, etc. Tout ce monde apportait au mouvement un caractère à la fois traditionnaliste et moderne. Ils organisaient le déroulement du rite, géraient les audiences auprès de la prêtresse et s'occupaient de la redistribution des présents apportés par les pèlerins : du miel, des galettes de riz, du vin, etc.

Cette organisation n'existait pas dans les villages. Il fallait la créer à partir des enseignements que des émissaires avaient rapportés de chez Áliin Siitoye. En effet, à l'annonce de la nouvelle du mouvement d'Áliin Siitoye, de tous les villages de la province d'Oussouye, des émissaires furent envoyés à Kabrousse pour apprendre les gestes et les paroles du *kasarahak*. Le choix des émissaires n'était jamais chose aisée, répétaient inlassablement tous les témoins de l'époque rencontrés au cours de nos recherches. Le village devait s'assurer que ceux qu'il choisissait avaient une fidélité dans la parole et une capacité d'écoute pour rendre compte avec exactitude de ce qu'ils avaient appris auprès d'Áliin Siitoye. Le *kasarahak* devait, pour l'essentiel, être partout le même, obéir aux mêmes gestes, aux mêmes paroles. Le seul appui dans la démarche était la mémoire. Se rappelait-on toujours exactement tout ce qu'on avait vu et entendu ? Au moment de la mise en œuvre, il y eut dans certains villages de la confusion qui aboutit à des tiraillements, ce qui eut pour conséquence l'utilisation dans le *kasarahak* d'éléments contre-indiqués dans le culte : la chèvre, par exemple. À Kahindua, un quartier du village de Séléky[130], certains des émissaires envoyés à Kabrousse avaient compris qu'on pouvait aussi sacrifier la chèvre au cours du *kasarahak*. Après le sacrifice, il s'en était suivi une période sans pluie. D'autres émissaires furent alors envoyés à nouveau auprès

130 Village situé dans l'actuelle commune d'Enampore, à 40 kilomètres de la ville de Ziguinchor, chef-lieu de région.

de Áliin Siitoye pour connaître les raisons de la sécheresse. La réponse fut un chant que Ekousse Tendeng, le témoin rencontré à Séléky, chantera au cours de l'entretien (voir ci-dessus page 50).

De l'implantation au déroulement du culte, le *kasarahak* se faisait selon des étapes bien précises : d'abord le choix du lieu de culte qui devait être un lieu propre et porteur d'énergie. Une fois le lieu choisi, il fallait l'entourer d'une clôture faite en bois de palétuvier. Ensuite, il fallait matérialiser le lieu de culte par des pieux pour indiquer le lieu où devaient s'effectuer les sacrifices. Quatre prêtres devaient être affectés à chacune de ces entités : deux hommes et deux femmes. Le premier prêtre était l'officiant, l'autre le secondait dans la tâche.

Dans une seconde étape, on procédait au choix des prêtres du culte du Kasarahak. D'abord les émissaires, en concertation avec certains membres de la communauté, choisissaient celui qui devait procurer le bœuf noir et le porc noir pour la cérémonie d'implantation du *kasarahak*. Une fois ces deux animaux trouvés, chaque adulte qui venait participer au rite du *kasarahak* apportait une poule ou un coq. Les deux émissaires pénétraient dans l'enceinte du lieu de culte. Le coq était égorgé par l'un des émissaires et jeté aux pieds des participants au culte assis tout autour de la clôture du lieu. Dans son combat contre la mort, le coq tournait et sautillait dans le cercle. Celui aux pieds de qui il rendait l'âme devenait le prêtre d'une entité du *kasarahak*. C'était celui-là qui procéderait au rite qui demande comme animal de sacrifice le bœuf noir. Le même geste était repris pour la seconde entité. Cette fois-ci c'était une poule qui était égorgée pour choisir la prêtresse de cette entité. Pour chacune de ces entités, si le sort désignait un enfant, c'était son père ou sa mère qui en assurait la charge.

Le bœuf noir et le porc ne sont sacrifiés au cours d'une même cérémonie que lors de l'implantation du culte dans un village. Une fois installé, le *kasarahak* se faisait selon les besoins exprimés par la force vitale qui commandait le lieu. Mais jamais avec une chèvre.

2.4 Les animaux de sacrifice à Kabrousse

À l'époque, lorsque Áliin Siitoye officiait à Kabrousse, on immolait un seul taureau noir et un coq pour le *kasarahak*. La population de Kabrousse étant à l'époque peu nombreuse, un seul animal de sacrifice suffisait à nourrir tous ceux qui prenaient part au *kasarahak*. Aujourd'hui avec une population qui a triplé, voire quadruplé et le nombre toujours croissant de pèlerins qui viennent participer au culte, les prêtres du *kasarahak* décident alors d'ajouter deux autres bœufs ou, à défaut, un porc afin de pouvoir prendre correctement en charge l'alimentation des gens venus participer au culte. Les autres bœufs n'ayant pas été acquis pour le sacrifice, la couleur de leur pelage importe peu.

2.5 Préparation et déroulement du kasarahak

À l'approche de la saison des pluies, ceux chargés de l'organisation du *kasarahak* vont à la recherche du taureau noir. Une entreprise assez difficile, un animal de cette couleur étant plutôt rare. La date du *kasarahak* ne sera fixée que lorsque l'animal est trouvé.

En règle générale, le *kasarahak* s'organisait – et s'organise encore aujourd'hui à Kabrousse – entre juillet et août. La cérémonie démarre le troisième jour de la semaine jóola[131]. Ce jour nommé en keerak *káhagit* est le jour privilégié pour toute cérémonie religieuse dans le monde Eer. Le rite commence le matin vers 9 heures par l'immolation d'un coq dans le sanctuaire du *kasarahak*, au-dessus du trou qui recevra quelques heures plus tard le sang du taureau noir. Après avoir égorgé le coq, on lui ouvre le ventre pour en retirer les intestins que l'on palpe soigneusement à la recherche d'une excroissance (la coccidiose) dans ses intestins. Une fois la boule trouvée, les intestins sont alors sectionnés à cet endroit précis et une partie est posée dans le trou du lieu de culte. La chair du gallinacé ne sera consommée que par les seuls prêtres du *kasarahak.*

Puis vient en second lieu le taureau noir. Il est fixé au sol par de solides bras afin que son sang se déverse entièrement dans le trou. Ensuite, c'est à la génération de jeunes gens qui viennent de quitter le mouvement de jeunesse pour rejoindre le banc des vieux qu'il revient de le dépecer et de le découper en morceaux, d'aider les femmes à puiser de l'eau, à transporter le bois et à porter les ustensiles au lieu indiqué pour la cuisine.

Après la cuisson, des morceaux des organes vitaux du taureau (foie, cœur et un morceau de viande) sont prélevés, fendus en deux, puis posés sur un plat qui est ensuite déposé à côté de l'endroit qui vient de recueillir le sang du taureau noir sacrifié. Les ancêtres prennent ainsi part à la cérémonie qui vient de se dérouler. C'est après cette offrande que le repas peut être servi à tous les participants au culte.

---

[131] Les jours de la semaine jóola en langue Eer sont : kájabiel, kásubut, káhagit, kabakireen, katoken et hunamoway.

Que les participants au rite soient des ressortissants du village de Kabrousse ou qu'ils viennent d'ailleurs, le *kasarahak* étant une cérémonie de communion pour attirer les bienfaits de Ateemit, le repas était donc communautaire et se prenait par tous sur le lieu du culte. Personne, ni vieux ni jeune, n'avait le droit de prendre son repas chez lui. Trois repas par jour étaient servis aux pèlerins parce que la viande devait être consommée entièrement pendant les trois jours que durait la cérémonie. À la fin des trois jours de cérémonie, les restes des repas de même que les os des animaux sacrifiés sont soigneusement ramassés et enterrés afin qu'aucun animal ne vienne souiller l'endroit. Un habitant du village peut demander à prendre pour usage personnel la peau du bœuf qui venait d'être immolé.

Après le repas commence, au son du *kábisa,* le tambour réservé exclusivement aux rites des funérailles, la danse du *kasarahak* appelée *hútitiriŋa*, une danse spéciale qui ne se pratique que pendant le *kasarahak.* Hommes et femmes se meuvent au rythme du *kábisa* de l'avant vers l'arrière. Des hommes, des femmes et des enfants, à gorge déployée, reprenent en chœur les chants composés par Áliin Siitoye en l'honneur de báliba. Aujourd'hui, en l'absence de Áliin Siitoye, ce sont les femmes qui entonnent les chants pendant que les jeunes gens rythment le chant en battant le sol pour implorer báliba ou en se mouvant de l'avant vers l'arrière.

Ce sont ces gestes que les femmes de la cité des vieilles et les jeunes gens de Nialou ont repris ici pour notre équipe de recherche. Une sorte de mini-kasarahak dont l'objectif était de nous présenter quelques gestes essentiels.

Photo 27. Les jeunes gens exécutant des gestes du kasarahak.

Photo 28. La jeune Mágmag (à gauche) dans le rôle de Áliin Siitoye (© M.W. 2008)

Photo 29. Mágmag asperge d'eau les jeunes gens

Photo 30. Les femmes entonnent les chants du Kasarahak
(© M.W.2008)

Photo 31. Mágmag et celle qui jouait le rôle de la suivante de Áliin Siitoye au centre du cercle (© M.W. février 2008).

Pour animer les quelques moments du kasarahak, les femmes entonnèrent les deux chants que voici :

Akaan kásumay
Kuñumo jíbabalen
Bunukab bulewa

Ce qui se traduit par :

Que Dieu apporte la paix
mes enfants tapez le sol et implorez-le
il n'y a même plus de bunuk (dans ce pays)

Maan oowoy usaraxal
Ayo min juñopo waxulewa

Et qui se traduit par :

Dieu, nous voici réunis pour faire le kasarahak
Les enfants demandent à manger, mais il n'y a rien à manger

Le jour du Kasarahak, et ce, aussi bien à l'époque de Áliin Siitoye qu'aujourd'hui, à un moment de la journée, les danseurs de Nialou quittent la place publique, et, par des cris de joie se mettent en chemin vers les autres quartiers. Ils vont rendre visite à ceux de Kadiakaay et de Mossor qui eux aussi célèbrent le kasarahak. Une fois sur place, au rythme des tambours, ils se joignent à leurs danses. Après environ une heure de temps de danse et de manifestation de joie, ils reprennent le chemin de retour vers Nialou et ramènent avec eux les danseurs de Kadiakaay et de Mossor qui viendront à leur tour prendre part aux danses organisées par le quartier de Nialou.

Les pieux matérialisant les lieux de sacrifice doivent, à la fin de la cérémonie des trois jours du *kasarahak*, délivrer un message à tous les passants : au sommet de chacun d'eux, à l'aide d'une ficelle, on attachait les feuilles de chacun des arbres auxquels ils appartenaient : du rônier sur le pieu de rônier et du palétuvier sur celui en bois de palétuvier. À la vue de ces signes, tout passant savait que les habitants de ce village avaient procédé au rite du *kasarahak*.

Les chants servant à implorer báliba n'étaient chantés que pendant le rite du *kasarahak*. Mais au cours des danses qui avaient lieu pendant la journée, des chants profanes qui traduisaient les préoccupations de l'époque étaient aussi entonnés. En voici quelques-uns :

Jisisenol bo Nialou
Hubasaw huneme
Báliba jíbassassor ohoo

Ce qui se traduit par :

Accompagnez-la (Áliin Siitoye) jusqu'à Nialou
La poignée de riz à peine récoltée est perdue[132]
grâce à báliba des nuages noirs s'amoncellent
dans le ciel et il va pleuvoir d'un moment à l'autre

Ohoho Báliba usanum alewa[133]

Ce qui se traduit par :

Malgré l'abondance de la pluie,
il n'y a plus de riches (dans ce pays)

---

[132] Áliin Siitoye fait ici référence à la réquisition du riz.
[133] Bien que la pluie soit revenue et que les récoltes soient bonnes, les greniers sont vidés par les réquisitions. C'est pourquoi, il n'y a pas de personnes riches dans les villages.

ainor oh Jibassor oh
Kambila oohoway

Ce qui veut dire :

Oh toi ma fiancée
Vois la pluie arrivera bientôt

Les chants ci-dessous traitent principalement de deux thèmes : le départ de Áliin Siitoye de Mossor vers Nialou avec ce qu'il a y eu de conflictuel. Ce n'était pas une occasion de convivialité qui aurait vu une foule de partisans et de parents l'accompagner jusqu'à Nialou. Non, hélas, une guerre entre les deux quartiers a été évitée de justesse. La suite, on la connaît : c'est la prémonition qui a accompagné son départ de Mossor. La relation entre les deux quartiers est restée grippée jusqu'à ce jour.

Les difficultés économiques de la région causées par les réquisitions de vivres est le second thème abordé dans les chansons. Le peu de riz engrangé est aussitôt remis aux colons. La pluie est bien au rendez-vous ; elle devait permettre d'avoir de bonnes récoltes. Il y a eu en effet de bonnes récoltes, mais personne ne peut épargner puisqu'il fallait donner le riz de gré ou de force. Les fiancés se réjouissent de ce que la pluie va bientôt arriver. Les nuages qui s'amoncellent annoncent de grosses pluies. Avec de bonnes récoltes on peut fonder un foyer et avoir de quoi nourrir ses enfants. Mais comment atteindre cet objectif quand on ne peut pas épargner ?

2.6 Le kasarahak de galettes de riz

Celui-ci appelé en keerak *kasarahak kala husoorak* et qui se traduit par « le *kasarahak* des galettes de riz » se fait à la fin de la moisson pour remercier *báliba* pour tout ce qu'il a donné : la santé du corps et la paix de l'esprit pour travailler la terre et de l'eau en abondance pour la féconder.

Chaque femme prend du riz nouveau, le pile et le broie pour en faire de la farine. Avec cette farine, elle fabrique six galettes qu'elle pose dans un van qu'elle ira déposer auprès du lieu de culte communautaire du *kasarahak*. Autrefois, ces galettes étaient fabriquées avec de la farine de riz et du miel. Aujourd'hui, le miel étant devenu rare, les galettes sont faites à base de sucre. Seule la galette qui doit servir au rite sera à base de miel. Celle-ci est d'ailleurs cuite par une prêtresse.

Au *kasarahak* des galettes de riz, on apporte pour le rite du vin de palme et un coq. Après le rite, les galettes sont partagées entre tous les participants au rite en question.

2.7 Le kasarahak dans les concessions

Lorsque Áliin Siitoye introduisit le culte du *kasarahak*, elle en fit non seulement un lieu communautaire accessible à tous, étrangers comme résidents, mais aussi un culte familial. Comme indiqué plus haut, chaque quartier a son lieu de *kasarahak* et chaque concession en possède un aussi. Les concessions étant l'habitat d'un groupe de parenté, le *kasarahak* dans une concession concerne les familles qui y habitent.

Alors que le *kasarahak* communautaire s'organise le même jour tous les ans avec comme animal de sacrifice un taureau noir et un coq, le *kasarahak* dans la concession se faisait et se fait encore aujourd'hui tous les quatre ou cinq ans. Tout comme pour le *kasarahak* communautaire, le *kasarahak* familial commence le troisième jour de la semaine jóola, en l'occurrence le káhagit, et se termine trois jours plus tard. Le hunamoway, jour de repos, l'on s'occupe de ranger les ustensiles et de rendre propre lieu où s'est tenu le *kasarahak*.

DEUXIÈME PARTIE

DISGRÂCE ET RÉPRESSION D'UNE PRÊTRESSE JOOLA DES ANNÉES 1940

1. La chute

Un an et demi après son retour à Kabrousse, Áliin Siitoye avait réussi à redonner confiance aux populations qui venaient à elle. La pluie s'était remise à déverser des torrents d'eau remplissant les rizières et les récoltes s'annonçaient bonnes. Les thèmes des rencontres du *kasarahak* se diversifiaient de plus en plus, à mesure que les défis auxquels les populations faisaient face devenaient plus accrus : les nouvelles religions, les exigences des autorités coloniales, etc.

Avec le retour de la pluie, le spectre de la faim reculait. On se rendait toujours à Kabrousse pour demander certes conseil afin de faire revenir la pluie chez soi lorsqu'elle tardait à tomber, mais l'on s'y rendait aussi et de plus en plus pour savoir quelle attitude adopter face aux problèmes sociaux et politiques. Une nouvelle façon de traiter les questions sociales et politiques naquit ainsi autour de la personne de Áliin Siitoye. Le rapport étroit que Áliin Siitoye entretenait avec le divin faisait d'elle une interlocutrice privilégiée pour toutes ces questions. Plus besoin d'aller verser du vin au *bákiin* et d'attendre qu'il juge la requête et veuille bien punir le coupable. Il y avait mieux : en prenant possession de Áliin Siitoye, Dieu l'avait dotée de la capacité d'apaiser l'inquiétude collective. Elle saura aussi repousser cette menace qui pendait comme une épée de Damoclès sur la tête des gens. N'avait-elle pas résolu la question du manque d'eau, faisant reculer ainsi le spectre de la faim qui, pour tout Jóola, constituait la pire menace contre laquelle il était prêt à aller au-delà de ses forces ? Le chant de Adiouma Tendeng résume assez bien cette attente :

Áliin Siitoye naawulo jitey
Min alobul wa ubaje
Guñol báliba
Nama loboli jon[134]

Ce qui se traduit par :

Áliin Siitoye est apparue,
courez vers elle pour qu'elle vous dise ce qui se passe.
À nous, enfants de Báliba,
elle dira tout ce qui est bon à savoir

[134] Chant recueilli au cours de nos recherches en 2008 dans le Mof Ávvi (voir page 51).

Même si les autres lieux de culte continuaient à jouer un rôle important dans le fonctionnement des communautés villageoises, Áliin Siitoye se situait au niveau régional comme une personne-clef dans la compréhension et dans la gestion des problèmes que subissait une société jóola alors une profonde mutation. Pour tous les témoins de l'époque rencontrés au cours de nos recherches menées sur le terrain entre 2002 et 2009, Áliin Siitoye était devenue la personnalité-phare qui devait leur permettre de faire face aux transformations sociales qu'ils savaient inéluctables. Dans le Mof Ávvi[135], des témoins racontaient que les seuls blocages qu'ils avaient connus à cette période-là, surtout en ce qui concernait les rites, étaient liés à des rivalités internes entre les familles religieuses. Sinon tout fonctionnait à merveille lorsqu'ils appliquaient les consignes données par Áliin Siitoye.

Comment expliquer alors la chute brutale de la prêtresse ? La société que Áliin Siitoye cherchait à sortir des griffes de la faim, la société dont elle s'évertuait à atténuer les douleurs des brutales transformations coloniales était elle-même traversée par des mutations très profondes dont Áliin Siitoye elle-même était peut-être loin d'en mesurer la portée : les nouvelles religions avaient déjà divisé des familles, voire des villages entiers ; par leur emploi, conscients ou pas de la portée de leur geste, les auxiliaires de l'administration, membres de la société, étaient engagés à renforcer l'action de l'administration coloniale sur les populations. Ce sont ceux que le commandant de cercle nommait dans ses rapports : « des indigènes sûrs[136] ». Des indigènes qui connaissaient « la société de l'intérieur » et qui fournissaient à l'administration les informations qu'elle voulait entendre.

2. Comment expliquer la chute ?

2.1 Les rivalités internes

Ainsi qu'il a été développé plus haut, lorsque Áliin Siitoye revint de Dakar porteuse du message de báliba, elle s'était installée à Mossor d'où elle était partie des années plus tôt pour rejoindre sa mère à Dakar. C'est à Mossor que s'est construit le premier embryon du *husarahak* comme mouvement, et c'est aussi là qu'a eu lieu la toute première formalisation du système kasarahak comme rite. Les premiers pèlerins venus à titre personnel ou mandatés par leurs villages respectifs avaient

[135] Le Mof Ávvi est un ensemble de dix villages situés dans l'actuelle commune d'Enampore.
[136] ANS. 11D1/226.

déposé leurs présents aux pieds de Áliin Siitoye à Mossor. L'apparente accumulation de richesse, les fonctions que les uns et les autres jouaient dans le cercle de Áliin Siitoye avaient permis de nourrir l'espoir que le quartier connaîtrait prospérité et notoriété grâce à la présence de cette prêtresse exceptionnelle. Habité par les mêmes ambitions, Nialou, qui jusque-là s'était montré très réservé pour ce qui concernait le mouvement et le rite de Áliin Siitoye, prit la décision d'aller la réclamer à Mossor au moment même où sa notoriété avait dépassé les frontières de la province d'Oussouye pour atteindre la Gambie anglaise et la Guinée portugaise. On signalait même la présence de pèlerins venus de Dakar et de Kayes, à la frontière du Soudan français. Obligée de se plier à la revendication paternelle – car dans la tradition jóola, un enfant appartient d'abord à la famille de son père –, Áliin Siitoye quitta Mossor pour Nialou. Pour Mossor, le choc fut sans doute brutal. Une guerre entre les deux quartiers fut évitée de justesse et Mossor professa que tôt ou tard les autorités coloniales viendraient arrêter Áliin Siitoye. À Mossor, on laissait entendre que Nialou n'avait pas la capacité de protéger Áliin Siitoye. Qu'est-ce à dire ? Savait-on à Mossor que Áliin Siitoye était surveillée par les autorités coloniales ? Sans nul doute. Ceux que le colonel Sajous appelait des « indigènes sûrs » étaient de la société. Parmi eux, certains étaient les yeux et les oreilles de l'administration coloniale. Ils savaient donc que ceux-là ne venaient pas par piété au kasarahak.

Des témoins de l'époque affirmaient qu'à partir de cet incident, un climat délétère s'installa entre les deux quartiers du village. Et, sur ce fond de querelle interne, est venu se greffer le ressentiment de ceux qui avaient été obligés de quitter le village ou le quartier à la suite de leur conversion au christianisme, cédant ainsi à la pression de ceux qui considéraient leur conversion comme une déloyauté vis-à-vis du culte des ancêtres. De nouveaux quartiers sont nés autour de l'église, du dispensaire ou de l'école où n'habitaient que les convertis. À Oussouye, par peur qu'on ne leur fasse du mal, les enfants de ces nouveaux chrétiens étaient confiés aux employés de la résidence du chef de province, Benjamin Diatta, lorsque les parents étaient occupés dans les rizières.

Bien que l'angoisse de la déculturation ne soit pas née avec l'arrivée de Áliin Siitoye, c'est pourtant elle qu'on a accusé d'avoir été à l'origine du harcèlement, voire de la persécution des premiers chrétiens de la province d'Oussouye. Elle aurait menacé de mort tous les chrétiens qui ne reviendraient pas vers le culte traditionnel des ancêtres. L'un dans l'autre, la situation créée par le déménagement du kasarahak de Mossor à Nialou a contribué à exacerber les rancœurs et à réveiller des angoisses qui, en réalité, n'étaient pas directement liées à l'arrivée du husarahak dans la province, mais à la politique même des autorités coloniales, qu'elles soient administratives ou religieuses, avec leur réquisition de riz et de bétail, une évangélisation qui nie aux autres toute valeur religieuse et culturelle que l'on s'attribue à soi-même.

En 1942, lorsque Áliin Siitoye revint de Dakar avec la « parole », la France était sous occupation allemande et les colonies peinaient à l'interne à s'autosuffire. Considérée comme un grenier à riz, la Casamance devait participer lourdement à cet effort de guerre. Ce qui angoissait fortement les populations. Le *husarahak* avait entre autres ambition de desserrer cet étau.

2.2 Le poids des éléments externes : la pression fiscale et l'effort de guerre

En dehors des préoccupations quotidiennes comme le manque de pluie, les querelles inter-villageoises, les causes de maladie que les pèlerins évoquaient pendant le culte, les impôts, l'enrôlement dans les troupes coloniales et la réquisition de riz et des biens occupaient une place centrale dans les différentes rencontres du *husarahak.* Les autorités coloniales que les déplacements de foules inquiétaient avaient infiltré le mouvement. Des indicateurs rapportaient les faits et gestes de Áliin Siitoye. Les chants – comme celui-ci que nous reproduisons encore une fois ci-dessous[137] – qu'Áliin Siitoye avait composés en réponse aux questions et sollicitations posées par des pèlerins constituaient évidemment une preuve évidente que les ordres venaient de la prêtresse.

Ateemit naane
Jinelo kajo so
Juñux kumandang
Husoyik husoyik baaba

Ce qui se traduit :

Dieu a dit :
« Arrêtez de les prendre (le bétail)

[137] Ce chant servira dans le texte de fil conducteur pour expliquer le combat de Áliin Siitoye. Les témoins de l'époque racontent que c'est l'un des chants-phares qui, pour l'administration coloniale, constituaient la preuve irréfutable que les ordres de refus auxquels l'administration faisait face venaient de Áliin Siitoye.

pour les remettre au commandant
arrêtez de les prendre par la force
là-bas, là-bas (au pâturage)

Pour les autorités coloniales, les troubles qui s'intensifiaient dans la région, le refus systématique d'obéir aux ordres étaient à mettre sur le compte des instructions prodiguées par Áliin Siitoye. Des « indigènes sûrs[138] » leur avaient fourni les renseignements selon lesquels Áliin Siitoye et son entourage avaient donné l'ordre aux villages de refuser de fournir des hommes pour le service militaire, le paddy pour le ravitaillement et de ne pas entretenir les routes pour que le Blanc ne puisse pas contrôler ce qui se passe dans la région.

Une analyse de la situation politique de l'époque aurait pourtant dû faire comprendre aux autorités coloniales que même si Áliin Siitoye avait donné des ordres allant dans le sens de la désobéissance civile, toutes les attitudes de refus qui s'exprimaient ça et là dans la région ne pouvaient pas être le seul fait du prêche de la prêtresse. Loin de là ! Des évènements mondiaux qui se passaient entre autres sur le sol français, avaient apporté aux populations la preuve qu'ils devaient continuer à tenir tête aux colonisateurs et à ses troupes. La force exagérée qu'ils déployaient pendant les opérations de police était à la mesure de leur désarroi face à l'occupation de leur pays par l'Allemagne. La France qui, dans les colonies, commandait et exigeait, avait rencontré plus fort qu'elle sur son propre sol ! Depuis près de deux ans, elle était occupée par l'Allemagne nazie. La nouvelle de l'armistice était parvenue dans les colonies ; la bataille de Dakar qui opposa de Gaulle et ses alliés au gouverneur Boisson en septembre 1940 était encore dans les mémoires. La France avait-elle encore les moyens de continuer à exiger des peuples colonisés une obéissance aveugle ? Le mépris avec lequel les autorités coloniales traitaient ces populations les empêchaient d'aborder la question des refus sous cet angle-là. Pour elles, ces populations qu'elles considéraient comme « primitives et crédules[139] » ne pouvaient avoir aucune autre lecture des revers de l'armée française en métropole, alors même que certains des anciens tirailleurs de la Première Guerre mondiale natifs des villages se tenaient au courant des évènements qui se passaient en France. Tout le monde était au courant des répercussions que l'armistice faisait peser sur les colonies : les privations étaient dues

138 ANS. 11D1/226. Rapport du Lieutenant-Colonel Sajous commandant le Cercle de Ziguinchor. APA. Lettre n° 137 Cf. 10 mars 1943.
139 *Id.*

au rationnement des produits vendus dans les maisons de commerce à Ziguinchor. L'arrêt des liaisons entre Dakar et Ziguinchor ne permettait plus ni d'importer les produits de première nécessité, ni d'écouler l'arachide dont 30 000 tonnes étaient restées coincées dans la province en plus de la récolte de 1941 qui attendait aussi d'être évacuée. La fermeture des frontières terrestres et maritimes, l'intervention à la mi-décembre 1940 du Marabout Seydou Nourou Tall mandaté par Parisot sur ordre du gouverneur Boisson afin de calmer les esprits et d'exhorter ses concitoyens, « sans distinction de religion à accomplir leur devoir envers Dieu et envers leurs chefs terrestres[140] » ne permit pas d'établir ou de rétablir un climat de confiance – si tant est qu'on peut parler de climat de confiance – entre les populations jóola et l'administration coloniale, ou d'apaiser les esprits. Bien au contraire, les populations de la province d'Oussouye ne se sentirent nullement concernées par les palabres qui se déroulaient au nord de la Casamance. Une sourde fronde se remit à couver un peu partout : on refusait après la saison des pluies de remettre en état les routes, de se faire enrôler dans les rangs de l'armée coloniale, de s'acquitter de ses impôts ou de se plier à la réquisition du riz.

À Youtou et à Effok, deux villages situés aux confins de la province, éclata entre 1942 et 1943 une rébellion armée. C'était l'évènement de trop. Pour le colonel Sajous, l'ordre de ne pas obéir venait de Kabrousse. Il fallait à tout prix reprendre en main la province en arrêtant Áliin Siitoye. L'autorisation de le faire, il l'avait déjà obtenue du gouverneur Deschamps qui, dans un télégramme daté du 03 octobre 1942, reconfirmait les instructions qu'il avait donné des mois auparavant à l'administrateur du cercle :

> « Je vous confirme les instructions que je vous ai données (…) Si l'influence de cette femme décroît, si peu à peu les populations se détachent d'elle[141], si elle ne conserve une autorité que très peu localisée et qui ne se révèle pas gênante pour notre action, il est inutile d'envisager des mesures de force qui pourraient avoir des

[140] Roche Christian. « Chronique casamançaise. Le cercle de Ziguinchor au Sénégal pendant la guerre de 1939-1945 ». In : *Revue française d'histoire d'outre-mer*, tome 85, n°319, 2e trimestre 1998. p. 87-115.

[141] Ce que le Gouverneur du Sénégal annonce ici, il le tiendrait de Monseigneur Joseph Faye, préfet apostolique de Ziguinchor, à qui il aurait demandé conseil quant à l'attitude à adopter face au mouvement de Áliin Siitoye. Monseigneur Faye lui aurait conseillé de laisser faire, que les gens se lasseraient et se détourneraient de Áliin Siitoye.

répercussions difficiles à suivre dans une région aussi proche de la frontière ; mais si, au contraire, son influence se développe et si son action tend à devenir gênante pour nous dans des domaines où notre autorité ne doit souffrir aucune diminution, je vous autorise à user envers elle des moyens nécessaires pour la mettre hors d'état de nous causer du tort. Ces moyens sont : l'arrestation brutale, rapide de cette femme, son transport immédiat à Ziguinchor et son envoi sur Tambacounda sans délai[142]. »

Áliin Siitoye avait-elle le pouvoir réel de déstabiliser l'autorité coloniale ? Elle chantait certes le départ des colonisateurs et la réinstallation de Benjamin Diatta dans son commandement. L'ordre qu'elle avait reçu de Dieu, disait-elle, interdisait de prendre les biens des gens sans autorisation. Les impôts qui, aux yeux des autorités coloniales, constituaient une obligation pour chaque citoyen, pouvaient être un don si les autorités prenaient la peine de demander au lieu d'user de la force. Tous ces messages étaient délivrés par Áliin Siitoye comme des prophéties. À l'entendre, c'est Dieu lui-même qui avait décidé de mettre fin à toutes ces exactions en l'utilisant, elle, comme médium. Le chant ci-dessous illustre à souhait son état d'esprit :

Báliba jiwalenol
kusendarme ku lako babaa
Ateemit nárinulo hinkiil
Man mindermu husama
Min Jiŋar jujuk.

Accueillez Báliba
Des gendarmes sont installés là-bas
Mais Dieu est arrivé cette année
et il va barrer la mer pour vous donner
la preuve de sa force.

Lors de son procès, elle redira la même chose devant son juge : « Je suis une envoyée de Dieu qui m'est apparu plusieurs fois. Je n'ai fait que transmettre les directives qu'il me dictait[143] ». Mais la situation économique et politique de la colonie du Sénégal était en cette année 1943 particulièrement difficile pour que l'administration prête une oreille attentive à de tels propos : le blocus des alliés empêchait le riz

[142] ANS. 11D1/226 APA, 03 octobre 1942.
[143] *Ibid.*

que l'on importait d'Indochine de parvenir à la colonie. Les militaires qui avaient « droit au riz tenaient à leur céréale[144] ». D'après l'administrateur de Ziguinchor, seuls les Jóola avaient dans leurs greniers d'importantes réserves de riz qu'on pouvait réquisitionner pour subvenir au besoin du reste du pays. Pensait-on. Il faut signaler que les estimations de l'administrateur à propos des réserves de riz étaient largement exagérées. Les années précédentes, la pluie souvent capricieuse n'était pas toujours au rendez-vous. Et les récoltes n'avaient pas toujours été bonnes. C'est au milieu de ces incertitudes, de ces rumeurs et surtout d'une impuissance à faire face aux retombées de la guerre dans la colonie qu'était tombée la « parole » du *husarahak* de Áliin Siitoye. Le gouverneur du Sénégal, Hubert Deschamps, décrit la situation en ces termes[145] :

> « À ce moment critique intervint la visionnaire de Kabrousse. C'était une «reine», c'est-à-dire une magicienne fétichiste, qui devint brusquement célèbre en « faisant tomber la pluie » dans une grande sécheresse. Elle usa de son prestige pour exciter l'opinion. Les Floup anarchistes comme un seul homme refusèrent leur riz. On envoya des militaires, l'un d'eux fut tué. Les soldats détruisirent le gros village d'Effoc en interdisant de le rebâtir, ils se répandirent dans la brousse en tirant des coups de fusil en l'air. Les Floup se sauvèrent en Guinée-Portugaise; cela leur était souvent arrivé au temps de la conquête; ils partaient puis revenaient au départ des soldats. L'ennui cette fois, c'est qu'ils n'étaient pas revenus ».

Devant la situation qui paraissait sans issue, le gouverneur du Sénégal chercha à s'allier les bons offices de Áliin Siitoye :

> « Je me consolai en allant rendre visite à la « reine de Kabrousse » qu'on avait réussi à capturer. Dans la cour de la prison, je vis une grande jeune femme, mince, la tête rasée, belle, d'une autorité magnifique. Elle me prit à partie avec autant d'aisance que Jeanne d'Arc s'adressant aux Anglais. J'avais compté sur elle pour faire revenir ses compatriotes; mais elle avait sa mission[146] ».

[144] ANS, microf. AN, 200 mi/1842, 2G/43, Pièce1, rapport politique annuel du Sénégal 1943, p. 8 et Deschamps H., *op. cit.*, p. 270-273.
[145] ANS, 11D1/226.
[146] *Ibid.*

Áliin Siitoye était-elle pour autant innocente de ce que lui reprochait l'administration coloniale ? La « parole » qu'elle disait détenir de Dieu avait en effet réarmé psychologiquement les gens qui la côtoyaient. Elle constituait une forme de savoir commun qui ouvrait une porte vers ce qui jusqu'à présent paraissait de l'ordre de l'impossible : un seul culte – le bákiin de Áliin Siitoye – et une seule parole, celle que professait Áliin Siitoye. Des chefs de lieux de culte dont le pouvoir avait été déstabilisé par l'administration coloniale retrouvaient de la vigueur. La « parole » d'Áliin Siitoye était à la fois force et action. Ainsi, sans qu'aucun ordre précis ne provienne de Kabrousse, les gens pouvaient s'appuyer sur cette « parole » pour s'opposer à toute action qu'ils jugeaient injuste. Une attitude somme toute banale dans le monde jóola. Lorsqu'une « parole » avait été partagée dans un lieu de culte, elle avait force de loi pour toutes les personnes qui étaient concernées par elle. L'action à mener dépend de chaque groupe ou même de chaque individu.

Áliin Siitoye ne possédait pas une armée et n'était pas non plus directement à la base de toutes les agitations qui régnaient dans la région. Sa responsabilité résidait dans le fait que sa « parole » avait donné de l'élan à tous ceux qui n'attendaient que le moment propice pour en découdre avec les autorités coloniales et leurs hommes de main : ceux qui prélevaient les impôts, s'occupaient des campagnes de vaccination ou de la réquisition de vivres. La responsabilité de Áliin Siitoye avait commencé avec cette « parole » qu'elle disait détenir de Dieu et elle s'en arrêtait là. Peut-on condamner quelqu'un pour cela ?

2.3 La question du recrutement

Parmi les griefs retenus contre Áliin Siitoye, il y avait celui d'inciter les populations à s'opposer au recrutement. Une analyse des rapports des administrateurs coloniaux, des documents d'archives et d'écrits d'autres auteurs faisaient état du refus de se laisser enrôler et ce, bien avant l'arrivée de Áliin Siitoye. Christan Roche dans son article "Chronique Casamançaise" (Le cercle de Ziguinchor entre 1939-1945)[147] relatait que lorsque la Première Guerre mondiale éclata en Europe en 1914, les autorités coloniales s'épuisaient encore à pacifier la Casamance. Face aux mouvements de rébellion constatés dans plusieurs villages contre le paiement des impôts et le recrutement, le Gouverneur Général ordonna l'installation de compagnies militaires afin d'obliger les populations à accepter les mesures imposées par l'administration. Le

[147] *Revue française d'histoire d'outre-mer,* 85 (1998), n° 319, p : 87-115.

désarmement enclenché en 1912 se poursuivait encore lorsque la nouvelle de la mobilisation pour la guerre était arrivée. Les 112 hommes de la 17e Compagnie de Bignona embarqués le 8 août 1914 périrent quatre mois plus tard à Arras. Les Capitaines Lemoine et Javelier qui conduisaient la compagnie connurent le même sort. Ce douloureux évènement contribua à renforcer davantage l'opposition des Jóola au recrutement.

Lorsqu'Áliin Siitoye arriva en 1941 à Kabrousse avec son message, la rébellion quasi-permanente de ceux qu'on appelait les Floups et celle de Brin-Seleki – pour ne citer que ceux-là – avaient fait l'objet de plusieurs rapports de la part des administrateurs. Le village de Séléky, pour refus systématique de payer des impôts, a subi 30 ans durant diverses exactions sans que le colonisateur ne soit parvenu à le faire plier. Tous les administrateurs de cette époque étaient arrivés à la conclusion qu'il fallait une intervention militaire pour soumettre définitivement les populations jóola. L'objectif fut atteint en 1919 : le roi-prêtre Sihalebe fut fait prisonnier et déporté à Sédhiou où il se laissa mourir de faim.

En reprenant le thème du recrutement dans son mouvement, Áliin Siitoye ne disait rien de nouveau que ce qui depuis toujours motivait les gens à refuser de s'engager militairement : *Hutihaku hata baba di kulumaku.* ou « la guerre de là-bas, au pays des Blancs.» Ce n'était pas leur guerre. C'était la guerre des Européens. Quel avantage aurait-il d'aller se battre en pays étranger ? Deux arguments pouvaient peut-être pousser certains à s'engager : l'appât du gain ou alors un changement de statut : de celui d'indigène corvéable à merci à celui tout au moins enviable des habitants des quatre communes. Les jeunes gens de Ziguinchor en avaient formulé la requête au début de l'année 1918, lorsque Blaise Diagne, fraîchement élu député, était en tournée en Afrique pour sensibiliser au recrutement pour le service militaire. Le député fit la promesse de s'engager à porter la requête, mais il n'y eut de cette demande aucune suite. Dans les villages, le passage du député Diagne à Ziguinchor, le but de son voyage et les arguments présentés en faveur d'un engagement pour la guerre ne connurent aucun écho.

Le refus de s'engager pour le service militaire ne peut donc être directement imputable à Áliin Siitoye. La différence qu'a apporté le mouvement de Áliin Siitoye dans les formes de résistance utilisées dans les villages résidait dans le mode organisationnel : les villages jóola fonctionnaient et fonctionnent encore aujourd'hui comme des entités autonomes ; même quand l'information parvenait à franchir les limites du village, les décisions quant aux actions à mener dépassaient rarement les frontières du village. Áliin va réorganiser et gérer autrement le mode de diffusion de l'information, réussissant ainsi ce qu'aucun responsable de culte n'avait pu faire jusque-là : réunir en un même lieu et autour du même message hommes, femmes et enfants venant de plusieurs villages, mais aussi des pays environnants. Le message communiqué était le même pour tout le monde et le contenu était rédupliqué tel quel dans les villages d'où arrivaient les pèlerins. Une démarche bien moderne pour l'esprit de l'époque : la maîtrise de l'information. Dans les contrées que nous avons parcourues pour les besoins de ce livre, les gens ne cessaient de répéter que la force du culte de Áliin Siitoye était dans le fait que, quel que ce soit l'endroit où le culte se pratiquait, on entendait les mêmes paroles, partageait les mêmes informations et toute personne de passage qui connaissait le culte le reconnaissait tout de suite à la rhétorique de ses participants et de ceux qui en assuraient l'office.

C'est sur ce seul point qu'Áliin Siitoye constituait une menace pour l'administration coloniale. Ces peuples qui, dès le premier contact, opposèrent une farouche résistance à l'administration coloniale, n'avaient jusque-là jamais éprouvé le besoin de se constituer en entité, une force capable de faire front contre un ennemi commun. Et pour une fois, cette femme que l'administrateur Sajous lui-même qualifiait « d'intelligente, rusée et intrigante[148] » réussissait ce qu'aucun prêtre avant elle n'avait pu faire : permettre à tous d'être autour d'un même culte et partager à tous la même information, qu'elle soit religieuse ou profane. Les voies de transmission étaient le chant et les danses. L'ambiance d'apparence bon enfant qui accompagnait le culte transmettait en arrière-plan, plus fort que des messages, une attitude : celle du refus. Il fallait, pour pouvoir reprendre en main la région[149], l'arrêter avant qu'il ne soit trop tard. En effet, qu'est-ce qui se serait passé si on avait laissé à Áliin Siitoye le temps de pousser son audacieuse entreprise religieuse au point d'en faire un nouveau modèle de communication ?

3. Quel texte juridique faut-il appliquer à une prêtresse qui chante pour prophétiser la fin d'un pouvoir abusif?

La tergiversation des autorités coloniales quant à la sanction qui devait être appliquée à Áliin Siitoye montre bien que les preuves

[148] ANS, 11D1/226.
[149] *Ibid.*

retenues contre elle étaient bien trop minces. Le commandant de cercle, le colonel Sajous, estime lui-même que :

« faute de preuves convaincantes, il n'était pas possible d'engager des poursuites judiciaires contre Áliin Siitoye pour complot contre la sûreté de la colonie en application de l'article 24 du Code Pénal Indigène ». Mais « ses appels à la désobéissance envers les autorités du cercle dépassent le cadre de l'article 28 du même Code qui réprime l'opposition à l'autorité des chefs indigènes ». poursuit-il.

« le décret du 10 avril 1935 qui sanctionne les provocations à résister à l'application des règlements ainsi que les atteintes au respect dû à l'autorité française ne prévoit pas comme sanction l'interdiction de séjour. Les sanctions prévues par ce décret étaient un emprisonnement de deux à trois ans et une amende de 6 000 à 60 000 francs ou l'une de ces deux peines seulement ». Or, ce que les autorités coloniales voulaient, c'est d'écarter le plus longtemps possible Áliin Siitoye et ses acolytes de la colonie.

Le traitement du dossier Áliin Siitoye pour ce qui concernait la sanction à lui appliquer fit l'objet d'intenses échanges de courriers entre le commandant de cercle, le colonel Sajous et le gouverneur du Sénégal, d'une part, et, entre le gouverneur du Sénégal et le Gouverneur Général de l'AOF. Ce sur quoi tout ce monde était d'accord, c'est qu'il fallait éloigner de la colonie pendant un temps suffisamment long Áliin Siitoye et avec elle, tous ceux qu'ils considéraient comme ses adeptes. L'instrument qui permettrait cette mise à l'écart manquait cependant dans l'asernal juridique du Code Pénal Indigène. Le cas « Áliin Siitoye et ses acolytes » constituait un « trou juridique » dans le maillage législatif de l'époque.

Une note du bureau du Gouverneur Général de l'AOF au gouverneur du Sénégal pose la question centrale de la légitimité de « l'enlèvement rapide, du transfert sur Ziguinchor et de l'envoi sans délai sur Tambacounda de Áliin Siitoye » proposé par le Gouverneur du Sénégal. Si l'on considère – poursuit l'auteur de la note – que Áliin Siitoye et ses adeptes ne se sont opposés à l'administration que par la parole, juridiquement, il était difficile de leur appliquer les sanctions prévues dans l'article 28 du Code Pénal Indigène : opposition à l'autorité des chefs indigènes. Alors sur quelle base juridique allait-on « enlever, transférer sur Ziguinchor et envoyer Áliin Siitoye sur Tambacounda ? »

L'action menée par Áliin Siitoye et ses adeptes avait à son avis plutôt un impact direct sur l'économie puisque Áliin Siitoye demandait aux populations de ne cultiver que la variété locale de riz au détriment d'autres variétés, de supprimer les cultures de rente, en l'occurrence l'arachide. D'après l'auteur de la note, ces faits tombent sous le coup du décret du 10 avril 1935 qui réprime la résistance à l'application des règlements et l'atteinte au respect de l'autorité française.

Les sanctions dans ce cas de figure sont un emprisonnement de deux à trois ans et une amende de 6 000 à 60 000 francs ou l'une de ces deux peines seulement.

Quoi qu'il en soit, la solution juridique présente de sérieux inconvénients écrira-t-il :

1. pour engager des poursuites contre Áliin Siitoye, il fallait avoir l'agrément du ministre des Colonies. Or, l'obtention de cet agrément demandait beaucoup plus de temps que la situation sociale du moment ne le permettait;

2. par solidarité ou par peur de représailles, personne n'accepterait de témoigner contre Áliin Siitoye ;

3. À Tambacounda où elle devrait être internée, le tribunal n'a pas compétence pour juger une telle affaire. Il ne resterait alors que le tribunal de Ziguinchor. Or un jugement de Áliin Siitoye à Ziguinchor, même à huis clos, risquait de provoquer des remous dans la population.[150]

Il ne restait alors que l'application du décret du 15 novembre 1924 qui prévoit en son article 22 des peines de police administratives. La sanction administrative de police consiste en un internement, une interdiction de séjour ou une résidence obligatoire[151]. L'administrateur qui étudiait les propositions faites par les uns et les autres proposa à son tour que pour « assurer la tranquillité de la Casamance pour un temps, de leur[152] assigner une résidence obligatoire pour une durée de trois ans à Tambacounda ».

La sanction proposée par le premier chef de bureau, bien qu'elle soit suffisamment lourde par rapport aux faits reprochés, ne l'était pas assez pour le commandant de cercle, le colonel Sajous. Il proposa au gouverneur d'appliquer les sanctions prévues par les articles 103 et 28 du code de « justice indigène ». Les chefs d'accusation qu'il retient

---

[150] *Ibid.*

[151] *Ibid.*

[152] Il s'agit ici de Áliin Siitoye et de Gnacoufousso, une autre prêtresse du village de Youtou qui devait être jugée par la même instance et de tous ceux que l'administration considérait comme les hommes de main de Áliin Siitoye.

contre Áliin Siitoye sont l'escroquerie et l'opposition aux chefs « indigènes[153] » reconnus par l'administration. Pour le premier chef d'accusation, la peine prévue était de deux à sept ans de prison, d'une amende de 50 à 20 000 francs et d'une interdiction de séjour de 1 à 10 ans. Et, pour le second, la peine était d'un à six mois de prison et de 16 à 600 francs d'amende. Il s'agissait pour lui d'éloigner Áliin Siitoye le plus longtemps possible de la province d'Oussouye afin d'enrayer l'influence néfaste qu'elle aurait auprès des populations[154].

4. L'arrestation de Áliin Siitoye et de ses compagnons

4.1 Les acteurs de l'arrestation

La décision d'arrêter Áliin Siitoye et tous ceux qui œuvraient auprès d'elle était désormais certaine. Seules la mise en œuvre et l'organisation pratique de l'arrestation restaient à mettre en place. Le rapport d'ensemble envoyé par le gouverneur du Sénégal, Deschamps, au gouverneur général de l'AOF devait montrer l'urgence qu'il y avait à mener cette opération afin de permettre une prise en main définitive de cette partie de la colonie. L'objectif visé est d'obenir une réponse favorable du gouverneur général de l'AOF quant aux mesures prises pour éloigner Áliin Siitoye et ses adeptes de la colonie. Voici quelques points relevés de son compte-rendu :

– La province d'Oussouye, un pays difficile d'accès découpé en plusieurs îles par des bras de mer et des rizières avec des carrés de villages cachés dans la forêt, loin des routes dont toutes sans exception sont impraticables aussi bien en saison sèche qu'en saison des pluies et la proximité de la frontière portugaise qui offre refuge à ceux qui veulent se soustraire au contrôle de l'autorité coloniale.

– À cette désavantageuse géographie est venue s'ajouter une population indisciplinée qui se montre réfractaire à toute autorité émanant d'un Européen, que celui-ci soit un Français ou un Portugais. Leur répugnance à tout ce qui touche à l'Européen est telle que lorsqu'un des leurs est désigné par l'administration coloniale pour occuper une fonction, il est renié par les siens. Il est alors désigné sous le vocable « ami des Blancs », ce qui est la pire des insultes.

---

[153] Le chant qu'elle avait composé dans lequel elle leur demandait d'arrêter de prendre le bétail des gens pour le remettre au commandant était la preuve qu'elle s'opposait aux chefs indigènes.

[154] ANS. APA du 15 janvier 1943. Rapport n°42/cf. Affaire visionnaires de Kabrousse et de Youtou.

– Ces populations n'acceptent que des chefs occasionnels ou des féticheurs. Et la particularité ici, ces chefs sont souvent des femmes qui se disent inspirées de Dieu.

Une situation qui, selon le gouverneur du Sénégal, a fait surgir les difficultés qui suivent :

– des jeunes gens inscrits en octobre-novembre 1942 au tableau de recrutement avaient refusé de recevoir leur convocation. Les tirailleurs envoyés sur place pour les ramener de gré ou de force ont été pris à partie et n'ont pu se dégager qu'en tuant l'un d'eux.

– Dans toute la Province d'Oussouye, les populations refusèrent d'exécuter l'ordre de remettre en état les routes après la saison des pluies.

– En janvier 1943, pour l'achat des produits vivriers, 642 tonnes de riz paddy fut imposé à la Province d'Oussouye, soit 32 kg par habitant. La répartition tenait compte de la richesse en rizières par habitant. La richesse de la Province aurait même pu permettre la livraison de mille tonnes sans compromettre la sécurité alimentaire des populations. Plusieurs villages opposèrent un refus catégorique de livrer au commandant le riz demandé.

– Une opposition ouverte aux campagnes de vaccination est constatée partout en pays floup.

Selon le gouverneur du Sénégal, une rébellion ouverte beaucoup plus intense que par le passé parcourait les villages de la Province d'Oussouye. Les renseignements fournis par des indigènes « sûrs[155]» établirent la responsabilité de Áliin Siitoye dans la situation de désobéissance stricte dans laquelle se trouvait la province d'Oussouye. Appuyée par les féticheurs et par les pèlerins, le message de refus propagé par Áliin Siitoye aurait été colporté dans toute la Province d'Oussouye.

Sur la base des informations indiquées ci-dessus, la décision d'arrêter Áliin Siitoye et ceux que l'administration coloniale considérait comme ses adeptes sera décidée. L'opération sera déclenchée le 17 janvier 1943 après que le sergent Rollin a été reçu par des coups de feu et des tirs de flèches à Effok où il s'était rendu pour avertir les populations d'avoir à porter le riz demandé le lendemain à Ayoune.

Avec armes et munitions, le colonel Sajous et ses hommes se rendirent le 18 janvier 1943 à Oussouye. Au poste d'Oussouye, il

[155] Le terme est du gouverneur lui-même.

attribua à chaque groupe de combat un rôle : un groupe restait à Oussouye pour défendre le poste en cas d'attaque, deux groupes se positionnaient à Ayoun pour y recevoir le riz paddy de tous les villages environnants et enfin les trois autres groupes restants étaient envoyés à Effok. Lorsque le groupe de combat qui devait se rendre à Effok y parvient, le village était vidé de ses habitants. Après une nuit passée sur place, ils quittèrent pour Youtou, le village de la prêtresse Gnacoufousso que le colonel envisageait d'arrêter pour les mêmes griefs qu'il fit à Áliin Siitoye. Le colonel et ses hommes ne trouvèrent pas Gnacoufousso sur place. La prêtresse avait sans doute eu le temps de quitter le village pour se réfugier en Guinée portugaise, soupçonna-t-il. Ils mirent la main sur un homme que les indicateurs leur avaient rapporté être parmi les éléments influents du cercle de Áliin Siitoye[156]. Les autres habitants avaient eu le temps de se mettre à l'abri avant l'arrivée du colonel et de ses hommes. Ils occupèrent alors les villages de Youtou, Effok et Ayoun : en plus d'arrêter tous ceux qu'elles considéraient comme suspects, les autorités militaires devaient aussi récupérer le riz paddy que les villageois n'avaient pas livré. Parmi les personnes arrêtées, des femmes d'Effok appréhendées alors qu'elles tentaient d'évacuer le riz pour aller le cacher dans la mangrove. Conduites au poste d'Oussouye, elles affirmeraient que l'ordre leur avait été donné par Áliin Siitoye de ne pas obéir aux autorités, de ne pas payer les impôts, de ne pas fournir le riz paddy et de ne pas laisser leurs enfants partir pour la guerre. Le colonel Sajous en conclut :

> « l'influence de la visionnaire est beaucoup plus considérable que nous le pensions et s'est accrue dans des proportions insoupçonnées. La reprise en main du pays ne peut se faire dans la région sud plus contaminée que celle du nord que par une occupation militaire ou civile avec l'appui des forces armées et des gardes et pour une très longue durée. Deux points névralgiques sont à tenir : primo Youtou, secundo Kabrousse où des postes doivent être installés avec détachements rayonnants[157] ».

Le colonel s'était vite rendu compte qu'une expédition punitive n'était d'aucune utilité puisque les personnes recherchées réussissaient à s'échapper pour se réfugier soit dans les pays voisins, soit dans les

---

[156] Il s'agit de Michel Diatta considéré comme homme de main de Gnacoufoussou. Il est mort à Ziguinchor le 27 juillet 1943

[157] ANS. APA du 15 janvier 1943. Rapport n°42/cf. Affaire visionnaires de Kabrousse et de Youtou.

forêts profondes dont ils connaissaient tous les contours. Dans son rapport, le colonel préconisait alors que la seule action qui aboutirait à un résultat définitif : l'occupation militaire. Ce qui permettrait, en plus de ramener l'ordre, de mettre la main « sur les immenses réserves de riz paddy emmagasinées dans les cases abandonnées…[158] ».

Le ratissage de la province commencé le 18 janvier pour arrêter Áliin Siitoye et ses compagnons n'était pas encore arrivé à terme à la date du 22 janvier. Avant de quitter les villages d'Effok, Youtou et Ayoun, les administrateurs devaient s'assurer tout d'abord que des liaisons quotidiennes entre tous les postes érigés dans ces différents villages et la garde du poste d'Oussouye étaient organisées et seraient fonctionnelles ; ensuite un émissaire, en la personne de l'administrateur Picandet, était envoyé auprès des autorités de la Guinée portugaise pour leur demander de prendre part à l'action en cours en n'acceptant plus de réfugiés sur leur sol. Ainsi la frontière serait fermée pour Áliin Siitoye dont le colonel craignait la fuite[159]. Le colonel Sajous se faisait un point d'honneur de coordonner lui-même les opérations de l'arrestation de Áliin Siitoye. Les personnes arrêtées dans les villages étaient soumises à un interrogatoire serré pour savoir ce qui se tramait dans les villages et d'où venaient les ordres. Il en résulterait que l'ordre de ne pas respecter les règles dictées par l'administration leur venait de Kabrousse et Áliin Siitoye aurait dit qu'il leur arriverait un grand malheur s'ils n'obéissaient pas à ce qu'elle disait.

Les témoins de l'époque interrogés sur ces allégations selon lesquelles les personnes arrêtées auraient chargé Áliin Siitoye répondirent que, par peur, certaines personnes pensaient qu'elles échapperaient à la sanction en donnant des réponses allant dans le sens de ce que le commandant voulait entendre ; d'autres réponses avaient été fournies au commandant par les interprètes qui, d'habitude, pour se venger ou pour punir une personne qu'ils considéraient comme un ennemi, lui faisait dire ce qu'elle n'avait pas dit. La barrière de la langue aidant, on pouvait travestir à souhait les propos d'une personne.

Les journées des 25, 27 et 28 janvier 1943 vont être consacrées, dans le plus grand secret, à la préparation de ce que le commandant de cercle, le colonel Sajous, appelle « l'affaire de Kabrousse ». Voici les principales mesures adoptées :

[158] ANS. APA du 15 janvier 1943. Rapport n°42/cf. Affaire visionnaires de Kabrousse et de Youtou.
[159] *Ibid.*

1. Les autorités coloniales se méfiant du passeur, n'utiliseront pas le bac de Soukoudiak qui relie Kabrousse à la Guinée Portugaise.

2. En lieu et place, l'administrateur Picandet se rendra à Elenkine pour y prendre une vedette à moteur avec laquelle il ramènera en remorque trois pirogues à bord desquelles les troupes seront transportées sur l'autre rive.

3. Les troupes stationnées à Youtou et à Effok seront regroupées dans la journée du 28 janvier 1943 dans la forêt de Santiaba Manjak. Afin d'éviter toute fuite de l'information, il ne leur sera pas signifié le but de leur mission. Même si le colonel Sajous ne le précise pas dans son rapport, il faut entendre par troupes, les tirailleurs qui accompagnent de telles opérations de police, de même que le ou les interprètes, en l'occurrence Tété Diédhiou.

4. Ces troupes seront commandées par trois Européens : le lieutenant Wasmes, l'aspirant Le Moniès et le sergent-chef Mandreau.

5. Le colonel Sajous, l'administrateur Picandet, de même que l'administrateur adjoint, Richard, résident d'Oussouye et le médecin militaire Raoul prendront part à l'opération.

4.2 La topographie de l'arrestation

Dans la journée du 28 janvier, des hommes armés chargés de la mise en œuvre de « l'affaire de Kabrousse » se trouvaient comme convenu dans la forêt de Santiaba Manjak. Se joignirent à eux les autorités administratives et militaires citées plus haut.

La mise en place de l'opération en question ne commença qu'en début d'après-midi : l'administrateur Picandet chargé du matériel de transport quittera le groupe pour rejoindre son poste en attendant la tombée de la nuit pour la mise à exécution de sa mission. Les pirogues destinées au transport des troupes devaient se trouver à une heure du matin au bac de Soukoudiak. Tour à tour, les groupes conduits par Le Moniès d'un côté et Mandreau de l'autre traverseront le marigot de Soukoudiak pour progresser vers Nialou. Pour éviter toute surprise, le passeur qui se trouvait du côté de Nialou fut discrètement enlevé par les hommes de Le Moniès et déposé sous bonne escorte du côté Est du marigot. Le même sort fut réservé aux porteurs qui avaient accompagné les différents groupes : ils furent abandonnés sur la rive Est du marigot, sans possibilité de le traverser.

À trois heures du matin, le quartier de Nialou fut entièrement encerclé par le groupe mené par l'aspirant Le Moniès. Le groupe conduit par le sergent-chef Mandreau était, quant à lui, posté à un kilomètre de Nialou, fermant toutes les issues qui mènent au quartier et prêt à apporter un appui au groupe de Le Moniès, en cas de difficulté.

Guidés par des indicateurs[160], les hommes de l'aspirant Le Moniès se dirigèrent vers la maison de Álugay dans laquelle se trouvaient ce jour-là 25 personnes[161]. Surpris dans leur sommeil, certains tentèrent de s'échapper par les fenêtres. Parmi eux, une coépouse de Áliin Siitoye. Elle fut tuée sur le coup par un tirailleur. La maison fut fouillée de fond en comble, mais aucune trace de Áliin Siitoye. Les personnes interrogées répondirent qu'elles ne savaient pas où elle se trouvait. L'ignoraient-elles vraiment ? Pour retrouver Áliin Siitoye, des tractations furent menées toute la nuit par les autorités indigènes à la tête desquelles se trouvait l'interprète Tété Diédhiou. Le colonel Sajous brandit la menace de bombarder le village si Áliin Siitoye ne se rendait pas. La menace parvint sans doute aux oreilles de Áliin Siitoye qui se trouvait ces jours-là dans la forêt sacrée des femmes pour observer la règle de retrait de toute femme de la vie publique et familiale lorsqu'elle était en période de menstruation. Elle décida au petit jour de venir se rendre. Tété Diédhiou raconte :

> « Sans que ne rien pût le laisser prévoir, on apprit que Áliin Siitoye avait décidé de se rendre pour ne pas aggraver la situation. Il était sept heures du matin. Muni de ses jumelles, le colonel Sajous put la voir s'avancer sur la piste, accompagnée de ses disciples. C'était une femme de constitution faible et boiteuse depuis un accident de jeunesse qui avait provoqué une luxation du genou droit. Elle était cependant fort jolie femme ; âgée de vingt-cinq ans environ, avait le teint clair, le geste élégant et la parole facile[162] ».

Pour les vexations subies et pour tous les efforts qu'il a dû faire pour arrêter cette « femme de constitution faible et boiteuse », le colonel Sajous envoya à Áliin Siitoye une gifle qui la jeta par terre. Tété Diédhiou raconte qu'il s'était interposé entre le colonel et Áliin Siitoye et lui aurait demandé de ne pas l'humilier. Il la voulait morte ou vivante et il l'a eue. Il n'y avait donc aucune raison de la frapper. ajouta-t-il dans son récit. Il

[160] Ni les noms, ni l'origine des indicateurs en question ne sont mentionnés dans le rapport du colonel Sajous. Mais nous pouvons supposer que ce sont des agents issus du milieu et qui connaissaient tous les sentiers qui mènent à la maison de Áliin Siitoye.

[161] Ce chiffre a été fourni par les autorités administratives elles-mêmes. Voir ANS 11D1/226. Rapport n°42/cf. Affaire visionnaires de Kabrousse et de Youtou.

[162] ANS IZ 66 à IZ 124. Récit de Tété Diédhiou sur l'arrestation d'Áline Sitoye Diatta.

aurait alors demandé à ce qu'on lui permette de se laver pour enlever la poussière avant qu'elle ne soit amenée vers son lieu de détention. Ce qui fut fait[163]. Ce récit tel que Tété Diédhiou le livra à des chercheurs ne fut confirmé par aucun des témoins rencontrés au cours de nos recherches. Comme nous l'évoquions plus haut, la position ambivalente des auxiliaires de l'administration coloniale qui fait d'eux les têtes de pont des opérations de police menées contre des populations d'où eux-mêmes sont issus les rend incrédibles aux yeux des leurs. « La gifle » a bien eu lieu, mais personne n'aurait vu Tété Diédhiou se précipiter pour s'interposer et protéger Áliin Siitoye, dira le sage Aribannakaay. « Ce que nous avons constaté, c'est l'intention manifeste des troupes à abîmer tout ce qui nous était cher : le lieu de culte érigé dans la cour de la concession par Áliin Siitoye et tous les objets qui l'entouraient ». Puis, avec le sourire énigmatique habituel qui le caractérisait, il poursuivit : « Quant au dialogue qui aurait eu lieu entre le commandant de cercle et Tété Diédhiou, je ne peux rien en dire. Nous, nous ne parlons pas leur langue, on ne sait pas ce qu'ils se disaient entre eux. Même s'ils décidaient de nous tuer tous, nous n'en saurions rien[164] ».

Quoi qu'il en soit, il est difficile, voire impossible, de mesurer la blessure psychologique que les gens de Kabrousse ont dû vivre ce jour-là, quand tout ce monde a été arrêté sans que personne ne puisse rien faire et sans que les chefs religieux eux-mêmes, par la puissance de leur culte, ne puissent se soustraire des griffes du « monstre » ; quand Áliin Siitoye, dont tout le monde s'accordait à dire à Kabrousse et ailleurs qu'elle avait un pouvoir qui lui venait de *báliba*, giflée par Sajous[165] qui ne supportait pas d'avoir été tenu en échec par cette femme infirme, roulait à terre sous les yeux de tous ceux-là qui la considéraient hier comme invincible ; et quand par-dessus tout, des soldats profanaient son lieu de culte en emportant le pieu et tous les objets autour du lieu de culte. En dehors du malaise moral que ressentent encore ceux qui ont échappé à la déportation et ceux qui en sont revenus, ce traumatisme pose le doute dans les esprits quant à la validité ou non des forces invisibles auxquelles ils ont toujours cru. La puissance de destruction du colon était-elle si forte qu'elle avait pu pulvériser celles des *úkiinau*, celui de Áliin Siitoye y compris ? Les ennemis d'Áliin Siitoye dont certains étaient les oreilles du colonisateur et qui traduisaient pour lui chants et messages, avaient-ils scellé un pacte avec le colon pour

163 *Idem.*
164 Propos recueillis lors de nos recherches en 2018.
165 *Idem.*

détruire toutes les forces qui protégeaient le village ? Beaucoup de gens en étaient convaincus. Car, pour les Jóola en général et ceux de Kabrousse en particulier, l'issue de chaque confrontation est fonction des forces invisibles en présence qui, avec la complexité de la nuit, se livrent bataille. La matérialisation de cette bataille est ce qui est vu dans le concret pendant le jour. Le sage Aribannakaay répétait inlassablement : *úkiinau ukete ban.* Ce qui veut dire *:* « les ukinau étaient déjà morts ». Aribannakaay s'expliquait ainsi la catastrophe qui s'était passée sous ses yeux.

La mort des *úkiinau* a rendu tout cela possible, parce qu'ils ont perdu la guerre menée dans l'ombre face à d'autres forces. Pour la concession Júhoŋul, l'arrestation ou la mort de beaucoup de personnes de Kabrousse et d'ailleurs qui s'en est suivie a couvert tous les adultes de la concession d'un voile de culpabilité. Avions-nous été aveuglés par Áliin Siitoye ? s'interrogeait Dembulo, sa sœur. Par la faute d'une des leurs, une femme en grossesse a perdu la vie, des femmes sont devenues veuves et des enfants orphelins. Raconter l'histoire d'Áliin Siitoye à d'autres, c'était faire preuve d'un manque de sensibilité doublé d'un manque de respect vis-à-vis de la douleur des autres. Une telle attitude est impardonnable.

Tous les détenus furent conduits au poste d'Oussouye où ils furent incarcérés, à l'exception de Áliin Siitoye qui sera conduite le même jour sur Ziguinchor. La peur qu'inspirait la supposée emprised de Áliin Siitoye sur les populations exagérait toutes les décisions et rendait ridicules toutes les mesures de sécurité prises pour contrer toute tentative de libération de Áliin Siitoye qui pourrait être menées par une poignée de personnes du reste très mal armée.

La préparation et la mise à exécution de ce que le colonel Sajous appelait « l'affaire de Kabrousse » donne à penser que les autorités coloniales allaient en guerre contre une autre armée. Mais laquelle ? Les hommes d'Effok et de Youtou qui s'opposaient farouchement à l'autorité coloniale n'étaient pas une armée constituée. C'étaient des paysans – munis dans le meilleur des cas de fusils de traite – dont l'acte de rébellion ne dépassait pas les limites géographiques de leur propre village et qui ne se sentiraient jamais obligés d'aller défendre Kabrousse, fût-il le village de la plus grande prêtresse que le monde jóola ait jamais connue. Cet état de fait, le colonel Sajous était pourtant censé le savoir. Il était militaire de carrière. Alors, de quoi s'agissait-il ? De la réaction excessive d'un militaire qui, loin des opérations de guerre de son pays, cherchait à gagner la guerre en terre étrangère ? Beaucoup de chercheurs le pensent. Ou était-ce une volonté délibérée d'anéantir ce peuple pour lequel il n'avait que mépris ? C'est ce que pensent les gens de Kabrousse.

Le sage Aribannakaay disait à ce propos : « Ce que le « Blanc » cherchait à détruire ce n'est pas tant la personne de Áliin Siitoye ni son message, mais ce qui fait notre essence même. Il poursuit :

> « Le jour de l'arrestation de Áliin Siitoye, les soldats qui étaient avec eux ont pris tous les objets de culte qui se trouvaient tout autour du bákiin de Áliin Siitoye. Ensuite, ils ont détruit le lieu. Quel sens avait ce geste[166] ?».

Il y a lieu en effet de se demander le sens des gestes posés par les autorités coloniales et leurs acolytes. Pour le colonel Sajous, la démonstration de force devait marquer les esprits et permettre une fois pour toutes de faire comprendre à tous ceux qui n'acceptaient pas le commandement de l'administration coloniale ce qui leur arriverait en cas de rébellion. Il fallait également « ruiner l'autorité des chefs religieux[167] » pour implanter un autre mode de vie, quitte à utiliser des personnes issues du même milieu. Le tirailleur qui a tué la coépouse de Áliin Siitoye et celui qui a arraché les pieux de son *bákiin* n'étaient pas des « Blancs » mais bien des « Noirs » issus du même milieu culturel que Áliin Siitoye. Le gouverneur du Sénégal, Deschamps dans son compte-rendu du 14 février 1943 écrit :

> « pour parer à l'extension de l'insoumission, il faut détruire le village d'Effok après avoir enlevé les grosses quantités de riz (...), désarmer, rechercher les meneurs, les criminels, les féticheurs, etc. Ces opérations sont à effectuer par les gardes-cercle ».

Pour le gouverneur Deschamps, il ne s'agissait ni plus, ni moins d'amener les populations à accepter l'autorité coloniale, car le pays – dit-il – a toujours échappé à la tutelle de la France. Alors s'il le faut, il faudra par le moyen des opérations de police tenir le pays aussi longtemps que nécessaire pour les amener à accepter les mesures appliquées partout ailleurs au Sénégal et qui ne font l'objet d'aucune contestation[168].

---

[166] Aribannakaay était le frère de Álugay, le mari de Áliin Siitoye. En 2006, lorsque nous menions les recherches à Kabrousse, il était le plus âgé de la concession.

[167] Une consigne du gouverneur général. Christian Roche : *Le Sénégal à la conquête de son indépendance. 1939-1960.* Paris, Karthala, 2001. p. 46-47.

[168] ANS 11D1/226. Compte-rendu du gouverneur du Sénégal au Gouverneur Général de l'AOF tentant de faire condamner Áliin Siitoye et ses adeptes. 14 février 1943.

L'arrestation de Áliin Siitoye n'avait pas réussi à calmer les esprits du côté d'Effok où un soldat français fut tué le 09 février 1943. En guise de représailles, le village fut incendié et ses habitants trouvèrent de nouveau refuge en Guinée portugaise[169].

Si l'intention du lieutenant-colonel Sajous avait été de frapper les esprits par la brutale arrestation d'Áliin Siitoye, il n'y a pas de doute que ce ne fut-là un bel exemple de réussite. Soixante-deux ans plus tard, le nom de Áliin Siitoye éveillait toujours chez les siens la peur. Les témoins de l'époque, qu'ils soient issus de sa famille ou d'ailleurs, avaient eu au début beaucoup de mal à raconter l'histoire de Áliin Siitoye. Méfiants, ils cherchaient d'abord à savoir pourquoi on leur demandait de raconter cette histoire qui continue de leur faire peur. Certains disaient même que pour éviter à nouveau des troubles, il valait mieux oublier Àliin Siitoye. Sa sœur Dembulo racontait qu'elle allait se cacher dès qu'on disait dans le village que des chercheurs étaient venus pour recueillir des témoignages sur la vie de Áliin Siitoye. Ce n'est qu'en 2005 qu'elle consentit à raconter en public ce qu'elle n'avait jamais dit à ses propres enfants.

L'arrestation et les sévères sanctions qui s'en sont suivis ont permis une certaine accalmie, mais n'ont ni effacé la figure de Áliin Siitoye, ni diminué la croyance au *kasarahak* comme moyen d'obtenir de *bâliba* l'eau nécessaire à la culture du riz. Ici et là, on continuait à célébrer le *kasarahak* : à Kajinol, à Kagnut et dans bien d'autres villages. Les signes ostentatoires qui indiquaient l'emplacement du lieu du culte du *kasarahak* avaient été enlevés ou détruits lors des différentes arrestations, mais l'esprit et la pratique du *kasarahak* étaient restés. L'arrestation de Áliin Siitoye et de ses compagnons a eu lieu en période de moisson. À cette période de l'année, des rites étaient organisés – c'est encore le cas aujourd'hui – pour remercier *báliba* pour l'eau et la santé qu'il avait offert aux populations dans les villages. Au cours des différentes cérémonies qui se tiennent sur deux à trois jours, le nom de Áliin Siitoye y planait comme une ombre. Ainsi que le dit l'adage africain, « il est insensé de chercher à couvrir une ombre avec du sable ».

Les populations de la province d'Oussouye, certes fortement ébranlées par les arrestations et les techniques de la terre brûlée pratiquées par les autorités coloniales en représailles contre toute tentative de rébellion, continuaient en dépit de tout à honorer *báliba*. Pendant ce temps, à Ziguinchor, l'appareil administratif se mettait en

---

169 *Ibid.*

place pour appliquer à Áliin Siitoye et à ses compagnons d'infortune la sanction administrative qui avait été décidée en haut-lieu. La poursuite dans certains villages des cérémonies du *kasarahak* alors même que Áliin Siitoye était incarcérée à Ziguinchor devait pousser les autorités coloniales à plus de zèle dans la mise en œuvre de ce qui avait été arrêté : écarter rapidement Áliin Siitoye et ses adeptes du lieu où ils exerçaient une emprise sur les populations, occuper le pays par des gardes-cercle jusqu'à l'obtention d'une mise sous tutelle définitive des populations, préconisait le commandant de cercle.

4.3 L'application de la sanction administrative

Le 1er avril 1943, soit trois mois après la fin de ce qui a été appelé « l'affaire de Kabrousse » et la tentative de démantèlement du *husarahak*, s'ouvrait alors à Ziguinchor l'interrogatoire des prévenus. Le commandant de cercle n'ayant pas de preuves pour faire condamner Áliin Siitoye et ses compagnons par un tribunal eut recours à un internement administratif. Considérée par les autorités coloniales comme l'instigatrice du mouvement de rébellion qui secoue la région, Áliin Siitoye sera la première à être interrogée.

Essayons de nous représenter la scène : le décret du 10 novembre 1903 institue des tribunaux indigènes dont la compétence est de juger les affaires spécifiques aux « indigènes » ou « sujets » n'ayant pas la citoyenneté française. Au cœur de cet appareil, le commandant de cercle. Chef de toutes les administrations de son cercle, il cumulait les attributions administratives et judiciaires. Il intervenait dans la mise en œuvre de la politique coloniale et était en charge de la police, de l'instruction des affaires et de la mise en œuvre des condamnations pénales. Un homme aux pouvoirs immenses. En face de lui, une femme de faible constitution[170], fort belle, le crâne rasé, l'allure fière[171], se déplaçant avec difficulté à cause de son infirmité. Autour d'elle, les autres co-détenus dont son mari. Un groupe de paysans qui, pour certains, Ziguinchor était le bout du monde ; car ils n'étaient sans doute jamais allés au-delà des frontières de leur village. Être fait prisonnier sans avoir combattu, être arrêté sans pouvoir se défendre. Se faire condamner sans même comprendre ce qui se dit autour de soi. Et comble de tout, être jeté en prison. Quel traumatisme ! Pour un Jóola,

---

[170] ANS 11D1/226. Description tirée du rapport de Tété Diédhiou.

[171] ANS 11D1/226. Description du gouverneur Hubert Deschamps qui l'avait rencontrée à la prison civile de Dakar avant sa déportation pour Kayes.

la prison est vécue comme la pire des dégradations qu'un être humain puisse subir. On enferme un animal, pas un être humain. Enfermer quelqu'un, c'est donc le ravaler au rang de la bête. C'est en somme lui ôter toute humanité. Une humiliation pire que la mort.

Certains n'avaient pas pu la supporter et ils se sont laissé mourir avant même leur transfert vers le lieu définitif de leur détention[172]. Pour tenter de les sauver, on changea leur régime alimentaire : de l'orge, nourriture de base à la prison civile de Ziguinchor, on leur distribuera du riz, nourriture à laquelle ils étaient habitués, espérant ainsi améliorer leur état de santé ; les travaux à l'extérieur de la prison leur furent épargnés. Rien n'y fit. Ils moururent les uns après les autres : quatre à Ziguinchor entre mai et juillet 1943 et quatre autres à Saint-Louis, entre juillet 1943 et avril 1944[173].

À la date du 9 août 1943, deux prévénus intransportables étaient restés à la prison civile de Ziguinchor et trois autres étaient en traitement à l'hôpital colonial de Saint-Louis. Des 18 prévenus objet de la mesure d'internement disciplinaire prononcée par l'arrêté général n°2212 du 15 juin 1943, seuls Áliin Siitoye et son mari, Álugay, qui jouissaient d'une bonne santé, avaient pu rejoindre leur lieu d'internement : à savoir respectivement Kayes et Bakel.

À l'audience du 1er avril 1943, aucune des deux parties ne parlant la langue de l'autre, alors il devait se trouver au tribunal des interprètes servant de traducteurs ou plus exactement une sorte de relais entre le commandant et les prévenus. Les archives consultées à ce jour sont muettes à ce propos. Elles occultent toute trace de leur intervention dans ce procès. Leur rôle n'est pourtant pas négligeable par leur influence auprès des autorités administratives d'une part, et des prévenus, d'autre part, par la possibilité de favoriser ou de desservir les personnes interrogées, par la compréhension ou la lecture qu'ils avaient de l'acte d'accusation qu'ils étaient chargés de traduire.

Parmi les interprètes de l'époque, il y avait Tété Diédhiou. Il occupait les fonctions d'interprète personnel du commandant de cercle. Il était présent lors de l'arrestation de Áliin Siitoye ; il connaissait sans nul doute toutes les inquiétudes qu'Áliin Siitoye causait au commandant et à l'administration coloniale. Les réflexions en haut-lieu quant au sort qui

[172] ANS 11D1/226.

[173] *Ibidem*. Rapport du gouverneur H. Deschamps au Gouverneur Général de l'Afrique Occidentale Française. APA sur la situation politique en pays floup. Etat des déportés. 9 août 1943.

pourrait lui être réservé, il ne l'ignorait pas non plus. Bref, il connaissait donc le dossier de « l'affaire de Kabrousse » de fond en comble.

Un autre interprète non moins célèbre, Benjamin Diatta, issu de Kabrousse, de la lignée Jitesson. Il est le beau-frère de Dembulo, la sœur cadette de Áliin Siitoye. Un parent par alliance. Au moment des faits, il avait été destitué de ses fonctions de chef de province et mis à la disposition du procureur général en qualité d'interprète au tribunal de 1re instance de Dakar. Fonction qu'il avait occupée de 1909 à 1922, date de la création de la province d'Oussouye[174]. Lorsqu'il quitta Ziguinchor pour Dakar, Benjamin Diatta avait laissé derrière lui une province en pleine ébullition. À l'audience, il n'est fait mention du nom d'aucun interprète. Ce qui ne veut pas dire qu'il n'y avait aucun.

L'interrogatoire en lui-même ne révéla rien de nouveau : la sentence qui devait être appliquée aux prévenus de même que leur lieu d'internement avaient déjà été discutés et arrêtés en haut-lieu. Il fallait seulement y mettre les formes. Un semblant de légalité. L'interrogatoire de ce 1er avril devait permettre aux détenus de prendre la parole pour leur défense avant de prononcer publiquement la sentence qui leur était appliquée. Áliin Siitoye accusée d'avoir incité les populations de la province d'Oussouye à la désobéissance civile systématique était proposée à 10 ans d'internement loin de la colonie. L'emprise qu'elle avait sur la province, voire sur la région, était jugée si néfaste que son retour même après les dix ans d'internement n'était pas envisageable.[175] Pour sa défense, elle indiquera son statut :

> « Elle était une envoyée de Dieu; le message qu'elle délivrait ne venait pas d'elle, mais de celui qui avait pris possession d'elle : Dieu[176] ».

Dans sa déposition, Áliin Siitoye reconnut implicitement son rôle dans la situation politique de la province et s'engagea à ne plus prendre cette voie si on lui rendait sa liberté : « Si on me rend ma liberté – dira-t-elle – je ne dirai plus un mot contre les Blancs. »

L'analye que fit le commandant de cercle de cette déclaration fut toute autre : pour lui, Áliin Siitoye usait de son intelligence, de la ruse pour tenter de se dérober afin d'échapper à la sanction qu'elle savait

---

[174] Roche Christian. Article In: *Revue française d'histoire d'outre-mer*, tome 85, n° 319, 2e trimestre 1998. p. 87-115.
[175] ANS 11D1/226. Rapport du colonel Sajous, commandant le cercle de Ziguinchor.
[176] *Idem.*

imminente. Si elle avait voulu ne pas se trouver dans cette situation, elle avait eu la possibilité de la changer puisque l'administration coloniale, en l'occurrence le commandant en personne, lui avait rendu plusieurs fois visite et l'avait avertie du danger qu'elle courait si elle continuait son « jeu »[177]. Les dépositions des autres prévenus le confirmeront dans ses convictions. Certains prévenus, peut-être par peur, ont tenté de minimiser leur fonction dans le *husarahak*. Les uns y seraient entrés sous la menace de mort prononcée par Áliin Siitoye, les autres parce que Áliin les rétribuait largement pour les services rendus. L'image que le commandant de cercle s'était fait d'elle s'en trouvait ainsi renforcée : Áliin Siitoye était une « intrigante », une femme intelligente qui savait manipuler les autres. C'était ce que le commandant pensait d'elle et les autres prévenus lui en donnaient la confirmation. La peur rend veule.

Pourtant parmi ceux qui tenaient ces propos, certains étaient des parents proches qui exerçaient diverses fonctions dans le *husarahak*, d'autres étaient des sympathisants ou de simples pèlerins qui avaient eu la malchance de croiser le jour de leur arrestation le chemin du commandant et de ses hommes : à Kabrousse ou dans leur village d'origine.

Tous n'avaient pas fait porter à Áliin Siitoye la responsabilité de ce qui s'était passé dans la province d'Oussouye. Certains reconnurent leur appartenance au *hasarahak* et furent même très fiers d'avoir servi le culte à travers la personne de Áliin Siitoye qu'ils respectaient.

Quels que soient les arguments avancés pour leur défense, aucun d'eux ne fut épargné. Áliin Siitoye écopa de la plus lourde peine – 10 ans d'internement à Kayes, son mari de cinq ans à Bakel –. Les peines des autres prévenus allèrent de 3 à 5 ans avec internement à Podor pour l'un et à Matam pour tous les autres. Leur état de santé ne permit cependant pas de les transporter vers leur lieu d'internement.

Trois d'entre eux n'avaient pas pu quitter Ziguinchor, les dix autres arrivés le 02 juillet 1943 à Saint-Louis pour être acheminés vers Matam étaient dans un tel état d'amaigrissement que le médecin décida de les faire admettre tout de suite à l'hôpital civil de Saint-Louis. Malgré les soins médicaux prodigués et l'introduction d'un régime alimentaire spécial qui devait aider à l'amélioration de leur santé, six d'entre eux mourront là durant le seul mois de juillet 1943.

L'arrêté n°3983, en son article 1er du 20 novembre 1943, modifia alors le lieu d'exécution des peines disciplinaires de tous les prévenus

[177] C'est le terme contenu dans le rapport du commandant le cercle. ANS 11D/226.

encore en vie : ceux qui étaient encore à la prison civile de Ziguinchor de même que ceux qui étaient déjà transférés à Saint-Louis devaient subir leur peine sur place. Au bout du compte, seuls Áliin Siitoye et son mari furent déportés au lieu prévu pour leur internement.

À Kayes, le commandant de cercle assura qu'il ne disposait pas de suffisamment de personnels pour assurer la garde de Áliin Siitoye[178] et demanda à ce qu'elle fût transférée ailleurs. C'est alors que le gouverneur général prit un autre arrêté qui fixa son lieu d'internement à Tombouctou.

C'est à Toumbouctou que se sont perdues des années durant les traces de Áliin Siitoye. Une chape de plomb avait alors recouvert son nom et son histoire. Quant à ses compagnons d'infortune, en l'occurrence son mari qui se trouvait à Bakel, il avait survécu à la prison et était retourné terminer ses jours à Kabrousse. Ainsi que nous l'avions indiqué plus haut, entre 1943 et 1944, 12 d'entre eux avaient trouvé la mort dans les prisons de Ziguinchor et de Saint-Louis. En décembre 1944, quatre autres étaient encore en vie et se trouvaient à la prison civile de Saint-Louis. Il s'agissait de :

– Ampa Djiromait de Youtou. Il devait subir 5 ans d'internement à Matam ;

– Silafio Diatta de Kabrousse. Il devait également être interné 5 ans à Matam ;

– Siroumboudial de Kabrousse. Il avait écopé de 3 ans d'emprisonnement à Matam ;

– Badiouagne également condamné à 3 ans d'emprisonnement à Matam.

Le maréchal des Logis, chef de gendarmerie, régisseur de la prison civile de Saint-Louis, avait émis le souhait de les laisser rentrer chez eux. Et il s'en ouvrit par courrier en date du 28 décembre 1944 au commandant de cercle du Bas-Sénégal qui émit un avis favorable. L'argument qui plaidait en faveur de leur libération était une conduite exemplaire tant à l'intérieur de la prison qu'à l'extérieur où ils étaient employés tous les jours aux travaux d'entretien du jardin[179]. Et ce,

---

[178] ANS 11D/226. Saliou Mbaye : « Aliin Siitoye Jaata. La mission envoyée au Mali du 1er au 17 septembre 1983 ». In : *Les causes de conflit en Afrique de l'Ouest*. Dakar, Gorée Institute, 2006, p. 43-56.

[179] ANS 11D1/226. APA n° 270. Lettre du maréchal des logis, régisseur de la prison civile de Saint-Louis, 28 décembre 1944.

durant toute la période de leur incarcération. Benjamin Diatta à qui l'administrateur Claude Michel a parlé de cet éventuel retour s'était engagé à assurer la surveillance des quatre internés parmi lesquels son propre frère, Siroumboudial[180].

Malgré l'assurance de leur bonne conduite donnée par le régisseur de la prison et le commandant de cercle du Bas-Sénégal, les autorités administratives en poste en Casamance trouvèrent prématuré d'envisager leur retour dans la province. L'influence de Áliin Siitoye était jugée trop forte sur les populations pour prendre le risque de les faire revenir. Le gouverneur du Sénégal Deschamps les considérait comme « des sujets dangereux qu'il importait politiquement d'éloigner pendant plusieurs années du lieu de leurs agissements[181] ». Le télégramme en réponse à celui du régisseur de la prison civile de Saint-Louis faisait état de cérémonies de kasarahak dans plusieurs villages d'Oussouye et de Ziguinchor, notamment dans le canton Brin-Séléky. Ce qui, pour lui, voulait dire que la pratique du kasarahak de Áliin Siitoye restait encore vivace dans les villages. Ce qui signifiait que même en l'absence physique de Áliin Siitoye, ceux que l'on considérait comme ses adeptes avaient la capacité de remettre la région en ébullition.

5. La reconquête de la Province d'Oussouye

Après l'arrestation de Áliin Siitoye et de ses compagnons d'infortune, il fallait reconquérir la Province. Ce d'autant plus qu'un soldat français venait d'être tué dans la région d'Effok[182]. Il s'agissait du soldat Maurice Scobry de la classe 1938[183]. Pour les autorités coloniales, il ne faisait pas de doute que les guerriers d'Effok étaient à l'origine du meurtre. Des mesures fortes s'imposaient alors : une action militaire pour « nettoyer » le canton floup de tous ceux qui s'opposent les armes à la main, à l'administration coloniale et une réorganisation administrative de la région. La première action fut de détruire complètement le village d'Effok. Comme à l'accoutumée, ses habitants passent la frontière pour

---

[180] ANS 11D1/226. Télégramme-lettre du 15 juin 1945 du commandant de cercle au gouverneur du Sénégal à Saint-Louis. Objet : Internés floups.

[181] ANS 11D1/226. Télégramme du 17 avril 1943 du gouverneur H. Deschamps au Gouverneur Général de l'AOF pour solliciter son assentiment quant aux sanctions qu'il convenait d'appliquer à Áliin Siitoye et à ses compagnons.

[182] ANS 11D1/226. Télégramme Officiel du gouverneur général du Sénégal en date du 12 février 1943 annonçant la mort du soldat Maurice Scobry, de la classe 1938.

[183] Télégramme officiel envoyé le 03 février 1943 au Gouverneur du Sénégal par Cornet, Général de la Brigade, commandant la Division Sénégal-Mauritanie.

se réfugier en Guinée-Portugaise. Un fort en l'honneur du soldat français tué fut construit devant les ruines d'Effok et deux sections de FV[184] (environ 60 hommes) et un peloton de gardes dont l'effectif a été porté à 40 hommes furent stationnés au poste de Scobry pour surveiller les mouvements de personnes aussi bien à la frontière portugaise que dans les environs du village d'Effok. Administrativement, la Province d'Oussouye devint à partir du 1er juillet 1943 une subdivision militaire. Associant palabres et actions de police, de mars jusqu'en décembre 1943, le colonel Sajous et ses troupes vont sillonner le canton floup pour intimider, débusquer les meneurs et prélever les impôts dûs. Le Colonel Sajous, qui ne souhaitait plus réagir par à coups aux différentes rébellions, proposa au gouverneur du Sénégal un plan d'action qui devait faire cesser toute agitation prioritairement chez les gens d'Effok, mais aussi dans l'ensemble des villages de la Province d'Oussouye. Le plan d'action qui reçut aussitôt l'aval du gouverneur du Sénégal se résume en ces points[185] :

– détruire de fond en comble le village d'Effok après avoir fait enlever par des gardes-cercles et des manœuvres les « grosses quantités de riz » contenues dans les greniers;

– empêcher les gens d'Effok d'accéder à leurs rizières jusqu'à leur complète soumission et à la livraison des auteurs des différents meurtres, y compris celui du soldat Scobry ;

– mener des actions de raids et tendre des embuscades sur les sentiers qui mènent de la Guinée-Portugaise vers Effok pour capturer ou détruire les guerriers d'Effok ;

– délimiter une zone dite *dangereuse* qui va du marigot de Kamobeul en passant par Niambalang, Ayoune, Emaye, Santiaba, Youtou. À cette bande s'ajoute celle de la frontière portugaise traversée par la route de Santhiaba-Soukoudiack. Violer cette interdiction peut entraîner la mort[186].

---

184 Fusilier Voltigeur : élément mobile du groupe de combat.

185 ANS 11D1/226. Plan d'action contre les Floups. Note du colonel Sajous en complément du rapport fait sur les circonstances de l'assassinat du soldat Scobry le 12 février 1943.ANS 11D1/226. Action politique et militaire dans la Province d'Oussouye. Note de service du colonel Sajous du 31 mars 1943.

186 *Idem.*

Administrativement :

– isoler systématiquement les rebelles d'Effok afin qu'ils n'obtiennent aucun soutien des villages périphériques. Des représailles seront menées contre tout village coupable de complicité;

– recenser les populations des villages soumis et fidèles à l'administration. Pour permettre un triage en cas de capture, leur donner une carte dans laquelle seront mentionnés nom et prénom, sexe, village et marques caractérisques ;

– déposséder Effok de ses rizières pour les redistribuer à tous ceux qui aideront l'administration à réduire la rébellion ;

– exiger des habitants d'Effok une contribution exceptionnelle.

Certaines de ces directives seront modifiées par le Gouverneur Général de l'AOF. La première modification est celle concernant la confiscation et la redistribution des terres d'Effok à toute personne qui aura permis de « réduire la rébellion[187]. » Pour cette mesure, le Gouverneur Général considère que le droit de jouissance des terres détenues par les gens d'Effok selon les règles coutumières locales est, du fait de la rébellion et de l'exode qui s'en est suivi, seulement suspendu. Les gens d'Effok rentreraient dans leur droit dès qu'ils se placeraient à nouveau sous l'autorité française. En conséquence, il ne saurait être question de redistribuer des terres à d'autres individus. Le Gouverneur Général craignait qu'une telle mesure ne contribue à entretenir à l'avenir une source de tension permanente dans la région[188].

La seconde modification est celle qui veut exiger d'Effok une contribution exceptionnelle. Pour le Gouverneur Général, cette mesure n'est applicable qu'à une collectivité et non à des individus. De plus, elle ne peut être appliquée que dans la forme réglementaire prévue dans l'article 23 du décret du 15 novembre 1924 du code de l'Indigénat[189].

Le colonel Sajous qui conditionnait le retour des gens d'Effok sur leurs terres à la soumission totale de tous ses habitants a été invité par le Gouverneur Général à accepter des soumissions individuelles ou partielles. Une mesure qui appuie les démarches entreprises par certains habitants d'Effok qui, le 8 avril 1943, étaient venues offrir aux autorités

---

[187] ANS 11D1/226. Action contre les Floups. Note du colonel Sajous en date du 12 février 1943.

[188] ANS 11D1/226. Lettre n° 148 AP/2 du 26 mai 1943 du Gouverneur Général de l'AOF. Extrait tiré de la note de service du Colonel Sajous en date du 16 juin 1943.

[189] *Idem.*

coloniales françaises leur soumission et demandaient à pouvoir retrouver leurs terres. Il leur fut demandé de livrer pour le 18 avril 1943 les auteurs des différents assassinats commis depuis leur entrée en rébellion[190]. N'étant pas en mesure de le faire, ils ne revinrent pas à la date prévue au poste Scobry. Pour apaiser le climat, le Gouverneur Général proposait donc des mesures souples et moins catégoriques que celles du commandant Sajous qui englobait dans une punition collective hommes, femmes et enfants d'Effok, qu'ils soient guerriers ou pas.

6. La pacification de la Province d'Oussouye

Même si l'action de reconquête des autorités coloniales mettait l'accent sur Effok qui constituait pour l'administration coloniale le foyer de la rébellion armée, le plan de reprise en main concernait en réalité l'ensemble de la Province d'Oussouye. Ainsi que le soulignait le gouverneur du Sénégal dans son rapport au général commandant la division Sénégal-Mauritanie[191], l'ambition est d'occuper pendant longtemps l'ensemble de la Province d'Oussouye afin d'obtenir des populations ce qui était admis par tous dans les autres parties de la colonie du Sénégal. Alors, à l'exception des gens d'Effok qui jusqu'en juillet 1952 faisaient toujours l'objet de mesures spéciales[192], pour l'ensemble de la Province d'Oussouye, des mesures militaires et administratives s'imposaient afin de la maintenir dans l'état de stabilité dans lequel les actions de police sont parvenues à l'installer après l'arrestation de Áliin Siitoye et de ses compagnons d'infortune. Les mesures qu'énumère ci-dessous le commandant Sajous dans sa note de service de mars 1943 sont approuvées par le gouverneur du Sénégal. Le chef de la subdivision d'Oussouye et ses collaborateurs devaient les faire mettre en pratique en veillant à :

– rappeler à tout moment l'interdiction de pénétrer dans la zone considérée comme dangereuse délimitée par le marigot de Kamobeul, Niambalang, Ayoune, Emaye, Santiaba, Youtou et la bande frontalière

190 ANS 11D1/226. « Journal de marche et d'opérations pour la période du 31 mars au 19 mai 1943. »

191 ANS 11D1/226. Occupation du pays Floup. Rapport du Gouverneur du Sénégal au général, Commandant la division Sénégal-Mauritanie. 10 février 1943.

192 ANS 11D1/226. Télégramme-Lettre du commandant de cercle au Gouverneur du Sénégal. Selon ce télégramme, les gens d'Effok continuaient à la date 28 juillet 1952 à demander à l'administration à rentrer en possession de leur terre.

traversée par la route Santhiaba-Soukoudiack[193] et de prêter assistance sous quelque forme que ce soit aux gens d'Effok ;

– habituer les gens à venir aux palabres organisées par le commandant ou son substitut ; y amener aussi les jeunes. L'objectif étant de faire comprendre à la population que l'autorité veut et obtiendra une administration normale du pays[194] : paiement des impôts, recrutement, travaux des routes, etc.

– attirer les jeunes vers le service militaire et les enfants vers l'école et la mission catholique,

– utiliser à fond le puissant levier de la propagande médicale : soigner les malades, et s'il le faut, les faire évacuer en voiture sur Oussouye ou Ziguinchor[195] afin de leur faire miroiter les bénéfices que l'on tirerait à être dociles ;

– étudier les influences des féticheurs ; trouver les meneurs et les signaler à l'administration afin qu'ils soient mis hors d'état de nuire ;

– s'attacher à bien connaître les mœurs et coutumes ; pénétrer patiemment les secrets des habitants des villages ;

– mutiplier les contacts, les tournées et les déplacements des gardes et des militaires.

Par ces mesures de police, le calme revenait dans l'ensemble de la province, à l'exception d'Effok dont le village n'existait plus et dont les habitants, en rébellion virtuelle, puisqu'on supposait qu'ils rôdaient dans les forêts autour de la frontière sénégalo-portugaise, étaient toujours prêts à tuer le soldat isolé. Il fallait passer à la phase que le commandant Sajous appelait la phase de pacification. Selon son analyse, l'échec de l'administration coloniale en Casamance est liée à trois facteurs :

– la xénophobie des habitants de la Casamance ;

– l'absence de structure politique ou plutôt une absence totale du sens de l'organisation de ses habitants[196] ;

---

[193] ANS 11D1/226. Délimitation menée par le Lieutenant Wasmes, commandant la subdivision d'Oussouye. Extrait tiré du rapport du colonel Sajous du 6 octobre 1943 au gouverneur du Sénégal.

[194] ANS 11D1/226. Action politique et militaire dans la province d'Oussouye. Note de service du commandant Sajous. Mars 1943.

[195] *Idem.*

[196] ANS 11D1/226. APA. Instruction pour le Chef de Subdivision d'Oussouye. Note de service du Commandant Sajous. 6 octobre 1943.

– et enfin l'ignorance de la géographie physique, humaine et économique de la région de l'administration.

Pour éliminer ces facteurs d'échec, les administrateurs doivent, pour pouvoir apprivoiser les peuples qui étaient sous leur commandement, connaître à fond la région[197]. Le commandant préconisait :

– **d'établir un recensement** complet de la population de la subdivision. Ainsi on pouvait connaître les personnes imposables, établir les tableaux du recensement militaire, les listes des personnes susceptibles de s'occuper des travaux de route ou de mener d'autres travaux d'utilité publique et de suivre l'accroissement de la population et les mouvements migratoires. Les listes issues du recensement devaient être constamment tenues à jour, et pour cela, le chef de subdivision et ses collaborateurs devaient parcourir les villages et quartiers, rencontrer les personnalités influentes qui pouvaient être hostiles ou favorables à l'administration (id.).

– **d'organiser ou de réorganiser les chefferies**. Selon le commandant Sajous, les chefs de canton en fonction étaient ceux qui étaient là avant la rébellion et qui, dans toutes les situations « s'étaient distingués par une incapacité totale » (id.). S'ils n'ont pas été remplacés jusque-là, c'est faute d'avoir trouvé des candidats qualifiés. Quant aux chefs de villages et de quartiers, ils n'étaient pas mieux non plus : « jusqu'au moment de la rébellion, ils n'étaient que des hommes de paille, sans aucune autorité réelle (…) (id.). Il fallait donc, en attendant de nommer des hommes plus dynamiques et plus autoritaires, quitte à les trouver en dehors de la région et à les imposer aux populations, renforcer l'autorité de ceux qui étaient encore en poste. Pour le commandant Sajous, la désignation de chefs dynamiques et autoritaires permettrait, d'une part, de donner à cette population le sens de la collectivité qu'elle ne connaissait pas et, d'autre part, de créer une hiérarchie indigène officielle qui contrebalancerait et dominerait les féticheurs et certaines familles qui sont hostiles à l'administration (id.)

– **de faire des levées d'itinéraires,** un travail topographique qui doit non seulement réunir des connaissances géographiques, mais aussi donner des indications sur la superficie des rizières et des champs, des palmeraies ; permettre des connaissances approfondies sur les villages (connaître les gués, les issues et les points d'eau) ; les personnalités importantes des villages (pratiquant de la religion traditionnelle, tout

---

197 *Idem.*

comme les chrétiens et les musulmans), d'avoir une connaissance sur les emplacements des autels, les lieux de réunion, de sacrifices rituels, de championnats de lutte. En bref, les levées d'itinéraires doivent permettre d'avoir une vue d'ensemble des ressources économiques et humaines, une bonne maîtrise du champ en cas d'intervention militaire et, politiquement, savoir sur qui agir en cas de trouble.

– **de mettre en place un service de renseignements** pour lutter efficacement contre les trois facteurs énumérés plus haut par le commandant au début de son rapport, à savoir la xénophobie des habitants de la région, leur individualisme anarchique et leur fétichisme fanatique[198]. Tous les fonctionnaires, européens et indigènes, qu'ils soient civils ou militaires, doivent obligatoirement être mis à contribution dans la collecte de renseignements. Chacun en ce qui le concerne et dans son domaine d'activité, doit faire part de ses observations à son supérieur hiérarchique[199]. Quant aux chefs de canton et de villages, plus proches des administrés, ils doivent pouvoir fournir des informations et éclairer le chef de Province sur les mentalités des habitants du ou des villages qu'ils administrent. Pour rechercher ou contrôler un rensei-gnement précieux, des agents bénévoles ou rémunérés peuvent être recrutés. Tous les renseigments recueillis doivent être consignés par écrit sur des fiches dont chacune d'elle ne comportera qu'une seule affaire[200].

7. La portée des opérations de pacification de l'ancienne Province d'Oussouye

À la fin des opérations de police, le 25 juillet 1943, la Province d'Oussouye passe du statut administratif à un statut militaire. Le chef de la nouvelle subdivision militaire d'Oussouye disposait de moyens politiques et militaires pour mettre en œuvre – par la force, s'il le fallait – les acquis de la reprise en main de la province. Pour le commandant Sajous, malgré les résultats obtenus, une détente très nette[201] écrira-t-il dans sa note de service, la subdivision militaire d'Oussouye n'est en rien comparable aux autres circonscriptions de la colonie, conclut-il. Car, du point de vue politique et religieux, la mentalité de ses habitants

[198] ANS 11D1/226. Apa. Note de service du colonel Sajous. Commandant le Cercle de Ziguinchor. Objet : Instructions pour le Chef de Subdivion d'Oussouye. 6 Octobre 1943.
[199] *Idem.*
[200] *Idem.*
[201] *Idem.*

est restée à l'état où elle se trouvait en 1918[202], c'est-à-dire sans aucune évolution notoire. D'après le commandant, il fallait maintenir et même raffermir les structures politiques et militaires mises en place à la fin des opérations de police.

Enfermé dans son ignorance et le mépris qu'il avait toujours manifesté à l'égard de ces peuples, le colonel Sajous, tout comme son administration, n'avait de quelque manière que ce soit pris conscience de la déstabilisation que toutes les mesures prises provoquaient dans les structures socioculturelles et religieuses de ces peuples. Après les opérations de police, à l'exception des habitants d'Effok dont le village était quasiment rayé de la carte de la colonie, dans les autres villages, la vie semblait avoir repris son cours : les saisons se succédaient les unes après les autres, les hommes labouraient les champs, récoltaient le vin de palme, allaient à la pêche, s'assayaient à l'ombre des arbres et regardaient les jeunes gens de leurs villages ou de leurs quartiers se mesurer dans des combats de lutte à d'autres. Quant aux femmes, elles repiquaient, moissonnaient et s'occupaient de leurs potagers. Rien ne paraissait changer. Mais ce n'était qu'une apparence. Dans les concessions et jusque dans la petite cellule familiale, les discours des « nouveaux maîtres » faisaient lentement leur effet. Certains jeunes qui devaient prendre la succession du père auprès de l'autel familial trouvaient le nouveau monde qu'on leur présentait plus attrayant et refusaient de le faire. Ils quittaient alors la concession pour s'installer ailleurs. Voudrait-on « ruiner définitivement l'autorité des féticheurs » qu'on ne s'y prendrait pas mieux. Pour faire forte impression sur les villageois, pendant les palabres organisées par les administrateurs, on exhibait et offrait de petits miroirs, des peignes et toutes sortes de verroteries. Le levier médical n'était pas en reste[203] : une injection enrayait le paludisme que le guérisseur avec ses feuilles et ses racines ne parvenait pas à guérir ; des malades étaient évacués en voiture vers Oussouye ou Ziguinchor, un privilège qui était jusque-là réservé aux seuls Européens ou, tout au plus, à leurs collaborateurs indigènes en fonction dans l'administration coloniale. Pour que l'opération de séduction réussisse, l'autorité administrative, en la personne du gouverneur du Sénégal H. Deschamps, envisage d'envoyer dans les tournées de vaccination « des équipes menées par un médecin européen

[202] *Idem.*

[203] Le gouverneur du Sénégal Deschamps écrit à ce propos : « (…) une action médicale intensifiée est le plus efficace des procédés d'apprivoisement. »

entreprenant[204]» et parfaitement au courant des usages locaux. Les opérations de vaccination avaient été jusque-là l'affaire d'infirmiers indigènes dont le comportement de certains d'entre eux envers les populations frisait au mieux la provocation au pire le mépris. La médecine que l'on prônait visait plus à maintenir la colonie en bonne santé qu'à guérir des individus. Une colonie en bonne santé permet son exploitation économique et si, de surcroît, une tranche de la population s'émerveille de l'effet magique de cette médecine, la domination militaire et la réorganisation politique et sociale n'en seraient que plus faciles.

Le pouvoir taditionnel s'effritait. L'adhésion à l'ordre nouveau qui commençait par une conversion aux nouvelles religions, le christianisme et l'islam, créa au sein des familles et dans les villages une profonde scission. À Oussouye, un informateur dont le père faisait partie des premiers chrétiens m'apprit que les enfants des chrétiens nommaient les autres enfants non baptisés « les enfants des sauvages » et eux en retour les nommaient « les enfants des sorciers[205].» Aux yeux de ceux qui ne se sont pas laissés baptiser, la conversion aux religions nouvelles était une trahison tellement grave qu'elle était à mettre sur le même pied d'égalité que des actes de sorcellerie. Dans le milieu jóola, accuser quelqu'un de sorcellerie, c'est le condamner à l'isolement et au mépris des autres. Les termes « enfants de sauvages » et « enfants de sorciers » mis dans la bouche des enfants montrent à souhait l'animosité qui régnait entre les adultes, souvent issus de la même lignée, qui, pour se faire la guerre, instrumentalisaient des enfants. Dans certains villages, les chrétiens et les pratiquants de la religion traditionnelle étaient prêts à se dévorer crus, dans d'autres, pendant que le nombre des pratiquants de la religion traditionnelle se réduisait avec une déconcertante rapidité comme une peau de chagrin, musulmans et chrétiens rivalisaient d'ardeur dans le prosélytisme. À la faveur de la nuit, des lieux de culte furent détruits. On ciselait parfois une croix sur les troncs d'arbres aux pieds desquels les non-baptisés avaient érigé un autel. Des chrétiens furent molestés, brutalisés. D'autres quittèrent le village pour trouver refuge dans l'anonymat de la ville ou pour recommencer une nouvelle

---

204 ANS 11D1/226. APA 19 octobre 1943. Réponse du gouverneur du Sénégal à la note de service destinée au Chef de Subdivision d'Oussouye envoyée par le Commandant de cercle le 6 octobre 1943.

205 Dans cette tradition, on considère que lorsqu'on quitte une religion dans laquelle on est né pour embrasser une autre que l'on ne connaît pas, ce ne peut être à cause de la religion elle-même, mais plutôt pour s'adonner à des activités de sorcellerie.

vie dans un autre village. L'administration coloniale, quant à elle, tirait les bénéfices de la fragilisation de la société.

La conséquence directe de la déstabilisation de l'organisation sociale et religieuse est la rupture constatée jusqu'à ce jour dans l'évolution économique et sociétale de certaines parties de la région à fort ancrage musulman ou chrétien. La Casamance, région profondément rurale, l'exploitation de certains produits du palmier à huile comme le vin de palme est interdit aux musulmans, l'initiation dans les forêts sacrées est interprété par certains religieux, musulmans ou chrétiens, comme du satanisme. Les rites qui accompagnent les saisons et organisent du même coup les travaux champêtres pour rappeler la relation d'interdépendance qui existe entre l'homme et la nature disparaissent les uns après les autres ou alors leur célébration est réduite à leur plus simple expression. L'attachement profond de ces peuples à leur environnement repose pourtant sur la croyance qu'ils sont une partie de la nature avec les forces de laquelle ils sont en interaction permanente : donner pour recevoir. Une croyance transmise au fond des bois sacrés de génération à génération. Or, par la conversion de ses membres parmi les plus jeunes, une rupture s'est opérée dans la chaîne de transmission. En effet, les autorités religieuses et administratives qui s'adressaient particulièrement aux jeunes pour les attirer vers le nouveau monde s'employaient méthodiquement à détruire ces croyances. Alors de jeunes laboureurs qui ne connaissaient jusque-là que le travail de la terre prenaient de nouvelles fonctions : ils devenaient catéchistes, interprètes, précepteurs d'impôts, chefs de canton et de villages, gardes ou militaires. Mais d'autres refusaient d'entendre cet appel et résistèrent à l'attrait du monde nouveau. Ils continuaient à marcher presque nus avec un simple pagne noué autour des reins, à célébrer la nature et le culte des morts comme leurs pères le leur avaient appris.

Dans la région nord de la Casamance où les populations sont presque toutes musulmanes ou chrétiennes, très vite, la quasi-totalité des lieux de culte disparurent et avec eux des savoirs culturels, sociaux et religieux aussi. La discussion qui me fut rapportée par un informateur dont le père fut parmi les premiers convertis du village dans la religion musulmane en fournit ici la preuve. Le père qui avait remarqué que le jeune homme ne suivait pas correctement les préceptes du coran – il priait sporadiquement, ne jeûnait presque jamais et se sentait plutôt heureux quand il avait participé dans le village à une cérémonie tradionnelle – l'interpella à ce sujet. Le jeune homme n'eut aucune difficulté à avouer l'attrait que la religion de ses ancêtres exerçait sur lui et que s'il ne tenait qu'à lui, il y retournerait sans attendre. Le père lui rétorqua qu'il était inutile de chercher à retourner dans cette religion qu'il avait lui-même quittée pour embrasser la religion musulmane parce qu'il s'était rendu compte que s'il venait à mourir, il n'y aurait personne dans le village pour savoir comment on organise les cérémonies traditionnelles de funérailles.

La mort représente un point sublime dans la vie d'une personne. Or, dans le village et dans toutes les autres localités environnantes, la chaîne de transmission de beaucoup de savoirs, y compris celui qui concerne le culte des morts, a été définitivement rompue. On ne connaît plus dans ces villages que les rites musulmans ou chrétiens.

Dans la partie plus au sud de la région de Casamance, bien que les résistances contre la destruction des valeurs culturelles, sociales et religieuses aient été plus vigoureuses, la conversion aux nouvelles religions et la prise de fonction dans l'appareil de l'administration coloniale signifiait presque toujours un choix à faire qui équivalait à la rupture et à l'abandon de certaines pratiques culturelles et religieuses, parmi les plus fondamentales, comme celles de l'initiation des hommes. Il y eut pour la première fois des hommes qui n'avaient jamais mis les pieds dans le bois sacré où leurs propres pères avaient été initiés des années plus tôt et cela, parce qu'ils sont chrétiens ou musulmans. Lorsque certains d'entre eux sont revenus à l'institution du « bukut[206] », ils créèrent, au moment de l'initiation, à côté des lieux de rassemblement des initiés appartenant à la religion traditionnelle, leurs propres lieux de réclusion qui respectent les dogmes de la religion à laquelle ils appartiennaient. Deux mondes se côtoyaient sans se toucher. Le premier était appelé à disparaître parce qu'on lui retirait lentement sa sève – sa jeunesse – et le second prenait forme en s'appuyant sur les ruines du premier. La fragilisation des structures religieuses traditionnelles était désormais portée par des gens issus du même milieu. Les administrateurs n'avaient plus à se tuer à la tâche. Le relais était assuré. Les opérations de « pacification et de reprise en main de la région » que le gouverneur du Sénégal et le commandant de cercle de Ziguinchor appelaient de tous leurs vœux devaient « jeter les bases durables d'une administration normale[207].» Après tout, que demandait-on aux populations ? « L'impôt, un peu de riz et quelques hommes pour la

[206] Initiation des hommes dans la forêt sacrée.

[207] ANS 11D1/226. Note de service du colonel Sajous. Commandant le Cercle de Ziguinchor. Objet : Instructions pour le Chef de Subdivion d'Oussouye. 6 octobre 1943.

circonscription (…)[208]. Écrivait-il dans son rapport. « Une administration normale » passait par la mort cuturelle et religieuse de ce monde qui entravait le fonctionnement normal de l'administration coloniale.

Sans discernement aucun, les administrateurs tout comme les missionnaires et les adeptes de l'islam considéraient ces structures traditionnelles comme du paganisme, des superstitions qu'il fallait détruire par tous les moyens. Or, les structures traditionnelles religieuses abritent en leur sein toute la complexité de la vie : les pratiques religieuses proprement dites, mais aussi l'enchevêtrement des règles sociales et politiques. Les règles qui régissent la vie sociale et politique tirent l'essence de leur fonctionnement dans la religion. Ces structures qui jadis étaient très puissantes, une fois discréditées par les administrateurs coloniaux et par ceux qui ont embrassé les nouvelles religions, voient le système de gestion de leurs sociétés se disloquer. Les pratiquants de la religion traditionnelle sont nommés « ceux qui sont dans les ténèbres. » Cette appellation discriminatoire est encore d'usage de nos jours chez certaines personnes, que ces personnes soient pratiquantes du christianisme ou de l'islam, qu'elles soient issues des Jóola ou d'autres ethnies.

L'action concertée du rigoureux maillage militaire et administratif mis en place par l'administration coloniale et le zèle de certains missionnaires et de leurs catéchistes intensifièrent la tension qui s'était établie entre les fidèles des nouvelles religions et ceux qui continuaient à pratiquer dans les familles et les villages la religion traditionnelle. Dans les villages naquirent alors autour de l'église de nouveaux quartiers dont les habitants nouvellement convertis au christianisme venaient des différentes concessions et donc appartenaient à des lignées différentes. Pour se moquer de cette forme d'habitat qui, pour les autres habitants du village était, pour le moins qu'on puisse dire, artificielle, on attribua à ces quartiers de ridicules noms comme Júlulum[209] qui veut dire : « le minuscule petit pays des blancs » ou « usimo joon [210]» qui veut dire « habille-toi bien (pour aller à la messe). »

---

[208] ANS 11D1/226. Rapport du gouverneur du Sénégal au Gouverneur Général de l'AOF à propos de la situation politique « en pays Floup ». Les propos ci-dessus cités sont du gouverneur du Sénégal lors d'une palabre à Oussouye au mois d'avril 1943.

[209] Júlulum est un quartier du village de Séléky.

[210] À Oussouye, pour installer les premiers chrétiens, les missionnaires avaient fait construire tout autour de l'église Sainte-Thérèse deux quartiers : Soutou et Usimo joon. Usimo Joon qui veut dire « habille-toi bien pour aller à la messe » fait référence

Parmi ceux qui avaient quitté la lignée pour habiter les nouveaux quartiers des convertis, certains fuyaient pour ne pas occuper la fonction religieuse à laquelle ils étaient appelés auprès de l'autel familial et/ou du village. Leur départ laissait un vide que ceux qui restaient ne pouvaient pas combler parce que le système ne prévoyait de remplaçant qu'en cas de mort. Or, ceux-là n'étaient pas morts. Ils vivaient, comble de tout, dans le même village ou à quelques kilomètres de là. Ils avaient décidé de quitter tout simplement le système qui les a vus naître pour entrer dans un autre, convaincus que ce dernier les sortirait des « ténèbres » dans lesquelles leurs parents restaient encore plongés. Certains conflits familiaux qui perdurent jusqu'à ce jour sont nés de ces tensions que les administrateurs, dans leur soif de pouvoir, et les missionnaires, dans leur zèle démesuré, ont créées au sein des familles et des communautés. Les dommages de la reprise en main de la région ne peuvent être occultés. À Oussouye, certains adultes qui ont grandi dans ces quartiers artificiels et qui disent avoir beaucoup souffert de la scission dans laquelle la conversion de leurs parents les avaient installés tentent aujourd'hui de se réconcilier avec ceux qu'ils nommaient hier « les enfants des sauvages.» En se réconciliant avec eux, ils « renouaient ainsi avec une part d'eux-mêmes » me disent-ils. Certains ont franchi le pas en retournant tout simplement dans la religion traditionnelle de leurs ancêtres. Dans leur démarche de réconciliation entre les différentes religions qui occupent l'espace socioculturel de leur village, ils travaillent à permettre une meilleure compréhension entre les religions, à instaurer un climat de respect mutuel et une coexistence pacifique entre les tenants de toutes les religions, plus spécifiquement entre les fidèles de la religion traditionnelle et les jeunes prêtres catholiques issus du village.

Dans son rapport du 26 mars 1943 au gouverneur du Sénégal, le commandant Sajous se réjouissait de l'évolution positive qu'il constatait dans l'attitude des populations après l'arrestation de Áliin Siitoye et de ses compagnons. Il en tirait la conclusion que cette heureuse évolution était liée à l'influence des quelques « rares indigènes christianisés ou islamisés parmi la masse de fétichistes[211]». C'est sur ces « quelques indigènes » que l'administration coloniale comptera pour asseoir son

---

à la manière dont il fallait se présenter à l'église. Dans une société où l'on ne portait qu'une étoffe autour des reins, habiller tout son corps était signe de rupture avec la tradition.

[211] Citation tirée du rapport du commandant Sajous. Rapport du commandant Sajous au gouverneur du Sénégal. Objet : Affaires Floups. 26 mars 1943.

hégémonie. Une position qu'il n'était pas seul à partager. En 1906, l'administrateur supérieur Guyon écrira dans un rapport à propos des relations qui menaçaient de se détériorer entre les musulmans du Fouladou et ceux qu'il appelait les « fétichistes » : « Il nous appartient (…) de nous servir à la fois de leur autorité (en parlant des musulmans du Fouladou qui avaient à son avis un sens de l'autorité et de l'organisation) et de leurs rivalités[212] ». L'administrateur Guyon suggérait de tirer profit de la tension qui existait entre les musulmans et les adeptes de la religion traditionnelle pour asseoir l'autorité française.

Après l'arrestation de Áliin Siitoye et de ses compagnons d'infortune, la pression qu'exerçait l'administration sur les populations dans la subdivision d'Oussouye faisait son effet sur la situation sociale. Pour se soustraire de la pression, chaque village, pour ne pas dire chaque quartier, cherchait à trouver une nouvelle posture : pendant qu'Effok négociait l'autorisation de revenir sur ses terres occupées par un détachement militaire les empêchant d'y accéder, dans d'autres villages, les populations tentaient de rentrer dans la légalité en payant les impôts exigés, en exécutant les travaux demandés, etc. Pendant ce temps, d'autres refusaient d'enterrer dans l'oubli le mouvement du *husarahak*. Ils continuaient d'organiser les rites du kasarahak et à défier les autorités coloniales.

Ce retour aux vieilles habitudes qui consistait « au chacun pour soi » signait pour ainsi dire la fin de l'esprit Áliin Siitoye : un seul culte, une seule communication.

---

[212] ANS 13G 378. Rapport sur la situation de la Casamance à la fin de l'année 1906. Pour l'administrateur Guyon, Alpha Molo, chef du Fouladou par son sens du commandement, avait su imprégner à ses administrés le sens de l'organisation et de l'autorité.

TROISIÈME PARTIE

MÉMOIRES ET MIROIRS D'UNE HÉROÏNE NATIONALE

1. Une expérience du travail de mémoire : les focales des photographes

À partir de 1980 sont apparues avec le nom Áliin Siitoye des photos la représentant tantôt comme une jeune et belle jeune fille, à l'allure d'enfant, tantôt comme une femme entre 20 et 30 ans, la tête couverte d'un foulard qui cache la moitié de son front, le regard farouche, un air décidé. Cette dernière photo est celle qui s'est imposée ces dernières années au Sénégal. On la retrouve dans certains édifices publics et dans le bateau qui porte son nom. Un roman paru en 2020 dont la trame porte sur la vie de Áliin Siitoye, a choisi une photo d'archives représentant une jeune femme la poitrine dénudée, une longue pipe à la bouche dans une attitude espiègle, consciente sans doute de l'attrait qu'elle exerçait sur l'œil posté derrière la caméra.

Le désir sans doute de se représenter Áliin Siitoye est à l'origine de la multiplication de photos. Une photo, même fausse, est de loin meilleure qu'un vide insupportable. Une héroïne sans visage ?

Sa sœur Dembulo entourée de quelques femmes de la cité des vieilles de Nialou à qui nous avions présenté en 2008 les deux premières photos (celle du bateau et celle de Fulgence Sagna), sans leur dire qui c'était, aucune d'elles ne l'a reconnue dans aucune des photos. Pas même sa sœur. Lorsque le nom de Áliin Siitoye fut prononcé, elles affirmèrent toutes que cette femme, dans aucune des photos, ne pouvait être Áliin Siitoye. Elles se mirent à nous la décrire : grande, mince, belle, un visage ovale. “Elle était la plus belle dans notre famille, plus belle que moi…” ajouta avec un sourire malicieux sa sœur Dembulo. Les photos ci-dessous montrent ce moment de discussion.

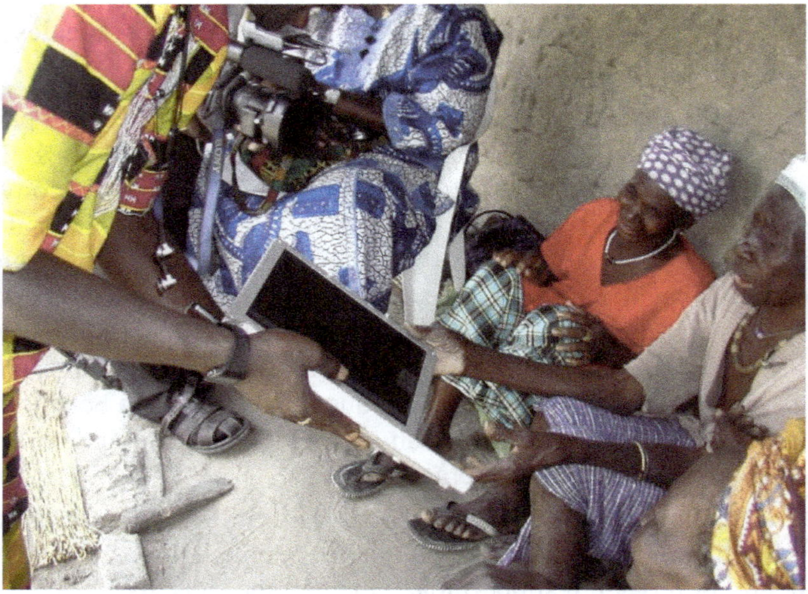

Les femmes de la cité des vieilles qui regardent avec beaucoup d'attention deux photos supposées être celles de Áliin Siitoye.

L'ordinateur passe de mains en mains…(photo M.W. Février 2008)
Sa sœur Dembulo dans une attention soutenue tentant de deviner qui cela pouvait bien être (photo : M.W. février 2008)

« Je ne connais pas cette personne » dira-t-elle à la fin.

À la fin de la discussion qui dura plus d'une heure, les femmes de la cité des vieilles organisèrent pour nous un mini-*kasarahak*, montrant quelques étapes parmi les plus importantes. Elles choisirent pour représenter Áliin Siitoye une jeune fille grande, mince et belle, au teint lumineux. Est-ce un hasard ? Communication ne pouvait être plus claire.

La jeune Mágmag habillée pour jouer le rôle de Áliin Siitoye

Niakassar, la fille de Álugay, se préparait pour prendre part à la cérémonie.

Partant de ce que l'on sait aujourd'hui d'elle, chacune de ces photos aurait pu en effet représenter Áliin Siitoye : une jeune femme au sourire d'enfant. Sa famille et tous les témoins de l'époque avaient toujours insisté sur cette jeunesse qu'elle a perdu en ce jour du 29 janvier 1943, le jour où elle fut arrêtée. D'ailleurs pour la marier à Álugay, on avait mis en avant sa jeunesse : une jeune femme, même si elle était une prêtresse d'une grande renommée, était en âge de procréer et ne pouvait donc rester sans mari.

Une belle jeune femme qui ne laissait personne indifférent, pas même le gouverneur Deschamps qui fit d'elle la description que l'on connaît : « une grande jeune femme, mince (…), belle, d'une autorité magnifique »[213].

La seconde photo, celle qui semble faire autorité maintenant, présente une jeune femme au regard farouche, à la moue décidée. Cette photo aurait pu être titrée « Áliin Siitoye, la résistante ». Ce regard pouvait être celui qu'elle jeta sur le gouverneur Deschamps lorsqu'elle l'apostrophait alors qu'il était venu la voir en prison pour lui demander d'intervenir auprès des combattants afin que cesse la rébellion à Effok : « Elle me prit à partie avec autant d'aisance que Jeanne d'Arc s'adressant aux Anglais. Elle avait sa mission[214].»

Enfin, la couverture du roman de Karine Silla paru en août 2020 fait apparaître une jeune femme, une longue pipe à la bouche, la poitrine nue, dans une attitude qui dénote une certaine liberté d'être. Le ton avec lequel elle abordait certains sujets dans les cérémonies du *kasarahak*, tantôt amusé, tantôt sérieux, semble correspondre à cette image de couverture du roman de Karine Silla. Une image qui rappelle les éclats de rire rapportés par des témoins de l'époque lorsque Kahindua, quartier du village de Séléky, après avoir procédé au rite du *kasarahak* avec des chèvres, s'étonna de ne voir aucune goutte d'eau tomber du ciel. Les émissaires, après avoir exposé le motif de leur voyage et expliqué à Áliin Siitoye dans le moindre détail comment ils avaient organisé et déroulé le rite, s'entendirent dire par Áliin Siitoye : « Quoi, des chèvres pour un *kasarahak* ? La chèvre, un animal qui se cherche un abri à la moindre goutte d'eau tombée du ciel ?» On dit que Áliin Siitoye, qui trouvait sans doute la situation assez cocasse, partit d'un éclat de rire qui contamina toute l'assistance. Puis, pour toute réponse, elle entonna le chant que l'on connaît (voir ci-dessus page 50).

---

[213] ANS 11D1/226H. Deschamps, Gouverneur du Sénégal, 1943.

[214] *Ibid.*

Comme on le voit, la figure de Áliin Siitoye n'est pas une, elle est multiple. Aucune de ces photos ne représente Áliin Siitoye, certes, mais le trait de caractère reflété par chacune d'elles pourrait faire penser le contraire.

2. Des visages de la famille d'Áliin Siitoye

Dembulo Diatta, sœur cadette de Áliin Siitoye

Les photos ci-dessus ont été prises pendant le travail de recherche, d'autres nous ont été fournies par la famille elle-même. Des visages peu connus du grand public et qui, au cours de ce travail, ont choisi librement de se montrer pour donner leur version de l'histoire d'une des leurs. Après plusieurs hésitations, Dembulo, l'aînée des femmes de la lignée Juhoŋul, s'est engagée à nous accompagner dans la reconstruction de l'histoire de Áliin Siitoye. Jusqu'au bout, elle s'est montrée toujours disponible à répondre à toutes les questions concernant sa famille, le kasarahak et toutes les interactions que le culte a eu avec le village. Elle fut la première à évoquer le voile de culpabilité qui couvre toute la lignée depuis cette date fatidique du 29 janvier 1943.

Niawless Diatta, la fille de Áliin Siitoye et de Tomos de la lignée Kúlahaj

Niawless ne vivait pas à Nialou au moment où nous menions les recherches dans l'ancienne province. Elle y venait cependant de temps en temps. C'est au cours d'une ses visites que neveux et nièces de sa lignée, kúlahaj, avait fait la photo ci-dessus. Même sans l'avoir jamais rencontrée physiquement, nous avons constaté que Niawless était toujours présente dans les propos de nos interlocuteurs. Ses tantes et ses oncles ont toujours déploré son enfance gâchée : un père décédé alors qu'elle était un bébé et une mère happée très tôt par une tâche immense, celle de rééquilibrer une société. Ce qui conduira à la dramatique fin que nous connaissons tous. Niawless est décédée le 01 mars 2015. Elle repose désormais à Kabrousse, le village de ses parents, où une garderie d'enfants porte son nom. La garderie Niawless, ouverte par le fils aîné de Dembulo est implantée à Kadiakay depuis 1999.

Jikamut Jaata, cousin germain de Áliin Siitoye Jaata et frère de Abajebe

Jikamut est certainement celui qui, dans la famille, est resté le plus profondément marqué par la disparition de Áliin Siitoye. La douleur qu'il portait dans son âme transparaissait dans son corps, sa voix, sa démarche. Parmi tous nos interlocuteurs, il avait été celui que l'information selon laquelle Áliin Siitoye serait morte à Tombouctou n'avait jamais pu convaincre. Son cœur se fermait à tout argument qui pouvait aller dans le sens contraire de ce qu'il croyait. Jikamut a rejoint ses ancêtres en 2006, un an après nos premières interviews, dans la ferme conviction que celle qu'il appelait affectueusement « ma sœur » vivait encore quelque part.

Abajebe Diatta, sœur de Jikamut,
Cousine germaine de Áliin Siitoye Jaata
(Photo : A. M. Diatta. Décembre 2023)

La rencontre avec Abajebe s'est faite à Dakar où elle vit depuis le lendemain de l'arrestation de Áliin Siitoye et de ses compagnons parmi lesquels son père. Elle avait vécu ce jour-là l'arrestation de ce père auquel elle était très attachée. Les yeux embués de larmes, elle raconte comment petite fille, elle aimait s'asseoir sur ses genoux pour écouter sa voix. Le jour de l'arrestation, ne comprenant pas ce qui arrivait, elle voyait son père partir et elle lui demandait en criant où il allait. Son père, tournant la tête vers elle, lui dit : « T'inquiète pas, petite fille, je reviendrai bientôt ». C'était la dernière fois que leurs regards s'étaient croisés. Elle se souviendra toujours de cette tête tournée vers elle et de ce regard échangé, dira-t-elle.

Abajebe et Amaŋeso, une autre femme de la communauté des femmes Eer qui vivent à Dakar, nous ont parlé de leur vie dans le Dakar des années 1940. Elles avaient quitté le village qui, pour fuir un mariage qu'elle ne voulait pas consommer, une autre pour fuir une autorité coloniale qui lui avait arraché le père qu'elle aimait tant, elles sont venues rejoindre des aînées qui vivaient depuis quelque temps déjà à Dakar, plus précisément dans les faubourgs de la ville, en l'occurrence à Rebeuss. Les récits de Abajebe et Amaŋeso nous ont permis de reconstituer la vie que Áliin Siitoye avait menée à Dakar. « C'était une vie comme celle que nous menions toutes depuis toujours dans cette ville de Dakar. Une vie faite de petits boulots, de débrouilles et d'espoirs de lendemains meilleurs, en marge de la société de Dakar », dira Amaŋeso.

« Áliin Siitoye avait quelque chose d'exceptionnel. On ne sait pas quoi. Personne ne savait quoi, même pas sa mère avec laquelle elle vivait. Elle faisait cependant la même chose que nous toutes malgré son infirmité », poursuivit-elle. En septembre 2018, Amaŋeso quittait ce monde à Rebeuss, en marge de la société dakaroise, comme elle aimait à le répéter.

De gauche à droite : Bañamba et son neveu Kaïssa
Bañamba est le fils de Kualimo, le grand-frère de Áliin Siitoye
(Photo A. M. Diatta. Décembre 2023)

Ñadjema Diatta, fille de Kualimo, grand-frère de Áliin Siitoye
(Photo Alphonse M. Décembre 2023)

Alphonse Mamba Diatta, fils de Dembulo Diatta

La seconde génération de la lignée júhoŋul, celle née à la fin des années 1950, a dû apprendre à supporter le mutisme de ses parents quand il s'agit de l'histoire de Áliin Siitoye. Ils en savaient ce que d'autres en disaient, mais rien de la bouche de leurs parents qui en sont pourtant les premiers témoins. Dembulo a vécu chez son fils Alphonse à Dakar. Elle avait affirmé au cours des interviews que par peur, elle n'avait pas voulu parler de Áliin Siitoye à ses petits-enfants qui le lui demandaient pourtant. Quelques-uns de ses enfants s'étonnaient de voir en 2018 leur mère faire face à une caméra pour parler de sa sœur Áliin Siitoye Jaata. Les longs entretiens qu'on a eus avec elle, les activités qu'elle a co-organisées pour nous permettre de mieux saisir l'esprit du *kasarahak,* tout cela avait surpris bon nombre de personnes à Kabrousse y compris ses propres enfants. Son fils disait en riant : « ma mère doit être victime d'un maraboutage pour faire ce qu'elle fait et dire ce qu'elle dit à propos de sa sœur Áliin Siitoye! »

Parmi les neveux de Áliin Siitoye, Alphonse est celui qui, malgré le mutisme des parents, n'a de cesse de vouloir connaître l'histoire de sa tante. Du village de Kabrousse à la ville de Dakar où il habite, Alphonse tente, par des activités culturelles et sportives, d'organiser les jeunes de Eer autour de l'histoire de Áliin Siitoye. Pour lui, l'histoire de Áliin Siitoye est aussi celle de Kabrousse. La catastrophe du 29 janvier 1943 a concerné quasiment toutes les familles du village. Chercher à comprendre ce qui s'est passé durant ces années où Áliin Siitoye a vécu à Kabrousse est le moyen de guérir du traumatisme subi par les parents et qui peut se transmettre aux générations futures. Son assurance, Alphonse la tirait surtout de sa tante Abajebe dont il disait toujours qu'elle était une bibliothèque vivante. Dégagée des contraintes structurelles du village, Abajebe avait une parole libre et pouvait, par ses connaissances, soutenir son neveu dans la quête de sa propre histoire.

Pendant le travail de terrain, Alphonse a été un partenaire privilégié dans l'approche de l'histoire de Áliin Siitoye telle qu'elle est vécue par la jeune population de Eer en milieu urbain. Ils sont pour la plupart nés à Dakar, d'autres y vivent depuis leur tendre enfance. Malgré tout, ils intègrent les associations villageoises d'entraide créées par leurs parents à Dakar et dans d'autres villes du Sénégal. La rencontre avec de jeunes ressortissants de Kabrousse vivant à Dakar a permis de voir les effets du manque d'information que leurs propres parents ont connu. Ils savaient eux aussi de Áliin Siitoye ce que d'autres en disaient. Ceux qui sont scolarisés parlaient de l'héroïne telle que l'école le leur avait appris.

Des Visages de la famille par Alliance de Áliin Siitoye

Álugay, le mari de Áliin Siitoye

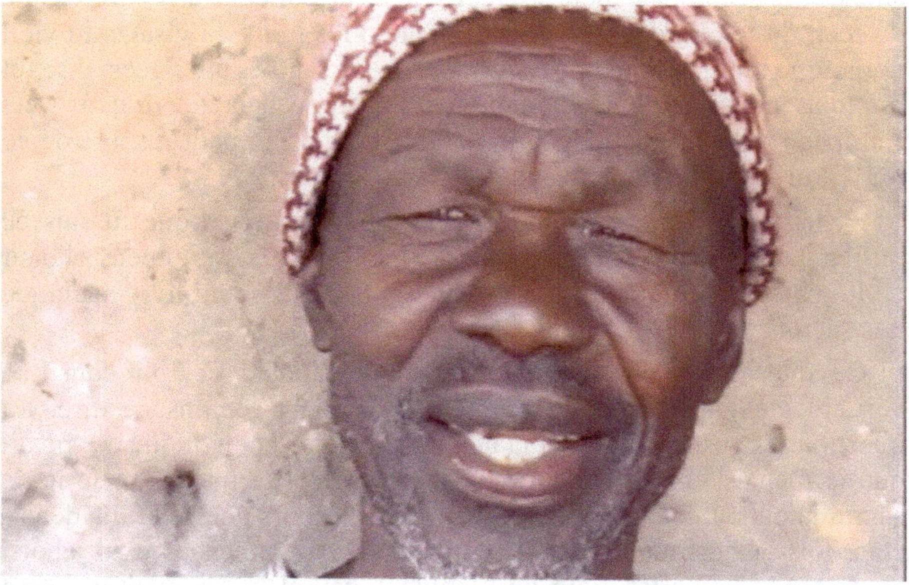

Aribannakaay, un frère de Álugay

Ainsi que nous l'avons vu plus haut, Áliin Siitoye avait épousé en secondes noces l'homme le plus riche du village de Kabrousse. Álugay avait été jugé digne de recevoir comme épouse cette nouvelle étoile qui brillait dans le firmament de la province d'Oussouye. Un mariage de l'économie, du prestige et du savoir.

Aribannakaay qui était notre interlocuteur au moment du travail sur le terrain n'a cessé de magnifier cette union qu'il considérait comme une chance pour soustraire la région des années de la disette et du poids de l'arbitraire dans lequel les populations étaient plongées depuis l'installation du colonisateur sur leurs terres. Il souhaitait au Sénégal d'aujourd'hui de connaître une personnalité de l'envergure de Áliin Siitoye.

Comme tous les témoins de l'époque, Aribannakaay gardait au fond de son être le même traumatisme. La brutale arrestation de Áliin Siitoye et de ses compagnons parmi lesquels son frère l'avait profondément marqué. Durant toute la série des interviews, Aribannakaay choisissait soigneusement ses mots, revenait sur ses propos pour les éclaircir davantage. La preuve de sa profonde méfiance me fut fournie lors d'une interview au cours de laquelle je me suis présentée chez lui avec mon fidèle compagnon Edouard Bábayi et un collègue européen venu passer quelques semaines de vacances au Sénégal. Profitant des intervalles de silence qui accompagnaient ses récits, je fis au collègue un court résumé du récit du vieillard. Je vis tout d'un coup les traits du visage du vieil homme se raidir ; les mains cachées entre ses jambes allongées, il se tut un long moment puis demanda ce que je venais de dire à « cet Européen ». Je lui répondis que je lui avais fait un petit résumé de ce qu'il nous avait dit auparavant.

« Mais pourquoi ? » demanda-t-il étonné. « Est-ce que tu sais ce qu'il a dans la tête ? » poursuivit-il. « Une fois chez toi, tu peux choisir de lui parler de ce que tu veux. Mais s'il te plaît, ne lui livre aucun de nos secrets ».

Ce que je lui promis tout en me demandant ce qui constitue véritablement un secret dans tout ce que nous venions de dire. La question qui restait à éclairer était celle de la portée publique du travail que je menais. Savait-il que j'envisageais d'écrire un livre ? Je ne le saurai jamais. Lorsque je l'ai rencontré deux jours après cet incident – cette fois-ci sans mon collègue européen – Aribannakaay avait choisi de ne plus en reparler. Pour lui l'incident était clos. Il voulait juste me faire comprendre qu'il pouvait y avoir danger de tout dire à cet Européen qu'il ne connaissait pas.

Niakassar, une fille de Álugay

La fierté de Ñakassar, c'était son père. Elle admirait ce père qui avait pu se hisser par son travail et son savoir au-dessus de tous dans le village. Même après avoir connu la prison, son père était resté ce digne patriarche qu'elle avait connu, dira-t-elle. Au village, il avait retrouvé sa place et son aura d'antan. Il organisait de mémorables combats de lutte après une retraite de cinq jours dans son sanctuaire.

Ñakassar avait aussi d'autres motifs d'être fier de son géniteur. Elle racontait que son père, malgré la rigueur de l'incarcération, avait gardé le côté humain, plein d'empathie, qu'elle lui connaissait. Ce qui lui a valu la sympathie de ses geôliers dont certains sont venus jusqu'à Kabrousse pour lui rendre visite après sa libération. Avec eux, son père aurait appris à faire des ablutions et à prier comme les musulmans. À la question de savoir si son père Álugay s'était converti à l'islam durant sa détention à Bakel, Ñakassar répondit qu'elle ne savait pas avec exactitude si son père l'avait fait pour faire plaisir aux géôliers ou s'il s'était effectivement converti à l'islam. Après sa libération, il avait mené sa vie comme il l'avait fait autrefois auprès de son sanctuaire et participait à tous les rites religieux qui se déroulaient dans le village ou en Guinée-Bissau. L'épisode de sa vie à Bakel, il l'avait raconté à sa famille comme un récit de voyage. Personne dans la famille n'avait pensé une seule seconde que leur père arrêterait tout d'un coup de se rendre à son sanctuaire. D'ailleurs même s'il le voulait, il n'aurait pas pu le faire parce qu'il était le prêtre-suprême de Jíremp, le sanctuaire qui réunissait les trois quartiers. Suite à un conflit, Mossor s'est retiré du pacte, laissant Nialou et Kadiakaay continuer le pacte. Quoi qu'il en soit, un prêtre de Jíremp doit être exclusivement de religion traditionnelle. Dira-t-elle pour terminer.

3. Une prêtresse porte-étendard des organisations de la société civile

Dans la vie politique et sociale du Sénégal des années 1970, la figure de Áliin Siitoye servit d'étendard à plusieurs mouvements : le Mouvement des Forces démocratiques de la Casamance (MFDC) qui se restructurait sous l'égide de l'abbé Diamacoune Senghor. Diamacoune qui, quelques années auparavant animait des émissions culturelles à la radio[215], tenait également des conférences durant lesquelles il évoquait les figures historiques de la Casamance, en particulier celle de Áliin Siitoye.

Aussi des intellectuelles Sénégalaises, notamment ceux du mouvement féministe Yewwu Yewwi[216] dirigé par Angélique Savané, se serviront de la figure de Áliin Siitoye comme modèle de ce qui devrait, à leur avis, être une bonne politique de développement des jeunes états africains : « être autonome sur le plan de la sécurité alimentaire, développer les cultures du terroir et, en tant que peuple, ne pas se laisser dicter ses choix.[217] ». Pour le professeur Penda Mbow également membre dudit mouvement, « certes les femmes du groupe féministe n'étaient pas toutes jóola, mais la figure de Áliin Siitoye comme modèle s'imposait face à toutes les autres figures féminines sénégalaises connues à cette époque-là ; car le combat de Áliin Siitoye allait au-delà de la sphère politique de la colonie sénégalaise parce que Áliin Siitoye s'était confrontée à un envahisseur étranger, tandis que les combats des autres femmes se laissaient circonscrire dans une aire politico-religieuse islamo-wolof. Il n'y avait donc pour les femmes de Yewwu Yewwi aucune figure féminine plus importante que celle de Áliin Siitoye[218] ».

---

[215] Il avait animé les émissions culturelles entre 1967 et 1978.

[216] Mouvement féministe créé en 1980 par un groupe d'intellectuels de tendance politique de gauche.

[217] Interview avec Marie-Angélique Savané, février 2008 à Dakar.

[218] Interview avec le professeur Penda Mbow, en février 2008.

L'histoire de Áliin Siitoye prit un tournant décisif lorsqu'en 1983, le président Abdou Diouf, sous la pression du MDFC qui, dans ses revendications, demandait entre autres à ce que la lumière soit faite sur ce qu'était devenue Áliin Siitoye après qu'elle a été déportée à Tombouctou, prit la décision d'envoyer des chercheurs sur ses traces. Une commission dirigée par Saliou Mbaye, alors directeur des Archives nationales du Sénégal,[219] se mit en route vers le Mali d'où elle ramena la triste nouvelle de son décès à la date du 22 mai 1944 à Tombouctou par suite de scorbut grave. La nouvelle de sa mort trouva la Casamance en pleine tourmente. La revendication indépendantiste avait fini par se transformer en un conflit armé.

Par un arrêté ministériel n°5606/MEN/ du 23 novembre 1998[220], le gouvernement du Sénégal introduisit Áliin Siitoye Jaata comme héroïne nationale dans les programmes scolaires. Cette reconnaissance nationale lui valut d'être surnommée par les uns : « La femme qui a vaincu des hommes »[221] et par d'autres, la Jeanne d'Arc d'Afrique. Il n'y eut en revanche aucune étude sérieuse sur elle : pas une seule recherche historique. Les témoins de l'époque disparaissaient les uns après les autres, emportant dans la tombe une partie de l'histoire du Sénégal. Car, c'est bien de cela qu'il s'agit. L'histoire d'Áliin Siitoye est une partie de l'histoire du Sénégal d'aujourd'hui.

Áliin Siitoye est aujourd'hui la marraine de plusieurs institutions et objets : des stades, des lycées et collèges, des institutions universitaires, telle que la cité des jeunes filles de l'université Cheikh Anta Diop de Dakar, des prix de leadership féminin et plus récemment le bateau qui assure la liaison entre Dakar et Ziguinchor – la liste est loin d'être exhaustive – Ses parents et les adeptes du culte du kasarahak, même s'ils sont fiers de ce regain d'intérêt pour une des leurs, n'en sont pas moins inquiets de l'utilisation abusive qui est faite de son nom, car dans la plupart des cas, son histoire reste mal connue de la majorité des Sénégalais dont elle est censée pourtant être un modèle. Ses parents, par gêne ou par peur ou les deux à la fois,[222] se sont emmurés pendant plus de cinquante ans dans le silence. En 2002, au moment où nous menions les recherches dans l'ancienne province d'Oussouye, beaucoup de

[219] Saliou Mbaye in : « Les causes de conflit en Afrique de l'Ouest Dakar », *op. cit.*

[220] Omar Diatta. *La Casamance : essai sur le destin tumultueux d'une région. L'Harmattan. Décembre 2008.*

[221] Traduction littérale du wolof au français.

[222] Sa sœur Dembulo racontait que par peur de subir le même sort que Áliin Siitoye, elle allait se cacher chaque fois que l'on évoquait le nom de Áliin Siitoye.

témoins avouaient ne plus se souvenir de certains chants. C'est pourtant au travers des chants que se dessine tout le combat de Áliin Siitoye.

Chaque institution, chaque organisation ou association qui choisit Áliin Siitoye comme marraine fait alors rejaillir un trait de caractère qui lui semble correspondre à ce qu'elle fut ou du moins à ce que les initiatives du parrainage avaient entendu dire sur elle.

Dans l'histoire d'Áliin Siitoye tout est vrai, tout est amplifié, tout est reconstruit, parfois même imaginé. Sa force de caractère, la nouveauté de son message ont fait d'elle, même à l'époque où elle officiait encore à Kabrousse, un mythe vivant. On lui prêtait des forces extraordinaires. On raconte encore aujourd'hui dans certains villages qu'elle portait des tresses qui lui furent faites par les esprits pendant qu'elle dormait. Or, sa sœur affirme qu'elle ne s'était jamais tressée, tout au contraire. Elle se rasait le crâne comme on le faisait autrefois. Les propos tirés d'un rapport du gouverneur Deschamps confirment ceux de sa sœur Dembulo :

> « J'allais rendre visite à la "reine de Kabrousse" qu'on avait réussi à capturer. Dans la cour de la prison, je vis une grande jeune femme, mince, **la tête rasée**[223], belle, d'une autorité magnifique[224]... »

D'autres affirmaient que son bourreau qui l'affamait dans sa prison était chaque jour surpris de trouver dans sa cellule un bol de riz et de l'eau fraîche. Pourtant jusqu'en 1983, date à laquelle la commission envoyée sur ses traces avaient ramené la nouvelle de son décès à Tombouctou, tous, y compris ceux qui tenaient ces propos, ignoraient le lieu de détention d'Áliin Siitoye. Mais est-ce cela l'essentiel ? L'essentiel réside dans la puissance symbolique attachée au nom d'Áliin Siitoye. Áliin Siitoye représentait pour ses proches tout ce qu'il y a de pur et de fort, quelque chose qui, malgré l'échec apparent de l'entreprise qu'elle avait menée, restera invincible : le retour vers la terre qui incarne la parole des ancêtres. Quoi qu'on fasse ou dise, pour les siens, elle représentera toujours la vie. Elle symbolisera toujours la prospérité gagnée. Pour cette raison, Áliin Siitoye ne sera jamais atteinte par une mort biologique. D'ailleurs, une prêtresse de *báliba* meurt-elle ?

---

[223] C'est nous qui soulignons.

[224] ANS 11D1/226 H. Deschamps, Gouverneur du Sénégal, 1943.

4. Une présence toponymique : une bijouterie nommée Aline Sitoe Diatta

« Sama bopp a ma la gënel du bañ na la[225] *»*

Au 54 de l'avenue Georges Pompidou à Dakar, une bijouterie porte le nom Aline Sitoe. Une belle enseigne lumineuse qui attire le regard de tout passant. De prime abord on peut se demander en quoi la vie de Áliin Siitoye pouvait-elle inspirer une bijouterie ? Les témoins de l'époque rencontrés au cours de ce travail décrivaient Áliin Siitoye comme une femme belle et coquette. Est-ce cela que l'on voulait relever dans ce choix ? Áliin Siitoye et des bijoux ? « Oui, elle en portait, mais c'était plutôt des perles », assura sa sœur Dembulo. Le choix répondait-il à une question de marketing du genre : « nos bijoux vous rendront aussi belle que Áliin Siitoye ». Madame Lam, propriétaire de la bijouterie, nous parle ici des raisons du choix du nom de Áliin Siitoye.

> « En faisant de Áliin Siitoye la marraine de notre bijouterie, nous voulions, ma famille et moi, honorer la mémoire de cette femme qui a osé à un moment très difficile de l'histoire de notre pays dire non à l'arbitraire.
>
> Mon mari et moi nous ne sommes pas originaires de la Casamance. Mon mari est venu à Ziguinchor tout de suite après sa formation en bijouterie. Il était très jeune. C'est à Ziguinchor que nous avons eu tout de ce que nous possédons aujourd'hui. Toutes les maisons que nous possédons à Dakar, l'argent provient de notre entreprise de Ziguinchor. Que Dieu en soit loué. C'est pour honorer cette tradition et pour remercier la Casamance pour l'accueil dont nous avions fait l'objet, par reconnaissance à ce que nous devons à la Casamance que nous avions choisi de donner le nom de Aline Sitoe à notre bijouterie. Lorsque mon mari s'apprêtait à l'ouvrir, c'est à moi qu'il a demandé de réfléchir au nom qu'on donnerait à la bijouterie. Sans hésiter, j'ai dit qu'elle s'appellera Aline Sitoe Diatta. Surpris, il me demanda les raisons d'un tel choix. Je lui rétorquai alors que nous nous devions de rendre hommage à la Casamance pour tout ce qu'elle nous a donné. La Casamance est devenue une partie de moi. Même si nous sommes maintenant installés à Dakar, la maison familiale est à Ziguinchor et nos grands enfants y sont restés. S'il plaît à Dieu, ils y feront leur baccalauréat avant de venir nous rejoindre ici ou d'aller faire leurs études ailleurs.

[225] Maxime des locuteurs wolof qui signifie « défendre ses propres valeurs ne signifie nullement que l'on déteste celles des autres. »

Hormis cette considération, à travers les activités de commerce que je menais, j'avais appris au Cap Skirring et à Kabrousse, bien des choses sur Aline Sitoe. L'on me racontait qu'elle avait été déportée par les colonisateurs parce qu'elle avait osé dire non à l'arbitraire. C'était une brave femme qui se battait pour la dignité de l'Africain. Elle a beaucoup donné à sa Casamance natale. C'est pourquoi, là-bas en Casamance, elle est une idole. Toutes ces raisons ont fait que nous avons dédié à Áline Sitoe notre bijouterie.

La philosophie de notre entreprise repose sur les deux valeurs essentielles défendues jusqu'à la mort par Aline Sitoe : il s'agit de la dignité et de l'amour-propre. À l'image de Aline Sitoe, nous ne nous soumettons à aucun dictat. Nous faisons du commerce certes, mais nous tenons à ce que notre clientèle sache que nous sommes d'abord des créateurs africains avec une philosophie et une certaine vision du monde. Nous insérons des perles typiquement africaines dans toutes les parures, mais aussi les bagues en or et en argent que nous fabriquons. Nous n'abandonnerons jamais nos traditions pour suivre une mode. C'est cette tradition qui, dans le monde de la création, fait notre différence.

Pour ce qui concerne les jeunes d'aujourd'hui, je voudrais leur demander de garder leur dignité et leur amour-propre et d'être courageux quelle que soit la situation. Ceci a une grande importance dans la construction de la personnalité d'un jeune, car un jeune qui ne possède pas les valeurs dont je viens de parler n'ira pas bien loin dans la vie. Il doit être fort. Je ne veux pas parler de la force physique, ni d'actes de banditisme. Mais de valeurs. Je me permets de leur donner ce conseil parce que, comme tous les adultes de ce pays, j'ai un devoir de transmission. Et la transmission passe par le conseil. Comme on dit chez nous : « Le fleuve fait des détours parce que personne ne lui montre le chemin. »

5. Plaidoyer pour l'école et le savoir

Dans son mouvement, le *husarahak*, l'école n'y était pas explicitement évoquée, mais Áliin avait compris que son monde changeait à cause de la colonisation dont l'école était un support. Ne disait-elle pas aux gens venus au *kasarahak* qu'ils ne pouvaient pas faire comme si le Blanc n'était jamais venu chez eux ; que le Noir se conduirait à l'avenir comme le Blanc : qu'il irait en voiture et en avion, qu'il commanderait et que le Blanc obéirait. Par quel procédé ce changement allait-il donc s'opérer, si ce n'est par l'école ? Áliin Siitoye ne le dira pas explicitement.

Mais son séjour à Ziguinchor et à Dakar où elle a côtoyé ou vu de loin des cadres formés à l'école des Blancs, l'ascension sociale de Benjamin Diatta, un natif de Kabrousse, tout cela lui avait certainement fait percevoir l'importance de l'école comme un moyen de comprendre les codes que la colonisation leur a imposés. Lorsqu'on donne le nom de Áliin Siitoye à une institution scolaire, quel aspect de sa vie prend-on alors en compte ou mieux quelle qualité d'elle veut-on donner comme modèle aux élèves?

5.1 Áliin Siitoye sur le fronton des écoles

Des écoles, des collèges et lycées, des crèches, beaucoup d'institutions scolaires portent au Sénégal, et peut-être ailleurs dans le monde aussi, le nom de Áliin Siitoye Jaata. Qu'est-ce qui motive ici aussi le choix ? Áliin est née en milieu rural. Et comme beaucoup de femmes de cette époque-là, elle était analphabète. À l'époque coloniale, les quelques écoles qui existaient en Casamance étaient surtout dans les zones urbaines ou autour de la mission catholique. À l'intérieur des terres, les populations qui avaient besoin de bras pour la riziculture étaient souvent hostiles à l'école. Elle était considérée comme un organe de plus pour contrôler les populations et les obliger à faire, par le biais de leurs enfants, ce qu'ils n'avaient jamais accepté de faire : payer des impôts, assurer le service militaire, etc. Alors mettre ses enfants à l'école, c'était accepter ce contre quoi l'on s'était toujours battu. Lorsque l'implantation de l'école leur fut imposée à Oussouye ou à Séléky, par exemple, ils choisirent d'y envoyer des enfants que la société considérait comme inaptes mentalement ou physiquement à la vie dans cette société profondément rurale. On pensait que ces enfants ne tiendraient pas longtemps et que même s'ils réussissaient, ils ne joueraient aucun rôle majeur dans la société. Certains enfants qui ne souffraient d'aucun handicap y étaient aussi envoyés par leurs parents qui nourrissaient l'ambition de pouvoir enfin avoir plus droit à la parole dans la communauté dans laquelle ils vivaient, si leurs enfants devenaient des cadres. En effet, ces personnes venues d'ailleurs pour s'implanter dans un village restent, génération après génération, des étrangers dans le lieu où ils habitent et n'occupent dans les structures traditionnelles aucune place prépondérante. Ces gens rêvaient souvent par ce biais d'occuper une place incontournable qui leur procurerait respect et considération.

Pour mieux comprendre les raisons qui poussent certaines institutions scolaires à donner le nom de Áliin Siitoye à leur établissement, nous avons posé la question au directeur du collège Áliin Siitoye Diatta de

Grand-Yoff qui donne ici les raisons qui ont conduit au choix du nom de Áliin Siitoye pour l'institution qu'il dirige :

> « Soucieux de participer au développement de notre pays par le biais de l'éducation et de la formation, nous avions mis sur pied une école privée dénommée „Áliin Siitoye Jaata. " Le choix du nom n'est pas fortuit. En effet, eu égard à la personnalité de cette héroïne qui a incarné la bravoure et le don de soi au profit de sa communauté, elle méritait d'être la marraine de notre établissement. À travers ce choix, nous voulions que nos pensionnaires, garçons et filles, s'inspirent de son exemple et cultivent en eux le sens de l'honneur, du courage et de la détermination. Le combat de Áliin Siitoye a été et restera toujours une lutte pour la dignité de la femme africaine, une révolte contre l'oppression. Pour perpétuer ses idées, des journées culturelles sont organisées chaque année au sein de l'établissement, permettant aux élèves de mieux s'imprégner de la noble cause qu'elle a défendue. Au cours de ces journées, un panel de spécialistes anime une conférence qui retrace la vie et l'œuvre de Áliin Siitoye Jaata de même qu'une exposition sur les péripéties de son combat. »

5.2 Rencontres intergénérationnelles. Áliin Siitoye, la passerelle entre générations

Juin 2007, une exposition d'archives sur les dernières années de la vie de Áliin Siitoye Jaata en terre sénégalaise fut organisée au Musée Théodore Monod d'Art africain par Gorée Institute, porteur du programme « Alliance des initiatives africaines pour la paix et la stabilité en Afrique de l'Ouest ».

Le vernissage de l'exposition réunit des artistes du Village des Arts, des intellectuels sénégalais, des associations culturelles de femmes jóola résidant à Dakar, des étudiantes de la Cité Aline Sitoe Diatta, des artistes et des musiciens entre autres. Du beau monde avait répondu présent ce jour-là à la rencontre qui se tenait dans une aile du musée Théodore Monod d'Art africain. Pour accompagner l'exposition, un programme pédagogique avait été conçu pour jeunes et moins jeunes : du théâtre par les enfants de la troupe Kàddu Yaraax, des rencontres intergénérationnelles d'échange et de partage sur des thématiques relatives à la gestion des conflits. Áliin Siitoye ayant été choisie par les membres du programme « Alliance des Initiatives Africaines pour la Paix et la stabilité en Afrique de l'Ouest[226] » comme une figure qui

[226] Programme sous-régional qui avait pour ambition de lutter contre les causes de conflit en Afrique de l'Ouest.

permet de véhiculer les idées de paix et de stabilité, l'exposition devait servir de prétexte pour aborder ces questions dans les pays de la sous-région traversés depuis les indépendances par diverses crises. Il s'agissait dans ce programme d'analyser les facteurs de conflit, mais aussi et surtout de mettre l'accent, au-delà des divergences politiques, sur les valeurs culturelles et sociétales communes sur lesquelles devraient se bâtir de nouvelles sociétés dans ce vaste ensemble ouest-africain. Avec l'avènement du monde moderne, l'école, dans bien des cas, remplace les familles dans la transmission du savoir, dans l'éducation aussi, hélas ! Les valeurs culturelles et sociétales africaines n'y ont pas vraiment droit de cité. Le programme « Alliance des initiatives africaines pour la paix et la stabilité en Afrique de l'Ouest » s'efforçait, par des séminaires de formation, des rencontres d'échange, des Workshop, de contribuer à combler ce manque.

C'est dans ce cadre qu'une rencontre entre des jeunes filles de la résidence universitaire Cheikh Anta Diop, la Cité Aline Sitoe Diatta, et des anciennes de l'École Normale Germaine Le Goff de Rufisque se tint.

Disons quelques mots du contexte de la rencontre. Des jeunes filles ressortissantes de la Casamance s'étaient déjà constituées en association au sein de la cité universitaire Aline Sitoe Diatta pour faire connaître l'histoire de leur marraine. Elles organisaient chaque année des journées culturelles à la mémoire de la marraine de leur cité. Ces journées qui se déroulaient sur deux jours, voyaient la participation de personnalités du monde culturel et politique et des conférenciers y présentaient la vie et l'œuvre de Áliin Siitoye. C'était aussi une occasion unique de rendre visible la diversité culturelle de la cité universitaire, car toutes les jeunes filles qui y logeaient pouvaient, si elles le désiraient, présenter les richesses culturelles de leur terroir ou de leur pays. Ces journées permettaient alors de mieux se connaître et de tisser des liens durables qui gommaient les différences. Il faut relever que dans le quotidien, la cohabitation entre des jeunes de nationalités et de cultures différentes, n'est pas toujours facile à gérer. Les cités universitaires étant souvent surpeuplées, la plupart des étudiantes et étudiants sont logés à plusieurs dans des chambres grandes parfois de seulement $10m^2$. Cette promiscuité entraîne souvent des frustrations, voire des conflits. À ces conflits internes venaient s'ajouter la réputation de filles faciles qui leur collait souvent à la peau. « Il n'y avait rien de plus frustrant que de voir de tels propos barrer la « une » des journaux et médias du pays. Lorsqu'une ou quelques étudiantes avaient maille à partir avec la justice, c'était toutes les autres de la cité universitaire Aline Sitoe Diatta qui en portaient aussitôt les stigmates », racontaient-elles.

Ces expériences, les étudiantes de la cité Aline Sitoe Diatta voulaient les partager avec les anciennes de l'École normale Germaine Le Goff qui, comme elles, avaient connu une vie d'internat, même si le contexte était différent. Les expériences des anciennes pourraient aider à surmonter, ne serait-ce que moralement, les difficultés auxquelles les jeunes femmes de la Cité Aline Sitoe Diatta faisaient face. L'exposition en offrit l'occasion et l'espace. Le thème choisi était : « La gestion des conflits au quotidien ». Annette Mbaye d'Erneville, une ancienne normalienne de l'École normale des jeunes filles de Rufisque fut la cheville ouvrière des rencontres. Elle prit part à toutes les séances : celle organisée à la Maison d'Éducation Mariama Bâ avec les élèves de l'institution et des étudiantes de la Cité Aline Sitoe Diatta ; celle, tenue au Musée Théodore Monod d'Art africain, et enfin celle tenue au Musée Henriette Bathily, institution dirigée par Annette Mbaye d'Erneville elle-même.

À la fin de la série des rencontres, Annette Mbaye D'Erneville prit le temps de nous livrer le témoignage ci-après :

> « S'il y a une période de ma vie que j'aimerais revivre, c'est bien celle de l'internat de 1942 à 1945, trois ans seulement de ma vie. Mais c'était à un âge où les idées et les impressions restent dans la mémoire, s'imbriquent aussi bien dans notre tête et dans notre cœur parce que c'est entre 15 et 20 ans, entre 15 ans et 22 ans. Je dis tout le temps grâce à Madame Germaine Le Goff, grâce à la vie que nous avions menée à Rufisque à l'École Normale des Jeunes filles avec des jeunes filles qui venaient de tous les territoires sous colonisation française plus le Togo et le Cameroun qui étaient sous protectorat [plutôt sous mandat de la SDN puis de l'ONU], c'est dans cette fourmilière que j'ai appris l'Afrique, que j'ai su moi-même que j'étais une Africaine. Ayant vécu à Saint-Louis, venant de Sokone, mon village natal. À Saint-Louis donc je vivais dans un milieu de mulâtres, dans un milieu catholique qui, il faut le dire, était assez sectaire et même ségrégationniste, surtout quand on est issu de familles avec des noms à consonance toubab, avec un «D» apostrophe référence à la noblesse, comme d'Erneville. Nous pensions, dans le milieu de Saint-Louis, que nous étions la crème. Saint-Louis était pour nous le sommet de l'Afrique, les Saint-Louisiens, qu'ils soient noirs ou métis, se considéraient comme les meilleurs, non pas du Sénégal, mais de l'Afrique et se considéraient du coup comme le nombril de l'Afrique. Quand j'ai quitté ce milieu où je ne me sentais ni Sénégalaise, ni Africaine, mais mulâtre avant tout, je

me suis retrouvée à l'École Normale avec trente autres jeunes filles venues d'ailleurs – chaque promotion comptait trente jeunes filles. Nous étions au total 120 jeunes filles à l'École Normale – Au cours des trois premières années de scolarité, nous nous sommes rendu compte très vite, nous les Sénégalaises, que bien qu'ayant eu en général une meilleure formation avant d'entrer à l'École Normale, nous n'étions pas forcément les meilleures. Nous nous sommes également rendu compte, toujours grâce à Madame Le Goff, que nous appartenions à ce grand ensemble qu'est l'Afrique. Paradoxalement, c'était quand même réconfortant de savoir que le Sénégal n'est qu'un petit point minuscule sur la carte de l'Afrique et Saint-Louis, rien qu'une petite virgule dans ce Sénégal. Finalement, nous nous rendions bien compte que nous n'étions presque rien. Franchement, je remercie le Bon Dieu et je remercie aussi ma famille de m'avoir permis de faire le concours de l'École Normale. Mon passage dans cette école m'a ouvert l'esprit et le cœur. Et c'est peut-être à partir de ce moment-là que je suis devenue l'Africaine que je suis.

La rencontre que nous avions eu en juin 2007 sur ton initiative à toi, Odile Tendeng, cette rencontre m'a ramenée des années en arrière. Bien que l'université n'ait pas la même forme d'internat que celle que nous avions vécue, nous avons ici affaire à des étudiantes ayant un certain niveau, qui ne se sentent pas solidaires les unes vis-à-vis des autres – c'est ce que nous cherchions à leur inculquer – qui sont des individualités avant d'être un ensemble. Elles nous rencontrent nous, des femmes d'un certain âge. Je trouve que cette rencontre, sur ton initiative, je le répète, devrait déboucher sur autre chose que sur une simple journée. Le ciment de la rencontre c'était Áliin Siitoye Jaata. Áliin Siitoye Jaata qui n'était pas une intellectuelle, qui n'était pas une universitaire. Je ne sais même pas si elle a été à l'école parce que dans son histoire on dit qu'elle a été ici à Dakar une domestique venant de sa lointaine Casamance. Je ne connais vraiment pas bien l'histoire d'Áliin Siitoye Jaata, mais je crois qu'on devrait, comme les Français l'ont fait pour Jeanne d'Arc, pour Bernadette Soubirous, pour Marie Curie, chacune dans des domaines différents, donner nos héroïnes comme modèles à la jeunesse. Áliin Siitoye Jaata tout comme Ndatte Yalla et les autres devraient être mieux connues. Leurs noms sont sur toutes les lèvres, mais les gens ne savent pas vraiment ce qu'elles ont fait. Sur Áliin Siitoye Jaata, il a été écrit un ou deux livres par Boubacar Boris Diop et par d'autres. Ce sont des personnalités dont on devrait faire des portraits exacts, les étudier dans les écoles en commençant par des jeux à la maternelle, au primaire, au secondaire. Et une fois à l'université les gens seront imprégnés des connaissances qu'elles ont léguées. On connaît Bayard, on connaît Charlemagne, on connaît comme je le disais tantôt Bernadette Soubirous, Jeanne d'Arc, on connaît des tas de révolutionnaires européens qui n'ont rien à voir avec notre histoire, sauf que nous avons été dépendants de la France pendant des siècles, mais nous ne nous connaissons pas nous-mêmes. Je pense que Fatou Sarr Sow et toi, Odile Tendeng, vous êtes en train de commencer quelque chose dont vous ne connaissez même pas l'importance. Peut-être que moi avec mes 81 ans je ne vivrai pas assez longtemps pour voir les résultats concrets de vos recherches. Cheikh Anta Diop, le Sénégal ne l'a connu qu'après sa mort. Quand il était là, à portée de main, personne n'allait le voir, personne n'allait discuter avec lui parce que la politique l'avait éloigné des gens. C'est ce qui va arriver si vous ne continuez pas vos travaux. Au lieu de sortir des généralités sur la femme africaine, je pense qu'il faut prendre deux ou trois femmes et faire leur portrait comme le peintre qui peindrait le nez, les yeux, la bouche, etc. pour les générations futures. Si on ne le fait pas, l'histoire de l'Afrique sera toujours racontée par d'autres qui ne nous connaissent pas. Ils ne feront que nous esquisser à grands traits. Notre mission à nous, qui avons des cheveux blancs, c'est de léguer à nos petits-enfants la passion de la recherche pour découvrir qui nous sommes avant d'aller à la découverte des autres.

J'ai l'impression que les jeunes d'aujourd'hui ont d'autres préoccupations. C'est vrai qu'ils sont tombés sur une période très difficile. Nous, quand nous étions jeunes, dès que tu avais un diplôme, tu avais un travail. On donnait même à ceux qui sont sortis majors de leurs promotions la liberté de choisir le poste qu'ils souhaitaient occuper. Je suis toujours pleine d'émotion quand je passe devant le lycée Maurice de Lafosse. Quand je les [les jeunes] vois sortir du lycée comme des grappes, un essaim d'abeilles. Je me dis : « Mon Dieu qu'adviendra-t-il de ces jeunes dans dix ans ? » Nous, nous n'avions pas ces problèmes. Mais je crois aussi que c'est de notre faute. Nous avions mal géré notre Indépendance. On ne s'est pas occupé de notre jeunesse. Dans nos écoles, il n'y a plus d'éducation civique, il n'y a plus de leçons de morale, on ne salue plus le drapeau, les jeunes ne connaissent pas les institutions qui nous gouvernent. Comment voulez-vous que ces jeunes devenus adultes aient dans la tête un esprit de la « chose nationale ». Áliin Siitoye n'avait pas été à l'école, mais elle a tenu tête au Blanc, elle a mobilisé des foules. On parle de Gandhi pour son combat non violent, mais on devrait ranger Áliin Siitoye dans la même catégorie. D'accord, elle n'a pas amené l'indépendance du Sénégal, mais elle a refusé la soumission par des moyens non violents. Mais qui connaît Áliin Siitoye Jaata ? Presque personne. Même moi qui te parle, j'ai entendu parler de Áliin Siitoye pour la première fois par l'Abbé Diamacoune Senghor. C'était en 1972 alors que j'étais en mission à Ziguinchor. Après cela, c'était ici chez moi quand j'ai reçu un couple français dont le mari s'appelait Georges Barbier. J'étais la marraine de leur fille. Ils avaient donné à leur fille le nom de Áliin. Quand j'ai voulu savoir si la petite s'appelait Aline ou Alice, les parents rétorquèrent que le prénom de la petite était Áliin Siitoye. C'était la deuxième fois que j'entendais parler de Áliin Siitoye. J'ai lu par la suite le livre de Boubacar Boris Diop *Les tambours de la mémoire* et la pièce de théâtre de Marouba Fall, *Aliin Sitooye, Reine de Kabrousse*. Mais hormis ce cercle restreint d'intellectuels qui vivent entre eux, personne d'autre ne connaît Áliin Siitoye. Faites un jour un micro-trottoir, demandez aux passants, vous serez surpris des réponses que l'on vous donnera. Par contre demandez-leur qui est tel ou tel Marabout, ils le savent tous. Je pense que nous manquons de repères.

Pour revenir à notre rencontre intergénérationnelle, je pense qu'elle doit porter des fruits, à condition que l'on continue à nous rencontrer afin que nous autres, vieilles personnes, léguions notre savoir à ces filles qui sont nos petits-enfants. C'est pourquoi je propose ici et maintenant une rencontre sur le thème « De Ndatte Yalla à Áliin Siitoye Jaata, un combat pour un espace de liberté ».

J'ai dédié un poème à Germaine Le Goff. C'est elle qui m'a sauvé la vie. Je vais te le lire :

Tu vois, le soleil est au zénith !
L'aube de notre vie s'estompe déjà ;
Loin est le temps des jeux, des chants ;
Le moment est venu de se faire face.
La vérité toute nue doit être notre arbitre.
Mon cœur se souvient...
Tu m'as appris l'Afrique
Tu m'as appris moi-même
Aucune équation, aucun théorème
Ne pouvait creuser sillons plus profonds.

J'ai bu à la source de ta tête-mère
La liqueur de paix qui exalte l'esprit !
Ta place est à la droite du Seigneur
Parmi les hommes de bonne volonté.

Annette Mbaye d'Erneville poursuivit son témoignage en ces termes :

> « Nos valeurs sont celles que nous avons chez nous et non celles venues d'ailleurs, c'est vrai. Je remercie mes tantes jumelles parce qu'elles m'ont donné une très bonne éducation, elles m'ont formée dans la religion catholique. Je peux vivre dans tous les milieux, aussi bien dans les milieux occidentaux que dans les milieux africains. Mais pour ce qui est de mon intégration dans le milieu africain, je le dois à Germaine Le Goff, une Blanche, une Bretonne de vingt ans. Ma mère biologique est décédée j'avais 12 ans. C'est donc Germaine qui a assuré mon éducation africaine. C'est elle qui m'a permis de rencontrer d'autres africaines venues d'ailleurs : ma meilleure amie s'appelait Thérèse Thomson, c'était une Togolaise ; ma deuxième meilleure amie c'était une Nigérienne, originaire du Mali, Diarra Coulibaly, qui s'était mariée après à Jerma Koy. Donc aucune Sénégalaise. Mais j'étais avec des Sénégalaises et à ma quatrième année, j'étais la présidente des Sénégalaises parce qu'on était regroupées par colonies, comme on le disait à l'époque. Germaine ne nous disait pas que nous étions Africaines. Non, elle nous gonflait d'orgueil, elle nous disait : « Vous savez, l'Afrique ne se développera pas sans vous, les femmes. L'Afrique compte sur vous ». Nous avions à l'époque entre 16 et 19 ans. Quand tu répètes cela chaque jour à une jeune fille de 16 ans, quand elle aura vingt ans, cela lui restera dans la tête. Pourtant elle n'était pas une universitaire, c'était une petite institutrice qui nous aimait : elle ne faisait pas semblant. Mais la pauvre, elle était en butte aux critiques des Toubabs qui disaient : « Ah ! Qu'est-ce qu'elle veut faire avec ces Négresses à qui elle apprend à se tenir à table, à faire ceci et à faire cela, avec leurs nœuds papillon sur la tête ?» Les Africaines disaient : « Mais celle-là, elle veut ramener nos filles à l'âge de pierre ou quoi ? Elle dit à nos filles : « N'ayez pas honte de vos tenues, de vos calebasses. » Si tu vas chez les Le Goffiennes, tu vois, c'est comme ici. Tu vois, moi, j'ai des écuelles, des calebasses, parce qu'elle nous a montré que nos valeurs sont celles de chez nous et pas celles d'ailleurs. En quatrième année on avait un stage qu'on appelait « La case ». C'étaient deux pièces dans l'école que des élèves de quatrième année, les futures institutrices, devaient meubler avec rien que du

matériel du pays. On ne devait rien y mettre qui venait de l'importation. C'étaient nos pagnes, nos calebasses, nos lits en rotin. La stagiaire devait vivre dans « La case » pendant deux semaines et devait transformer un-deux pièces, soit en un salon et une chambre à coucher, soit en deux chambres à coucher. Et puis quand l'ameublement était fini, elle recevait une note qui comptait pour une grande partie dans la note finale de sortie. Elle devait se débrouiller toute seule avec des cartons, des caisses, etc. Madame Le Goff disait : « lorsque vous allez sortir d'ici, vous serez affectées dans des écoles de brousse, là-bas il n'y a pas de meubles en bois de ceci ou de cela. Vous devez pouvoir rendre votre maison agréable avec les moyens du bord ». Madame Le Goff nous a donné le goût de la nature, elle nous a appris à être fières de ce que nous avions. Plus la présentation de « La case » était originale et mieux la stagiaire était notée. Alors on nous donnait l'autorisation d'aller en ville pour emprunter des canaris, des tabourets, des bancs, des calebasses, etc. on se faisait notre « case ». Nous n'avions pas de grands diplômes. Nous n'avions ni licence ni maîtrise, mais le peu que nous savions, nous le savions bien. Nous n'avions rien à envier à personne ».

Une autre Le Goffienne, Madame Raïma Aminou Alao Fary qui, pour des raisons de santé, n'avait pu prendre part aux rencontres, avait tenu à adresser une lettre aux étudiantes de la Cité Aline Sitoe Diatta et aux élèves de la Maison d'Éducation Mariama Bâ en ces termes :

Mes chères nièces et chères petites-filles

« Je me sens honorée à la réception de votre aimable invitation. Je suis sensible et heureuse à l'idée de votre initiative : le Réseau « Alliance des Initiatives Africaines pour la Paix et la Stabilité en Afrique de l'Ouest » puisqu'il a pour objectif majeur de fédérer les initiatives de Paix de la sous-région et particulièrement entre pays transfrontaliers.

Áliin Siitoye Jaata est une figure emblématique de l'Histoire[227] du Sénégal. Jeune femme de la Casamance, elle s'est battue pour la dignité et l'honneur de son pays comme un homme à l'époque où la colonisation ne pardonnait rien à la rébellion. C'était une femme de refus qui incarnait le courage et la bravoure.

Je salue votre action et votre reconnaissance à cette amazone, pionnière de la lutte contre l'oppression et pour la liberté et j'espère que vous allez porter son flambeau loin, plus loin.

[227] H en lettre capitale est de l'autrice de la lettre.

Le monde de nos jours a beaucoup changé surtout par le comportement de la société. À notre époque, lorsque nous avions votre tendre jeunesse, internées à l'École Normale des Jeunes Filles de Rufisque comme vous à la Maison d'Éducation Mariama Ba (Paix à son âme), vous, à la cité universitaire Aline Sitoe Diatta et dans d'autres internats de ce pays, grâce à Dieu, grâce à notre encadrement, à l'esprit d'abnégation, de tolérance, de respect de l'autre que notre chère Maman, notre Directrice, Madame Germaine Le Goff et les professeurs nous ont inculqué, la discipline étant de rigueur, nous ne connaissions ni les difficultés de la cohabitation ni celles de la gestion des tensions quotidiennes. La directrice s'occupait de la morale et de l'éducation civique, les professeurs s'occupaient de notre formation d'éducatrices.

Tous nous transmettaient de bonnes manières de savoir-être, de savoir-faire, de savoir-vivre. Notre école regroupait huit (8) colonies avec toutes leurs diversités, toutes leurs différences. Pourtant nous vivions en toute fraternité – dans une parfaite harmonie – chacune de nous respectait la différence de l'autre pour symboliser cette fraternité.

Pour interpeller l'autre, on se disait « Compagne » ou bien « ma Chère ». On tissait des liens d'amitié, une amitié qui, notre vie durant, se fortifiait puis se transmettait à nos enfants. Il suffisait qu'une Legoffienne arrive dans un des huit pays de l'A.O.F pour que toutes nos compagnes se retrouvent pour fêter l'arrivée de leur sœur. Durant mes quatre années d'internat, je n'ai jamais été témoin de disputes dans l'enceinte de l'École Normale. La discipline et la paix y régnaient.

Dans notre espace actuel, il n'y a plus de moralité. C'est la jungle, c'est la loi du plus fort, c'est le monde de l'argent, c'est l'égocentrisme.

L'Afrique regorge de potentialités. Il faut que ses enfants bénéficient de ses énormes ressources, qu'une minorité de sa population ne jouisse pas de tous ses biens. Il faut que, comme une famille, chaque membre ait sa juste part pour éviter les conflits. D'autre part, il y a la dépravation des mœurs en général ; les parents ont démissionné, ils ne s'occupent plus de l'éducation de base de leurs enfants qui sont à la charge des domestiques ou abandonnés à eux-mêmes. Ils traînent dans les rues, ce qui les expose à la délinquance, à l'agressivité, à la violence.

Pour y remédier, il faut que les parents se sacrifient pour sauver leur progéniture, la plus noble richesse du monde que le Créateur a bien voulu nous offrir. Pour qu'il y ait la paix, il faut que l'homme change de comportement et la paix s'installera au foyer. Il y a également les divorces qui déstabilisent l'équilibre des enfants privés de tendresse et d'affection parentales qui les poussent à la révolte. Il y a la pauvreté qui assaille les peuples et les rend vulnérables. Il y a les maladies qui déciment les populations. Il y a les guerres qui ravagent notre environnement et poussent les populations jeunes à s'exiler. Pour avoir la paix et la quiétude en Afrique, il faut que la justice fonctionne normalement et que la loi soit équitable pour tous. Que ceux qui ont de la fortune investissent dans leurs pays pour créer des emplois afin que les jeunes, espoir de la nation, du monde, trouvent du travail, restent chez eux pour mieux développer leur patrimoine. La jeunesse sans espoir d'un pays qui ne pense qu'à l'émigration sauvage cultive la ruine de son pays.

Que tous les enfants du Sénégal, de la sous-région et de toute l'Afrique-Mère se mobilisent pour former une chaîne de solidarité, d'entraide, de fraternité, de compréhension, de concorde et surtout de volonté agissante pour sauver notre cher Continent, l'Afrique, de tous les malheurs qui le minent.

Je vous souhaite grand succès pour vos travaux et courage pour la continuité de votre noble action.

Je vous prie d'excuser mon absence due à l'état de ma santé actuelle. Je vous soutiens de tout mon cœur. Recevez mes sincères sentiments d'aînesse. Je vous embrasse »

5.3 La jeunesse parle de Áliin Siitoye

Ayo Manga, une ancienne de la cité universitaire Aline Sitoe Diatta, venait de terminer ses études et s'apprêtait à entrer dans la vie active lorsque l'exposition au museau Théodore Monod s'annonçait. Elle prit tout de suite contact avec l'équipe du Gorée Institute pour demander l'autorisation d'y prendre part. Pour avoir, dans le passé, participé activement à l'organisation des journées culturelles de la Cité Aline Sitoe Diatta, elle possédait une expérience qu'elle voulait investir dans l'organisation des rencontres. Nous avions saisi l'occasion pour savoir ce qu'elle savait de la vie de Áliin Siitoye. Voici son témoignage :

> « Étudiante à l'université de Dakar, j'ai habité pendant toute la période de ma formation à la Cité Aline Sitoe Diatta. Ce que je retiens de la vie de Áliin Siitoye Jaata c'est l'intelligence avec laquelle elle a su s'opposer au colonisateur. En effet, dans le milieu jóola, la femme jouissait d'une place importante dans la société, ce sont les femmes qui en assuraient l'équilibre social.

> Ce sont elles qui détenaient la gestion du grenier familial ; c'est à la fille de la concession, même mariée loin de son lieu de naissance – et c'est souvent le cas – d'assurer le rôle de régulateur dans les relations entre les membres de la famille. Ses enfants pouvaient aussi régler des conflits dans la concession d'où leur mère est issue. Protectrice, la femme voyait les hommes s'adresser à elle lorsqu'un fléau s'abattait sur le village. Le mouvement de Aline Sitoe s'inscrit dans cette tradition. Face à l'exploitation coloniale que vivaient les siens à cette époque-là, Aline Sitoe se sentit investie d'une mission, celle de ramener les cœurs et les esprits aux valeurs culturelles et spirituelles qui fondent les sociétés du sud ».

Marie Paulette Sambou, une autre étudiante de la Cité Aline Sitoe Diatta, par ce poème implore la clémence divine pour ce que des hommes ont fait à d'autres hommes. Après cet épisode sombre de l'histoire de l'humanité, il était temps d'ouvrir d'heureuses perspectives qui passent par un droit à l'éducation pour tous les enfants du monde. Les chemins tracés par Lat Dior et Áliin Siitoye indiquaient ces perspectives et il était temps enfin qu'elles portent des fruits. Marie Paulette Sambou chante ainsi un véritable hymne aux droits :

> « Seigneur je suis un orphelin du monde,
> Un orphelin abandonné de tous
> Je suis fils de paysan au cœur meurtri
> Je suis fille de campagne vertueuse mais sans vie. Je suis homme à tout faire sans jamais comprendre, la vie c'est les autres
> Mais l'éducation, oui l'éducation.
> Je la veux au moins.
> Je la veux sans contrainte et sans condition.
> Alors dans la paix, je bâtirai la joie de vivre
> Et le matin très tôt devant le culte
> Je me prosternerai pour demander la clémence.
> La clémence Ô! Dieu de miséricorde ! Dieu.
> Pour tout ce que l'homme a fait d'abominable contre moi.
> Moi enfant d'Afrique,
> Moi enfant d'Amérique, d'Océanie
> Moi enfant d'Amérique, d'Asie
> Je revois mon enfance malheureuse là-bas
> Dans les forêts tumultueuses de la Casamance

Quoi ? Et cet enfant au dos ensanglanté d'Amérique du Sud
Cet enfant affamé d'Amérique Latine ?
Seigneur que je ne sois plus nourrie de sève amère De promesses illusoires.
Lat Dior a tracé le chemin de l'honneur
Et je revois en songe Áliin Siitoye, debout un sabre de paix à la main
Que faire de l'histoire des errements ?
Faisons-en celle des réalisations sans démesure
Oui, je veux vivre mes droits
Pour mieux faire mes devoirs ! »

Dossiers photos :
Rencontres et échanges autour de l’exposition

Banderole de l'exposition d'archives

Femmes de Edioungou, département d'Oussouye

Arrivée des étudiantes de la cité Aline Sitoe Diatta

Rencontre intergénérationnelle au museau Théodore Monod
Maria Diatta, … …, Annette Mbaye D'Erneville, … …

Rencontre intergénérationelle au musée
de la femme Henriette Bathily à Gorée

Paulette Sambou déclamant son poème : un hymne à l'éducation et à la paix

Des écolières dans une pièce de théâtre à Gorée

Des enfants de la troupe de théâtre Kaddu Yarax jouant une scène des problèmes que rencontrent les enfants issus de familles pauvres en ville. Thème : la santé des enfants entre les mains de charlatans. Juillet, 2007. (Photo : O. Tendeng)

La paix c'est aussi pouvoir grandir en bonne santé, nous apprennent les enfants. Juillet 2007
(Photo : O. Tendeng)

6. Le legs de Áliin Siitoye

6.1 Les organisations féminines, gardiennes de la tradition de lutte

6.1.1 La quête du leadership féminin

Dans son mouvement le *husarahak*, si Áliin Siitoye a suivi dans ses grandes lignes la tradition des organisations des femmes jóola, elle s'en est aussi en grande partie écartée : le *husarahak* n'était pas une organisation de femmes à proprement parler. Il avait englobé tous ceux qui cherchaient par un retour aux valeurs culturelles et religieuses à rendre stable la société dans laquelle ils vivaient. Une démarche par laquelle la pluie bienfaisante reviendrait et la santé du corps et de l'esprit se gagnerait.

À la différence des autres cultes implantés par des hommes et dont la responsabilité est confiée à des femmes, le mouvement du *husarahak* a été créé et implanté par Áliin Siitoye elle-même. Il était avant tout un mouvement qui devait pratiquer de nouveaux rites capables de faire tomber la pluie. C'est en cela que pour les membres de *husarahak* Áliin Siitoye était une « reine » puisque cette aptitude à faire tomber la pluie n'était dévolue jusque-là qu'à des hommes, les « rois-prêtres ».

La collision entre le mouvement du *husarahak* et les autorités coloniales viendra de ce que les règles et lois érigés par l'administration entravaient énormément la marche des sociétés. Les cultes et les manifestations culturelles qui fondaient la société étaient foulés aux pieds par ces autorités et leurs acolytes et la pression économique que ces mêmes autorités exerçaient sur les populations rendaient quasi-inévitable la thématisation de ces problèmes dans le *husarahak*.

Les mouvements qui se sont formés après Áliin Siitoye en Casamance en général et dans les autres parties du Sénégal, voire de l'Afrique, et qui se réclament tous de sa lutte et/ou de son esprit, retiennent dans leurs démarches à divers degrés ce que les fondatrices ou dirigeantes de leurs mouvements croient être une caractéristique du *husarahak* ou tout simplement du charisme de Áliin Siitoye. Pour les unes, Áliin Siitoye incarnait le refus de l'arbitraire et s'était battue pour la dignité de l'Africain ; pour les autres, elle représentait le leadership féminin, une femme qui incarnait ce que devait et doit être le combat des femmes : revendiquer ou à défaut arracher la place qui est la sienne sur l'échiquier politique et social de la communauté et/ou du pays ; pour d'autres enfin, elle était un symbole de solidarité, d'entente et de paix.

6.1.2 Contexte d'une implication dans le conflit en Casamance

Le « phénomène » Áliin Siitoye est apparu en Casamance en période de crise : une pluviométrie capricieuse, la Seconde Guerre mondiale dont les répercussions se sont fait sentir jusque dans les colonies avec les conséquences qu'elle avait générées que sont les réquisitions de riz et de bétail, le recrutement militaire, etc. Áliin Siitoye est, il faut le rappeler, le produit d'une société et de ses traditions : en milieu jóola, il existe des mécanismes de régulation de la société qui sont tout de suite mis en œuvre en période de crise. Les femmes avec leurs cultes constituent le pilier central de ce système de régulation. Leur engagement dans ce domaine n'est plus à démontrer. Les archives font état de plusieurs confrontations entre les autorités coloniales et les femmes jóola de Niambalang, Ayoune, Karounate, etc. Certaines de ces femmes ont été jetées en prison. C'était le cas des prêtresses de Ehuŋa, Ebediali et ses suivantes Ayimousso et Asangabo qui s'insurgèrent contre le recrutement militaire et le payèrent lourdement[228]. Benjamin Diatta, cheville ouvrière du recrutement qui témoignait ce jour-là contre elles fit un tableau peu reluisant de leur engagement. Retirées derrière les forêts qui abritent leur sanctuaire, les femmes complotent contre les hommes chargés du recrutement, dira-t-il en substance[229].

En 1915, des femmes de Karounate provoquèrent par des insultes et des propos humiliants la défection de recrues qui devaient être conduites à Ziguinchor, humiliant par la même occasion le commandant de Coppet qui était chargé de leur transfert. Le rapport qu'il fit de la situation à son successeur sonne comme un aveu d'impuissance face à ces femmes qui semblent avoir opté par tous les moyens d'entraver à leur manière l'action de l'administration coloniale :

> « Que nous le voulions ou non, nous devrons compter avec elles et nous pouvons être certains de les avoir toujours contre nous (…). Paisibles et douces d'ordinaire, ce sont, dans les moments de crise, de véritables énergumènes qui, par leurs injures, affolent les hommes et les poussent à commettre les pires excès[230].»

---

[228] ANS, 13 G 13 (17), Tribunal d'Oussouye, jugement n°13, 193. Ebédiali : condamnée à 15 mois d'emprisonnement, mille francs d'amende, 5 ans d'interdiction de séjour et à la confiscation de ses biens. Ayimousso : condamnée à 8 mois d'emprisonnement, 370 francs d'amende, 2 ans d'interdiction de séjour et à la confiscation de ses biens. Assangabo : condamnée à 4 mois d'emprisonnement et 300 francs d'amende.

[229] *Idem.*

[230] ANS, 1Z 98, Rapport politique du commandant de Coppet, 1917.

Plus près de nous, à la manifestation du 26 décembre 1982 organisée par le MFDC et qui s'est transformée depuis lors en conflit armé, certaines d'entre elles marchaient aux côtés des hommes. Ce sont ces mêmes femmes qui, deux ans auparavant, avaient contribué à mettre fin à une grève scolaire qui avait coûté la vie à un jeune lycéen. En effet, la grève déclenchée à la fin de l'année 1979 par les élèves du Lycée Djignabo pour revendiquer de meilleures conditions d'étude et de séjour à l'internat se transforma très vite en émeutes : la maison du proviseur fut saccagée et celle du maire de la ville incendiée. En janvier 1980, les élèves des autres écoles de la région entrèrent dans le mouvement de protestation et firent face aux forces de défense de sécurité qui s'étaient déployées dans la région. C'est au cours d'une de ces confrontations que le jeune lycéen Idrissa Sagna, âgé de 15 ans seulement fut tué. C'est à ce point de la contestation que les femmes firent irruption dans la scène. Elles organisèrent une marche pacifique jusqu'à la gouvernance pour réclamer l'arrêt des violences et le départ du proviseur et de son intendant. Ce qu'elles obtinrent. Elles convoquèrent ensuite les élèves en assemblée et obtinrent d'eux la reprise immédiate des cours. Les femmes des Usana ont puisé en cette occasion dans le patrimoine culturel et religieux de leur terroir les mécanismes qui leur ont permis de résoudre le conflit et de pacifier la région. Les mêmes outils permettront-ils de résoudre le conflit en Casamance ?

Depuis le déclenchement du conflit en Casamance, un faisceau d'organisations de la société civile s'est impliqué activement dans la recherche de la paix dans la région naturelle de la Casamance dévastée par un conflit qui dure depuis quarante ans. Au tournant de l'année 1990, le conflit prit une tournure violente, les confrontations entre les militaires et les combattants du MFDC devenaient de plus en plus réguliers et de plus en plus sanglants. Des villages considérés par l'armée sénégalaise comme des soutiens à la rébellion ou, par le MDFC comme des traîtres à la cause indépendantiste, sont détruits. Pour freiner l'avancement de l'ennemi, des mines antipersonnel sont posées par les deux belligérants. Cette situation obligea des populations, notamment celles qui habitent le long des frontières de Gambie et de Guinée-Bissau, à abandonner leurs terres pour aller se réfugier ailleurs : Ziguinchor, Gambie, Guinée-Bissau, etc. Depuis lors, des villages entiers ont complètement disparu de la carte du Sénégal.

Près de dix ans après la marche de 1982 du MDFC qui a déclenché le conflit, tous les observateurs du conflit se sont vite rendu compte qu'aucun des belligérants n'était capable de mettre un terme à la guerre dont les conséquences avaient fini par toucher toutes les couches de la société.

Les organisations de femmes, certaines toutes jeunes, d'autres issues de la longue tradition des *usana* (pluriel de *busana* ou *husan*a selon le parler jóola et qui signifie fromager), se sont alors impliquées, d'abord pour soulager tous ceux qui ont tout perdu et leur apporter un appui ; ensuite en s'impliquant de plus en plus dans la recherche de la paix en organisant des manifestations pour demander la cessation des hostilités, l'arrêt des brutalités commises sur les populations, notamment les femmes et les enfants et l'implication des femmes dans la recherche de la paix en leur faisant place aux tables de négociation qui se tenaient de temps à autre, ici et là. Dans cette démarche, chaque organisation y allait avec les outils qu'elle détenait. Les unes partant du principe que le conflit avait été déclenché en majorité par des combattants de l'ethnie jóola, il leur semblait plus indiqué de le résoudre avec les outils que propose la tradition jóola ; les autres, en revanche, mettant en avant la revendication indépendantiste des combattants, ne voyaient rien de traditionnel dans le conflit qui se déroulait en Casamance. C'est en cela qu'il prônait l'utilisait des mécanismes de rétablissement de la paix proposés par les instances internationales, notamment l'ONU. Très vite, des différences d'approche, d'entendement, d'objectif et de leadership opposèrent les responsables des mouvements de femmes.

En effet, le conflit était devenu très complexe. La revendication d'indépendance que posait le MFDC faisait entrer en jeu d'autres acteurs et exigeait d'autres compétences et/ou d'autres outils. Mais le conflit avait aussi largement détérioré le tissu social. Pour régler de vieilles querelles de fonciers, des disputes ou des rivalités politiques, certains n'ont pas hésité à dénoncer des amis, des proches ou des membres d'un même village auprès des militaires en les faisant passer pour des pourvoyeurs de fonds ou des convoyeurs d'armes ou, auprès du MFDC, en les traitant de collaborateurs. Dans les heures ou les jours qui suivaient, les personnes en question étaient tuées ou enlevées, torturées puis relâchées ou disparaissaient à jamais. Une situation qui n'a pas épargné les femmes même si, il faut le souligner, beaucoup plus que les femmes, ce sont surtout les hommes qui ont été massivement victimes d'enlèvements, de meurtres, d'exécutions sommaires. Le règlement de ces conflits communautaires exigeait donc une bonne connaissance des outils de gestion de conflits de type traditionnel, et ce d'autant plus que, pour la conduite à terme de leur projet, les initiateurs de la marche de 1982 qui allait aboutir au conflit que nous connaissons, auraient conclu un pacte devant des sanctuaires religieux traditionnels. Alors, comprendre et prendre en charge le système de pensée des protagonistes au conflit n'est pas une futilité. Il s'agit donc, dans le cas de figure, de réunir des compétences tant sur la géopolitique du conflit que sur les traits culturels et sociaux des sociétés du sud.

Au début des années 2000, la mobilisation des femmes s'accrut. Leurs revendications allaient de l'appel pour une cessation du conflit à l'implication des femmes dans le processus de paix jusqu'ici dominé par des hommes. Dans cette foulée naquit une plateforme d'organisations de femmes qui prit le nom de Plateforme des Femmes pour la Paix en Casamance (PFPC). Forte de ses 25 000 membres, la plateforme se fixe alors comme objectif de peser de tout son poids sur le processus de paix et de se hisser ainsi au rang d'actrices incontournables dans le règlement du conflit.

6.1.3 Célébrer Áliin Siitoye au XXIe siècle

En 2020, à l'occasion du 10e anniversaire de sa fondation, la Plateforme des Femmes pour la Paix en Casamance (PFPC) a produit un livret biographique destiné à faire connaître le bilan de ses activités. Dans le livret, la Plateforme dit vouloir : « s'inspirer des œuvres de Aline Sitoé Diatta et ambitionne de perpétuer son héritage[231].» Et la présidente de la Plateforme d'ajouter :

> « Aline Sitoe est pour nous la pionnière de toute femme de la Casamance engagée sur le plan social et politique. Elle a œuvré pour la préservation du bien-être des fils et filles de la Casamance au prix de sa vie.
>
> Elle demeure un modèle d'engagement pour nous. Son héritage est qu'aucune femme ne doit se taire sur les affaires de la société. La femme doit s'intéresser à la chose sociétale, œuvrer pour le bien-être de tous et la cohésion sociale[232].»

Arrêtons-nous un instant sur cette déclaration et jetons un regard dans le rétroviseur. Quelle œuvre et quel héritage Áliin Siitoye a-t-elle légué à la postérité ? Ainsi indiqué plus haut, Áliin Siitoye était d'abord et avant tout une prêtresse dont la mission première était d'enseigner aux peuples qui venaient à elle les rites qui apportent la pluie. Cette mission, elle dit l'avoir reçue de Dieu. Elle soutiendra cette assertion au début de sa mission quand bien même ses proches disaient qu'elle était

[231] Livret biographique de la Plateforme des Femmes pour la Paix en Casamance. Septembre 2020.

[232] Entretien avec la présidente de la Plateforme des Femmes pour la Paix en Casamance (PFPC).

folle. Et c'est cette même assertion qu'elle opposera le 1er avril 1943 à son juge devant lequel elle n'a pas nié avoir « dit quelque chose contre le Blanc[233], mais elle l'avait dit parce que c'était un ordre divin ». La « mission » l'avait amenée en effet à s'exprimer sur les décisions politiques de l'administration coloniale. Faire tomber la pluie, c'est permettre de remplir à nouveau les greniers ; fournir une réponse aux sollicitations des populations quant à ce qui concernait l'attitude à adopter face aux décisions de l'administration coloniale faisait également partie de la mission : « C'est Dieu qui me l'a fait dire » dira-t-elle à l'interrogatoire. Cette double mission réarmait psychologiquement sans doute tous les gens qui venaient à elle.

C'est sur ce second point qu'elle est entrée en collision avec l'administration coloniale. Était-ce une démarche délibérée ? Ou était-elle inhérente à la responsabilité liée au culte ? « C'est Dieu qui me dicte ce que je dois dire » a-t-elle toujours dit en substance. Ce n'est pas un choix délibéré, c'est Dieu qui a pris possession de sa vie et qui lui dictait les actes qu'elle posait et les paroles qu'elles prononçaient. Cela faisait partie de la mission.

L'approche stratégique du *husarahak* était de réunir autour d'un même culte hommes, femmes et enfants d'ethnie différente alors que la règle générale était jusque-là d'établir les cultes selon les sexes. Et les étrangers étaient, comme toute personne non initiée, exclus du rite.

Contrairement à ce que semblent suggérer les rapports du commandant Sajous, Áliin Siitoye n'était pas une cheffe de guerre, même si ces propos ont pu galvaniser ceux qui, de toutes les manières, n'entendaient pas du tout se plier aux règles mises en place par les colons. Le leadership de Áliin Siitoye, il faut aller le chercher ailleurs. Pour la fonction de prêtresse qu'elle a exercée, Áliin Siitoye n'avait été ni introduite, ni intronisée par personne ; le culte du *kasarahak*, elle ne le tenait ni de la communauté, ni d'un homme, comme il est de coutume dans cette région et il n'était pas non plus issu d'un autel-maître. Elle était à l'origine de son culte et était, pour cette raison, la seule à pouvoir assurer à d'autres la formation qui permet de l'organiser ailleurs qu'à Kabrousse. C'est pourquoi tous ceux qui voulaient installer le culte du *kasarahak* chez eux envoyaient des émissaires à Kabrousse pour apprendre les paroles et les gestes du culte. C'est à ce titre que les adhérents du *kasarahak* lui avaient donné d'ailleurs le titre de reine[234].

[233] ANS 11D1/226.

[234] Explication tirée d'un entretien à Diembering, à Oussouye et à Kabrousse.

Un titre qu'elle n'avait hérité ni par sa naissance, ni par son mariage. Elle l'était parce que d'une part, on lui prêtait la capacité à faire pleuvoir, ce qui était une prérogative des « rois-prêtres », et d'autre part, parce qu'elle avait su ériger un autel-maître qui avait un rayonnement au-delà de sa sphère d'origine et une envergure comparable à ceux dirigés par des rois-prêtres.

En dehors de Áliin Siitoye, plusieurs autres compétences s'activaient autour de husarahak : des anciens combattants, ceux qui comme elle, avaient eu une autre expérience, une expérience de l'ailleurs et du contact avec d'autres ; des hommes et des femmes responsables de lieux de culte ; de simples citoyens et citoyennes occupés à diverses tâches. Tous ont été appelés à faire partie de l'équipe du husarahak par Áliin Siitoye elle-même. Une manière de renforcer son leadership dans le domaine qu'elle venait d'investir.

Voici brièvement résumés les traits saillants de l'héritage que Áliin Siitoye a légué à la postérité. À première vue, le *husarahak* était plutôt tourné vers le bien-être social : faire pleuvoir pour que les greniers se remplissent à nouveau. Les témoins de l'époque, de même que sa famille le répétaient sans cesse :

> « La mission de Áliin Siitoye était de faire des cérémonies pour ramener la pluie afin que nous puissions avoir à nouveau du riz. Beaucoup de riz.»

Symbole de richesse au même titre que les bœufs, avoir un grenier plein de riz est signe de courage et d'endurance dans le travail ; signe de la dignité qui force le respect de ses semblables ; preuve de fidélité à la parole des ancêtres. Le riz est la céréale de choix lors des cérémonies d'introduction d'un enfant au sanctuaire familial ; on l'emporte lorsqu'on rejoint le séjour des morts. Elle est aussi présente à toutes les autres étapes de l'individu. Enfin, le riz reste la céréale de base de la nourriture du jóola. Manger, c'était, et c'est aujourd'hui encore le cas, d'abord manger du riz.

Permettre de fructifier la terre qui porte cette céréale, c'est assurer la sécurité alimentaire, rester dans la tradition et resserrer ainsi le lien avec les ancêtres qui sont les garants de l'équilibre de la communauté. La cohésion sociale s'en trouvait ainsi préservée. Áliin Siitoye a largement suivi les rites de la tradition pour tout ce qui concerne la stabilisation d'une communauté ou d'un village par les rites qui apportent la pluie. Mais Áliin Siitoye n'était pas une traditionaliste au sens où on pourrait l'entendre aujourd'hui. Elle s'était écartée bien souvent de certaines formes figées de la tradition comme la séparation des cultes pour homme et femme, l'implication et la prise de responsabilité de tous, sans distinction de sexe ni d'âge et la participation au culte de l'étranger qui passe. À l'administrateur colonial qui passait pour lui signifier qu'elle était surveillée, Áliin Siitoye entrait dans le registre moderne et servait à ses hôtes ce que le monde moderne offrait de meilleur : du vin. Elle organisait des danses en son honneur. C'était peut-être une invite au dialogue des cultures ? Mais les autorités coloniales, coincées dans leurs certitudes, n'ont jamais su décoder le message.

7. Deux autres facettes du legs

1. Surpasser la peur pour se (re) mettre en mouvement

Par sa démarche et les initiatives qu'elle a prises, Áliin Siitoye était ce qu'il est convenu d'appeler aujourd'hui une « passeuse de frontières ». Sans nul doute, avait-elle conscience de l'état de déchirement dans lequel la société de son époque s'était installée. Les crises consécutives aux différents courants qui traversaient la société l'avaient rendue fragile. La colonisation et les traumatismes qu'elle a causés, les efforts de guerre auxquels les populations devaient contribuer de gré ou de force, les conversions aux religions nouvelles qui avaient installé la division au sein des familles, voire des villages, tout cela contribua davantage à déchirer le tissu social. Comment sortir de ce traumatisme ? Comment remettre la société en mouvement ? Comment la sortir de ses peurs et de ses angoisses ? Pour le faire, Áliin Siitoye créa un culte qui est en lui-même profondément travaillé par un syncrétisme religieux. Sans renoncer à ce qui constitue profondément le culte des ancêtres, elle emprunta des pratiques aux deux principales religions nouvellement installées dans le pays. L'islam et le christianisme. À la base de la construction de son culte, il y a *sarax*, un mot issu de la langue wolof et qui a donné dans la langue Eer les termes *husarahak* et *kasarahak*. Le *husarahak* indique à la fois le lieu de culte et le mouvement, alors que le *kasarahak* signifie l'organisation pratique de la cérémonie qui offre la pluie. Le *sarax* a une fonction purificatrice. Il repousse les mauvais esprits et conjure le mauvais sort. Dans le culte du *husarahak*, le *sarax* est un don qui purifie et permet d'obtenir les faveurs de *báliba*. Ainsi que cela se fait dans les rites propres à la tradition jóola, en remerciement de ce qu'on a reçu, on offre à *báliba* en retour ce qu'on a de plus cher : le sang des bœufs, des porcs, des galettes de riz.

Au christianisme, Áliin Siitoye doit ses assemblées d'hommes, de femmes et d'enfants partageant un repas communautaire et chantant en chœur des jours durant. Un lieu d'incantations pour obtenir de *báliba* la pluie bienfaisante, mais aussi un espace d'échange social et politique et d'apprentissage. Áliin Siitoye y faisait entrer les gens dans le monde moderne, tout en leur faisant comprendre l'importance de leurs traditions. Cela passe par les rites qu'elle leur apprenait, les paroles qu'elle prononçait.

Dans le répertoire des chants, il y avait certes une séparation entre le profane et le religieux. Pendant les danses, le chant religieux faisait souvent place au chant profane pour aborder des thèmes qui, même s'ils ne sont pas la raison première de l'organisation du *kasarahak,* avaient tout de même leur place dans la cérémonie puisqu'ils préoccupaient les pèlerins : la réquisition de riz et du bétail, les impôts et le recrutement. Le chant que voici en est une illustration :

Ateemit nane jinelo kajo soj isen kumandang
Dieu a dit d'arrêter de les prendre (les bœufs)
pour les remettre au commandant ;
Husoyhih husoyhi husoyhi baba
Prendre sans demander,
prendre sans demander,
prendre sans demander là-bas (dans les paturages).

Le fait colonial s'invitait toujours ainsi dans le *kasarahak*, quelle que soit la raison première qui réunissait les gens chez Áliin Siitoye. Comme le *kasarahak* s'organisait dans un contexte colonial, la prêtresse Áliin Siitoye, ne pouvait pas faire comme si la colonisation n'avait pas d'impact sur les gens. Dans son rôle de *passeuse de frontières*, elle se devait d'amener les gens à surpasser la peur qui les rendait immobiles ou qui les poussait à adopter des attitudes qui ne correspondaient pas à ce qu'ils étaient. La mise ou remise en mouvement supposait la revitalisation des rites qui ré-implantaient les gens dans leur terre – ce qui leur permettraient de reprendre racine sur cette terre où on leur avait dit que leur religion n'était que superstition et leurs cultures primitives – et dans les valeurs spirituelles et culturelles qui font du sens. Comme nous l'avions dit plus haut, Áliin Siitoye n'idéalisait pas la tradition. Elle en prenait ce qui en faisait l'essence pour produire du mouvement.

Dans sa démarche, elle cherchait à renouveler ce qu'elle considérait comme inadapté au monde dans lequel les populations étaient brusquement rentrées. Les témoins de l'époque parlaient des exigences qu'elles formulaient quand les gens devaient venir pour participer au *kasarahak.* Elle insistait sur l'hygiène corporelle, l'entretien de bons rapports sociaux (les guerres entre quartiers ou même entre clans faisaient légion à l'époque). « La première arme contre le colon c'est l'estime de soi. Et elle commence par l'hygiène corporelle », disait-elle. Lorsque sa sœur nous racontait cela en 2005 au cours d'un entretien, elle s'étonnait encore du savoir que possédait sa sœur. Pour beaucoup de gens à Kabrousse ou ailleurs, tout cela était nouveau. Elle cherchait ainsi à produire un nouveau savoir et un bien-être social.

2. Mettre ou remettre en mouvement un peuple traumatisé

Le *husarahak* est né dans un contexte colonial dont les agissements s'en sont trouvés exacerbés par la Seconde Guerre mondiale. Le traumatisme causé par la réorganisation de la vie des gens : le recrutement pour un service militaire ; les impôts dont on ne comprenait pas véritablement le sens et qui apparaissaient plutôt comme un rapt, la volonté délibérée de fouler aux pieds tout ce qui a constitué jusqu'à l'arrivée du colonisateur l'essence même de la vie, sans oublier l'effet des religions nouvelles qui pesait sur les relations humaines. Des familles s'en sont trouvées divisées, les fondements religieux du système de gouvernance se sont effondrés. À tout ceci est venu s'ajouter une météo capricieuse qui, d'une année sur l'autre, n'offrait pas l'eau nécessaire à la culture du riz. Alors que les greniers étaient quasi vides, les administrateurs continuaient à réclamer aux populations, comme contribution à l'effort de guerre, du riz qu'elles n'avaient plus. Les gens se trouvaient ainsi pris à la gorge par l'étau de la servitude. Comment le desserrer?

Le travail de remise en mouvement pensé par Áliin Siitoye était vécue par les populations comme une sorte de thérapie collective. « Une ère de bonté et de partage allait commencer si nous procédons au *kasarahak* tel que Dieu me l'a indiqué », dira-t-elle. Sa sœur Dembulo dira :

> « Pendant le *kasarahak* on a chanté, on a dansé, on a tellement chanté que lorsqu'on s'arrêtait de le faire, on avait l'impression que les arbres continuaient, eux, à chanter ».

Puis elle ajouta ceci :

> « et nous nous sommes parlé, nous avons échangé, nous avons appris les uns des autres ».

Il ne s'agit pas bien entendu de rester prisonnière de la pensée et de la démarche de Áliin Siitoye, mais d'en saisir l'esprit et l'essence pour l'appliquer à la situation dans laquelle on se trouve aujourd'hui. Elle-même a procédé de la même manière. Elle s'est appuyée sur la tradition tout en sachant rompre avec elle, pour reprendre l'expression du philosophe Souleymane Bachir Diagne (RFI, 2022).

Une accalmie après quarante ans de conflit armé a offert aux organisations féminines de la société civile l'opportunité de mettre en place des mécanismes pour gérer les conséquences du conflit : essayer de satisfaire les besoins primaires des populations déplacées ou tout simplement appauvries par la situation de conflit, avec des terres minées limitant ainsi les possibilités de tirer d'elles les moyens de subsistance.

Le petit éclairci qui s'est manifesté ces derniers temps avec la signature d'un accord de paix entre une fraction du MFDC et l'état du Sénégal n'a cependant pas permis de lever la situation de « ni paix, ni guerre » dans laquelle s'est installée la région depuis 2000. La région fait face d'une certaine manière au statu quo. Malgré tout, le travail de remise en mouvement doit se faire – et se fait – dans ce cas de figure, dans le creux de la vague. Áliin Siitoye n'avait pas attendu la fin de la colonisation pour mettre en place le *husarahak*. Le *husarahak* est né en pleine crise, à une période charnière, dans la colonie. Quel aurait été l'avenir de la colonie si Hitler avait gagné la guerre ? Aurait-on vu un colon remplacer un autre ? Et qu'aurait-on fait dans ce cas ? Attendre ou agir comme l'a fait Áliin Siitoye ? Le *husarahak* avait entre autres ambitions de mettre fin à la colonisation. Les paroles de prophéties qu'énonçait Áliin Siitoye « la colonisation allait prendre fin, tous les *Blancs* allaient rentrer chez eux, Benjamin Diatta allait reprendre le commandement de la province » qui aujourd'hui paraissent naïves ont pourtant su insuffler un élan de dynamisme à tous ceux qui voyaient en elle la promesse de lendemains meilleurs.

La « Paix » qui se négocie entre les belligérants du conflit en Casamance doit être soutenue par des initiatives de « paix d'en bas », celles qui reconstruisent le tissu social, celles qui, par le moyen des mécanismes endogènes, remettent en route des processus de réconciliation à l'échelle des villages et des communes. La paix d'en bas est celle qui amène « les gens à se parler, à échanger et à apprendre des expériences des uns des autres – même des expériences parmi les plus douloureuses – pour produire la société qu'ils veulent voir advenir après le conflit. Cette paix est plus difficile à faire et c'est celle qui demande beaucoup plus de temps, d'empathie et de patience. Mais c'est cette paix-là qui permet la mise ou remise en mouvement.

3. Leçon du legs d'Ásiitoye : avoir un esprit créatif à perpétuer

Contre la pression sociale, culturelle et économique exercée sur les populations par les colonisateurs, Áliin Siitoye inventa le *husarahak*. Nous ne le répéterons jamais assez. Le retour de la pluie qu'elle promettait permettrait de remplir à nouveau les greniers, d'adopter d'autres attitudes face aux agissements du colonisateur et, ces promesses qu'elle disait détenir de Dieu, redonnaient de l'élan aux pèlerins et les libéraient d'une certaine pression psychologique. Elle articulait ainsi, d'une certaine manière, l'économique, le culturel, le politique et le spirituel. Pour créer cet espace de rencontre et d'échange, Áliin Siitoye a su largement puiser dans ses propres traditions, mais aussi dans celles des autres.

Rapportée à l'échelle des organisations féminines qui évoluent sur le terrain du conflit en Casamance, la démarche de Áliin Siitoye suggère de penser les processus de remise en mouvement à partir des dynamiques socioculturelles locales tout en s'ouvrant aux apports extérieurs qui les enrichissent et les fécondent. La Casamance a toujours été une société plurielle et elle le restera : les sociétés dites « acéphales » côtoient celles aux systèmes hiérarchiques dans l'espace social, le *kankurang* des Mandingues côtoient le *kumpo* des Bainunck et le Sabar des Wolof, le *búgarabu* du Fóoñi, le *baxan* et *jíindum* du Mof Ávvi, le balafon des Balantes, le *bombolong* du Kassa et des Mankagnes, etc[235]. Qui, en Casamance, n'a pas dansé au rythme de la musique de l'autre ? Comme nous le voyons, les dynamiques socioculturelles sont et resteront les maillons forts de la cohabitation en Casamance.

Il s'agit, comme l'a dit Dembulo Diatta, la sœur de Áliin Siitoye, d'utiliser ces maillons pour créer les conditions qui « amènent les gens à se rencontrer et à se parler, à se confronter pour se réconcilier avec eux-mêmes et avec les autres ». Tout comme à l'époque de Áliin Siitoye, il faut ouvrir des opportunités qui permettent de recueillir, d'analyser toutes les préoccupations et/ou frustrations, qui ont conduit

[235] Voir à ce propos la conférence de Raphaël Ndiaye, chercheur à Enda, dans le cadre du séminaire organisé à Saly le 30 et 31 août 2008 par l'Alliance pour la Paix en Casamance (APAC) et AECOM. Titre de la conférence : « De quelques valeurs culturelles de la Casamance et de leur prise en compte dans la construction de la paix. »

au conflit, qu'elles soient d'ordre politique, social ou économique ou les trois à la fois et proposer des voies de sortie de crise.

La remise en mouvement des populations – qu'elles se fassent exclusivement avec les femmes ou qu'elles le soient selon le modèle de Áliin Siitoye – hommes, femmes et enfants, tous ensemble – doit être basée, nous semble-t-il, sur une bonne articulation entre les traditions culturelles locales et les paramètres modernes de remise en marche d'une société en situation de post-conflit. L'une des méthodes ne peut aller sans l'autre. Les mécanismes issus de la tradition ne sont pas un remède miracle. On se doit de mener une réflexion profonde sur ces traditions pour savoir ce qu'elles offrent comme solution dans une situation de sortie de crise et, à défaut, les compléter ou les remplacer par d'autres plus modernes ou plus performantes. La même observation vaut aussi pour les outils modernes de stabilisation d'une société. Conçus ailleurs, ils ne sont pas non plus forcément la panacée universelle. Ils méritent un examen approfondi pour en élargir la compréhension et surtout, pour une intégration plus adaptée dans les valeurs culturelles des gens pour qui ils sont destinés.

En plus de favoriser la cohésion sociale pour une paix durable, les rencontres d'échanges permettraient de soulever des questions-clefs, de mener une analyse conjointe de la problématique qui se pose, de créer et de tester de nouvelles approches.

À ce propos, les universités, notamment l'université Assane Seck de Ziguinchor, pourrait à cet effet jouer un rôle prépondérant. Comme Áliin Siitoye, il s'agit d'aller à la recherche de compétences pour renforcer le travail de stabilisation à mener. L'université Assane Seck de Ziguinchor a produit entre autres d'intéressants travaux sur le conflit en Casamance. Il s'agira, peut-être, pour les organisations féminines qui travaillent à la stabilité de la région, de nouer une collaboration avec l'université et de créer une plateforme d'échange et de réflexion vers laquelle les organisations feraient remonter les difficultés rencontrées dans le déroulement des actions sur le terrain. Les chercheurs pourraient se saisir des questions et proposer des réponses. Des ateliers de renforcement de capacités et une approche plus appropriée à la problématique pourraient naître de telles rencontres.

CONCLUSION

Sans qu'aucune personne parmi toutes celles qui se réclament d'elle ne puisse mettre un visage sur son nom, Áliin Siitoye est et reste une icône de la société sénégalaise, voire du monde. Journalistes, femmes et hommes de lettres, animateurs culturels, organisations de la société civile, tous ont traité l'histoire de Áliin Siitoye sous forme de romans, de pièces de théâtre ou pris des bribes de son histoire pour en faire un programme de travail. D'autres ont tout simplement donné son nom à des institutions ou à des organisations, voulant ainsi relever le caractère de combattante, d'icône de la paix et de la solidarité ainsi que du féminisme qu'on lui prête.

Toutes ces démarches ont contribué à installer dans la conscience collective une image de Áliin Siitoye qui correspond généralement à ce que chacun croit savoir d'elle. Quant aux productions littéraires et culturelles, elles ont permis de donner une légitimité définitive à son histoire.

Les témoignages qui ont été à la base de ce travail ont permis de montrer que l'histoire de Áliin Siitoye est plus complexe que le laissent supposer certaines affirmations. Áliin Siitoye se considérait d'abord comme une prêtresse ou, pour employer ses propres termes, une « messagère » de Dieu. Et, en tant que telle, par des rites et la « parole » qu'elle disait détenir du Dieu qui l'habitait, elle avait pour mission d'aider à retrouver l'équilibre d'antan pour permettre le retour de la pluie pourvoyeuse d'abondance et de richesse. Puisant sans doute une force ou plutôt la certitude que le Dieu qui avait fait d'elle sa « messagère » la protègerait, elle s'était autorisée à parler des problèmes politiques auxquels la société était confrontée.

Áliin Siitoye était, du moins dans le Eer, une prêtresse exceptionnelle en ce sens qu'elle s'était faite toute seule. Son *bákiin* ne venait de nulle part et ne lui avait été apporté par personne. Elle disait le détenir de Dieu. Et c'est avec cet argumentaire qu'elle l'avait introduit dans son village et dans le reste de l'ancienne Province d'Oussouye. À ce titre, Áliin Siitoye se donnait toute latitude d'ajouter ou de retrancher à la forme traditionnelle d'un *bákiin* les fonctions qu'elle entendait donner à son *bákiin* afin d'opérer des changements dans ce milieu profondément rural. L'un de ces changements est l'aspect vestimentaire et l'hygiène du corps. Il fallait être propre et être animé de bonnes intentions pour prendre part au *kasarahak.* « Soigner son aspect extérieur était un moyen de reconquérir sa dignité et de forcer le respect des autres », aurait-elle dit. Elle liait le soin du corps à celui de l'esprit. Les pratiques de sorcellerie devaient être combattues au moyen du mot d'ordre : « être propre dans son corps et dans son esprit ». Áliin Siitoye en avait fait d'ailleurs une exigence pour participer au *kasarahak.* Les témoins de l'époque entendaient cette exigence comme une forme d'éducation aux modes de vie en vigueur dans le monde moderne. « C'est par ce moyen qu'elle ouvrait nos esprits au monde nouveau qui se présentait à nous », disaient-ils.

Áliin Siitoye ne s'en arrêtait pas là. Le Dieu qui avait pris possession de sa vie et qui employait son corps et sa voix pour ramener l'équilibre d'antan, c'est ce même Dieu qui, disait-elle, lui dictait ce qu'elle devait dire et c'est ce qu'elle fit en lançant le message qui suit aux auxiliaires de l'administration : « Arrêtez de prendre les biens des gens pour les remettre au commandant, n'allez pas là-bas, là-bas dans les pâturages pour prendre le bétail des gens, sans aucune autorisation[236] ». Par ces propos, Áliin Siitoye mettait les pieds en plein dans le système économique et politique colonial. Essayons de nous imaginer la portée de ce message : dans la religion traditionnelle, une interdiction de ce genre a un caractère contraignant. Tous ceux issus du milieu, et c'est le cas de certains auxiliaires de l'administration, devaient en principe se plier à cette interdiction. Imaginons alors que les auxiliaires de l'administration entendaient ainsi le message et se mettaient tout d'un coup à le prendre à cœur et à ne plus exécuter les ordres qui consistaient à prendre les biens des gens pour les remettre au Commandant tout simplement parce qu'ils représentaient la force. Allons encore plus loin et imaginons que les autorités coloniales se mettaient tout d'un coup à dialoguer avec les populations, à demander au lieu de s'autoriser à prendre par la force, à solliciter l'avis des populations sur le recrutement, la vente des vivres et les travaux dits d'intérêt public, bref à tenter de comprendre au lieu de s'imposer. Une utopie qui ne correspond pas du tout à une politique d'occupation. C'est pourtant ce que suggérait Áliin Siitoye dans sa démarche. Si l'on en croit les propos des témoins de l'époque, elle aurait exprimé en toute clarté cette préoccupation :

[236] Voir la chanson « Jinelo kajoso jisen Kumandang » reproduite dans ce travail, notamment en son chapitre IV.

« Quand on veut quelque chose de quelqu'un d'autre, on le lui demande. On ne prend rien par la force[237] », aurait-elle dit. Ce qu'elle demandait était pourtant de l'ordre du possible : il fallait se parler afin d'entretenir des relations humaines saines. Les auxiliaires de l'administration chargés de la basse besogne savaient ce que signifiait : « Dieu a dit que… ». Quand Dieu interdit quelque chose, on s'interdit de le faire. La forte pression psychologique contenue dans son chant leur était destinée afin de les amener à arrêter les abus de pouvoir.

Parmi les changements majeurs qu'elle avait apportés, on peut noter l'idée de consommation d'une eau potable. La mare *kagiil* était un point d'eau où la population de Kabrousse s'approvisionnait pour les besoins domestiques, mais c'est aussi là que les animaux venaient s'abreuver. Elle conçut donc l'idée de séparer par une clôture une partie de la mare pour en faire un point d'eau à usage exclusivement domestique. Les animaux devaient avoir dans cette mare leur propre abreuvoir et ne devaient en aucun cas avoir accès au point d'eau où la population s'approvisionnait. La mare fut alors séparée en deux : la partie exclusivement réservée au besoin en eau potable de la population fut clôturée de bois de palétuvier, le même bois qui clôture le lieu de *kasarahak*[238]. D'après les récits des témoins, Áliin Siitoye considérait que l'eau de *Kagiil* était non seulement saine, mais qu'elle avait une vitalité qui lui venait de la force de la nature. Un tronc d'arbre couché au fond de la mare est le support de cette vitalité. Certains prétendent même que ce n'est pas un tronc d'arbre, mais un génie qui se présente sous la forme d'un crocodile qui, tapi au fond de la mare, donne à cette eau sa force et sa vitalité. Comme on le voit, Áliin Siitoye avait fait de *kagiil* pas un simple point d'eau, mais aussi un endroit sacré porteur de vitalité. En sacralisant l'endroit, elle lui conférait le cachet de respect absolu qui, dans le monde jóola, sied à tout lieu déclaré comme tel. Personne n'oserait souiller cette eau.

À la suite de l'action de Áliin Siitoye, les autorités coloniales firent creuser aux abords de la mare un puits dont les margelles sont encore visibles aujourd'hui[239]. Les témoins de l'époque interrogés sur ce qu'ils pensaient des raisons qui ont poussé les autorités coloniales à creuser un puits à la lisière de la mare alors même que Áliin Siitoye venait de

---

[237] Des propos tenus par sa sœur Dembulo lors du tournage du film « Et si Áliin Siitoye m'était contée… » dont ce livre constitue la suite.
[238] Voir Dossier photos page 66 et suivantes.
[239] *Idem.*

la clôturer, avaient répondu qu'ils n'en savaient rien. Mais eux, disaient-ils, n'avaient pas cédé à la provocation. Ils ont continué à s'approvisionner en eau dans la mare *kagiil* comme ils l'avaient fait avant l'arrivée de Áliin Siitoye et après que Áliin Siitoye l'avait bénie et fait clôturer. Aujourd'hui un château d'eau permet d'approvisionner la population de Kabrousse en eau potable. L'eau de kagiil n'est utilisée dans le kasarahak que pour cuire les aliments offerts en sacrifice et qui sont déposés dans le sanctuaire. L'eau avec laquelle le repas des pèlerins est préparé vient désormais du château d'eau.

D'autres changements allaient suivre. Ils concernaient cette fois-ci le rythme de la semaine jóola faite de travail continu, six jours sur six, sans aucun jour de repos. Pour casser ce rythme infernal qui épuise et vieillit les gens avant l'âge, Áliin Siitoye y introduisit un rythme en déclarant le respect du *hunamoay*[240], en Keeray, *huyyay* ou *fiiyyay* dans d'autres villages de l'ancienne province d'Oussouye, comme jour de repos obligatoire ; car jusque-là, bien que le *hunamoway*, comme son nom l'indique, soit un jour de repos, les gens l'entendaient comme une recommandation. Alors ils continuaient à se rendre dans les champs ou à vaquer à d'autres activités chaque jour de la semaine. Ils ne restaient à la maison que s'il y avait un deuil. L'interdiction stricte d'observer le *hunamoay* comme un jour de repos obligatoire dans le rythme de travail des Jóola est un calque de la semaine du calendrier grégorien. Le *hunamoway* qui renvoie à l'idée de dimanche ne coïncide cependant pas toujours avec le dimanche et n'est pas non plus un jour réservé spécifiquement à des rites religieux. À Kabrousse, les rites se font le *káhagit*[241] ou le *katoken*[242] et dans d'autres localités, le *fissilay*[243]. En sacrilisant le hunamoway Áliin Siitoye obligeait les populations à rester à la maison pour se reposer.

Tous ces apports qu'elle avait introduits dans la société lui venaient sans nul doute de son séjour à Dakar ; mais aussi de sa ferme conviction que tout ce qu'elle disait et faisait lui était dicté par le Dieu qui l'habitait. Sa sœur Dembulo disait qu'elle composait sans arrêt des chants qui lui étaient dictés par Dieu.

---

[240] Le mot « hunamoay » veut dire littéralement « jour pour rester à la maison ».

[241] Le troisième jour de la semaine jóola.

[242] Le cinquième jour de la semaine jóola.

[243] Littéralement « le jour d'Essyl ». Jour pour tous les rites, à l'exception du bukut, rite de l'initiation, dans l'actuelle commune d'Enampore.

Le dimanche comme jour consacré au rite religieux chrétien et au repos, depuis l'arrivée des Européens, s'observait par tous. À Dakar où elle a vécu, même si la plupart des domestiques ne jouissaient pas (et c'est aujourd'hui encore le cas) de ce privilège, elle en avait pris connaissance et avait peut-être aussi pris conscience des bienfaits d'un repos bien mérité après une semaine de travail harassant.

Cependant, Áliin Siitoye était restée dans sa logique. La société qu'elle voulait rééquilibrer n'aura pas comme référence le dimanche comme jour de repos et/ou de rites. Elle empruntait certes le rythme de la semaine du calendrier grégorien ; mais la référence de base, elle la puisait dans les structures sociales et religieuses de sa tradition. Le *hunamoway*, comme le nom l'indique, devait être un jour de repos pour les populations des villages, mais ne devait en aucun cas être mis en rapport avec le dimanche chrétien.

Le *hunamoway* est encore observé à Kabrousse, à Esoukoudiack et dans d'autres villages de Guinée-Bissau et du Sénégal comme jour de repos. Dans d'autres, et c'est le cas de Diembereng, en lieu et place du *hunamoway,* les populations ont adopté le dimanche comme jour de repos.

Cet esprit novateur pour son époque et la liberté de parole avec laquelle elle livrait ses messages ont conduit à l'inévitable collision avec l'administration coloniale qui a conduit à son arrestation. D'après certains informateurs, son mari aurait dit à ceux qui lui avaient apporté la nouvelle du décès de sa femme que Áliin Siitoye ignorait que son message dérangeait l'administration. « Si Benjamin qui était proche de l'administration et qui se trouvait être un parent proche d'elle avait attiré son attention sur la situation, on n'en serait pas là aujourd'hui[244] » aurait-il dit à ceux qui lui avaient apporté la nouvelle de la disparition de sa femme dans le lointain Tombouctou. Il n'y a rien dans les récits des témoins de l'époque qui permet de le penser. Pour certains témoins, son séjour à Dakar qui lui aurait permis de parler quelques rudiments de français faisait qu'elle comprenait très bien ce qui se disait lors des palabres que l'administration organisait à Kabrousse pour signifier, à elle, tout comme aux notables du village, que l'administration était la seule habilitée à donner des ordres auxquels chacun était tenu d'obéir, y compris Áliin Siitoye elle-même[245]. Selon les témoins de l'époque, l'attitude de Áliin Siitoye vis-à-vis de l'administration s'expliquait par

[244] Propos recueillis en 2005 lors de la recherche préliminaire du projet de livre.
[245] Rapport d'ensemble du gouverneur du Sénégal au gouverneur général de L'AOF « tendant à faire interner la visionnaire de Kabrousse et ses principaux adeptes ».

la fonction qu'elle occupait. Áliin Siitoye était une prêtresse convaincue de la mission qu'elle menait comme le Dieu qui l'habitait la lui avait dictée. Peut-être qu'elle se sentait invincible du fait de sa proximité avec *báliba*. En tous les cas, en tant que prêtresse, elle ne devait craindre que celui qui l'habitait, affirmaient-ils.

En parcourant les rapports des administrateurs coloniaux tant aux archives nationales du Sénégal qu'à celles du Centre des Archives d'Outre-Mer en France de même que les écrits de différents auteurs, il s'en dégage une constante : le refus systématique de se soumettre aux ordres de l'administration coloniale ne date pas de l'apparition de Áliin Siitoye sur la scène politico-religieuse du monde jóola. En effet, le « Rapport spécial » du capitaine Lauqué sur « les opérations militaires exécutées en Casamance du 24 octobre 1905 au 21 juin 1906[246] » en disent long sur ce que pensaient les populations des mesures dictées par l'administration coloniale. Parmi les plus impopulaires, les impôts occupaient la première place. Des régions du nord de la Casamance en passant par Ziguinchor et Oussouye, du Balantacounda jusqu'au canton Brin-Séleky, ce n'est que contraintes et forcées que les populations des villages se sont acquittées des impôts dûs. Par endroits, une compagnie tout entière[247] occupait un village pendant des jours afin d'étouffer dans l'œuf toute velléité de résistance. La démonstration de force avait suffi pour faire rentrer totalement ou en partie les fonds demandés. Mais elle ne brisait en rien la volonté manifeste de ne pas accepter ce qui était pour eux de l'ordre de l'intolérable. L'administrateur Guyon écrivait à ce propos :

> *(...) l'impôt ayant été recouvré, sous la pression des colonnes militaires pour ces mêmes villages qui, dans les derniers mois, viennent d'affirmer une fois de plus leur esprit de résistance*[248].

Les populations qui n'étaient pas dupes avaient compris qu'après cette action le résident ne disposerait pas de tant de forces pour les obliger à se soumettre à une quelconque mesure. Alors ils reprenaient

---

[246] ANS 1D170. Capitaine Lauqué, commandant de la 4e compagnie stationnée à Bignona. « Rapport spécial sur les opérations militaires exécutées en Casamance du 24 octobre 1905 au 21 juin 1906. »

[247] ANS 1D170. La 4e compagnie : était composée de 100 hommes de troupes indigènes (sergents, caporaux et tirailleurs), de trois officiers européens, d'un officier indigène et de deux hommes de troupe européens.

[248] ANS 13G 378. Rapport politique et administratif de l'administrateur supérieur de la Casamance Guyon à la fin de l'année 1906.

les vieilles habitudes : le refus de respecter les injonctions du résident de leur région ou du chef de village qui le représente. On peut lire dans le rapport de l'administrateur Guyon :

> *(...) le système crée, dans les régions où passe la colonne, une période de tension qui se traduit par une cessation presque complète de la traite*[249].

Les opérations militaires qui contraignaient les populations à s'acquitter de leurs impôts allaient se poursuivre jusqu'à la veille de la Première Guerre mondiale, date à laquelle les autorités coloniales avaient été contraintes d'ordonner l'occupation militaire de la Casamance et le désarment complet de ses habitants. Il s'est établi à la suite de cette occupation une accalmie relative qui reprendra avec une certaine intensité notamment dans la province d'Oussouye au cours de la Seconde Guerre mondiale et qui coïncidera avec l'avènement du mouvement de Áliin Siitoye. L'incitation à la désobéissance civile imputée à l'action de Áliin Siitoye ne repose sur aucune analyse solide. Ainsi que nous l'avons dit plus haut, la communication de Áliin Siitoye avait certes raffermi et/ou ravivé le sentiment d'injustice contre lequel les populations s'étaient toujours battues, mais la cause de la rébellion était liée intrinsèquement aux méthodes de gouvernance des autorités coloniales : le prélèvement des impôts par la force, l'infantilisation des gens, la réorganisation de la vie publique des populations.

Le regret de tous ceux qui ont connu Áliin Siitoye et le *husarahak*, c'est la rupture brusque de ce qui aurait pu leur permettre de se reconstruire économiquement, psychologiquement et spirituellement. Le *kasarahak* de Áliin Siitoye était pour eux non seulement un rite qui rendait possible la fécondation de la terre, mais un lieu de partage et d'apprentissage, l'espace d'un kasarahak, et un culte qui, même s'il puise ses racines dans les mouvements charismatiques qui l'ont précédé, offrait une possibilité de liberté dans le ton à nul autre pareil. La pression sociale qu'exerçaient les autorités était désormais portée par une personne : Áliin Siitoye. Ainsi que le chantait Ajuma Tendeng :

> *Áliin Siiitoye naawulo jitey min alobul wa ubaje guñoo báliba nama aloboli jon.*

---

[249] *Idem.*

Áliin Siitoye est arrivée[250]*, courez vers elle et elle vous dira ce qui se passe, nous enfants de Báliba, elle nous dira tout ce qu'il est bon de savoir.*

Bulagool bussum ejow báliba ooh ye

Le chemin tracé par báliba est celui qui conduit plus facilement vers la prospérité et la paix[251]

Oh naawulo oh naawulo báliba naawulo

Oh naawulo figiil nabaan buganol eh.

Oh il est descendu, báliba est descendu vers les hommes pour faire disparaître le mal.

[250] La traduction littérale du mot « naawulo » est « descendre ». Comme qui dirait « descendre du ciel ou descendre dans une arène ». Ici l'expression fait référence à la nouveauté de son message, à tout ce qu'elle sait et qu'elle peut communiquer à d'autres.

[251] En habitant Áliin Siitoye, báliba rendait la prospérité et la paix plus accessible aux hommes.

RÉFÉRENCES BIBLIOGRAPHIQUES

Pour la rédaction de ce livre, nous avions été amenée à consulter de nombreuses sources pour, d'une part, comprendre l'esprit de l'époque et, d'autre part, pour confronter les récits des témoins avec les rapports des administrateurs et autres acteurs de l'époque. Nous en indiquons les plus importantes, notamment les documents d'archives qui ont constitué la base historique de la rédaction de ce livre.

Sources archivistiques

Série D : Opérations au Sénégal 1901-1912

1D170 : Rapports spécial sur les opérations militaires exécutées en Casamance.

Année 1905-1906

– Troubles en Casamance. Mai 1909

– Affaire de Kabrousse

1D50 : Affaires de Casamance, 1886

– Rapport du Lieutenant-Colonel Lefèvre, commandant le régiment de tirailleurs

– Sénégalais, sur l'affaire de Séléky.

11D1/1447 : Rapport de l'administrateur du cercle de Ziguinchor à l'administrateur supérieur de la Casamance. Ziguinchor, le 25 octobre 1915.

11D1/299 : Rapport de l'administrateur supérieur de la Casamance à Monsieur le Gouverneur du Sénégal. Ziguinchor, le 24 mai 1930.

11D1/332 : Rapport de l'adminsitrateur supérieur de la Casamance à Monsieur le Gouverneur du Sénégal, Zioguinchor, le 26 décembre 1932.

11D1/309 : Télégramme-lettre du commandant, chef de la subdivision de Ziguinchor au gouverneur du Sénégal. Ziguinchor, le 16 décembre 1941.

11D1/226 : Internement d'Aline Sitoe Diatta et révolte des Floups. 1942-1952

– Agitation en pays Floup.Cercle de Ziguinchor. Province d'Oussouye, 1942.

– Épilogue des évènements d'Effok, 1947.

– Rapport à Monsieur le Gouverneur général sur le commandement indigène de la province d'Oussouye. L'affaire Benjamin Diatta, le 03 mars 1944.

Auxiliaires indigènes

1C 11 454 Dossier Personnel de Benjamin Winz Diatta, chef de province :

– Bulletin individuel de notes de Benjamin Diatta Wintz, interprète auxiliaiaire de 2e classe, pour le mois de décembre 1910, Oussouye et Ziguinchor, le 20 et 30 novembre 1910.

– Décision n° 1185 portant nomination et affectation d'un interprète auxiliaire, du lieutenant-gouverneur p.i. du Sénégal. Saint-Louis, le 30 octobre 1909

– Notes sur la manière de servir de Benjamin Diatta Wintz, interpète auxiliaire de 2e classe pour le mois d'août 1911. Ziguinchor, 26 et 27 août 1911.

– Rapport du commandant de cerce de Kamobeul au sujet d'une proposition pour l'avancement de l'interprète Benjamin Diatta Wintz. Kamobeul, le 5 mars 1918.

– Notes sur la manière de servir du chef de province Benjamin Diatta pour le mois de juin par le commandant de cercle de Ziguinchor. Ziguinchor, le 22 juin 1939.

1C 14 552 Dossier personnel de Tété Diadhiou, Interprète

1C 2684 Dossier personnel de Kankoulabé, chef de canton de Diembéring

Série G : District de la Casamance.

Rapports d'ensemble semestriels 1897

2G1/60 : Rapport d'ensemble. 2e semestre 1897

– Rendement de l'impôt personnel dans l'étendue du district

– Affaires politiques

2G 1147 : Rapport d'ensemble des territoires de la Casamance pour le mois de février 1911. Ziguinchor, 28 février 1911.

2G 1356 : Rapport d'ensemble des territoires de la Casamance pour le mois d'avril 1913. Ziguinchor, avril 1913.

2G 1265 : Rapport d'ensemble de la résidence d'Oussouye pour le mois d'août 1912. Oussouye, août 1912.

2G 15/18 : Cercle de Ziguinchor. Rapport d'ensemble. Décembre 1915.

2G 36-75 : Rapport politique annuel d'ensemble des territoires de la Casamance : cercles de Ziguinchor, Bognona, Sédhiou, Kolda, 1936.

2G 43-73 : Cercle de Ziguinchor, subdivision d'Oussouye. Rapport politique annuel d'ensemble, 1943.

2G 50108 : Cercle de Ziguinchor. Rapport d'ensemble, 2e trimestre 1950.

13G 17 : Notice biographique de Monsieur Edouard Diatta, conseiller général du Sénégal. Saint-Louis, 1947.

13G 13 (17) : Rapport spécial de l'administrateur supérieur de la Casamance au lieutenant-gouverneur du Sénégal. Ziguinchor, 21 janvier 1927.

13G 466 : Cercle de la Basse-Casamance. Rapports mensuels mai à juillet, novembre 1891 :

– Correspondances reçues par le gouverneur du Sénégal de l'administrateur de cercle de la Basse-Casamance. Janvier – décembre 1891

Année 1886 : Expédition contre le village de Séléky pour refus de payer l'impôt.

13G 485 : Rapports de l'administrateur supérieur de la Casamance 1896-1897.

13G 486 : Rapport du résident du Fogny à Monsieur l'adminiistrateur supérieur du district de la Casamance à Sédhiou. Bignona, le 12 février 1897.

13G 457 : Basse-Casamance. Correspondances reçues de Carabane par le commandant de Gorée et le gouverneur du Sénégal 1870-1888.

13G 375 : Documents provenant des archives de Ziguinchor 1892-1916

– La rébellion des Diolas de Kartiak

– Rapport du capitaine Lauquet, commandant de la 4e compagnie de tirailleurs, au gouverneur sur la tournée dans les régions de régions de Ziguinchor et d'Oussouye du 12 mai au 11 juin 1906.

13G 378 : L'organisation de la Casamance 1906-1907 (arrêté du 1er juin 1907).

– Situation politique et administrative de la Casamance à la fin de l'année 1906.

13G 380 : Casamance. Affaires politiques 1904-1909.

13G 380 : Incidents de Séléky,1910.

13G 383 : L'administrateur supérieur de la Casamance, Brunot, à Monsieur le lieutenant-gouverneur du Sénégal. Ziguinchor, le 23 août 1916.

A. Ouvrages généraux

Christian Roche, *Histoire de la Casamance. Conquête et Résistance : 1850-1920.* Éditions Karthala, 1985. 397 pages.

- *Le Sénégal à la conquête de son indépendance*. Édtions Karthala, 2001. 279 pages.
- *La Casamance face à son destin*. Éditions L'Harmattan, 2016. 202 pages.
- « Chronique casamançaise. Le cercle de Ziguinchor au Sénégal pendant la guerre de 1939-1945 ». In: *Revue française d'histoire d'outre-mer*, tome 85, n°319, 2e trimestre 1998. pp. : 87-115.
- « L'affaire Benjamin Diatta, *1942*-1944 », *Notes africaines*, n°155, juillet 1977. pp. : 70-73.
- « La mort de Jignabo », *Notes Africaines*, n° 134, avril 1972. pp. : 45-47.

Louis-Vincent Thomas, *Les Diola, Essai d'analyse fonctionnelle sur une population de Basse-Casamance*, Dakar, IFAN, 1959.

Louis-Vincent Thomas, « Esquisses sur les mouvements des populations et les contacts socio-culturels en pays diola (Basse-Casamance) » B IFAN, T. XXII, série B, n° 3-4, 1960, p : 493 note 2.

Jean-Marie Girard, *Genèse du pouvoir charismatique en Basse Casamance (Sénégal)*. IFAN, 1969.

Philipe Méguelle, *Chefferie coloniale et égalitarisme diola. Les difficultés de la politique indigène de la France en Basse-Casamance (Sénégal), 1823-1923*. Éditions l'Harmattan, 2012. 641 pages.

Françoise Ki-Zerbo, *Les sources du droit chez les Diola du Sénégal*. Éditions Karthala, 1997. 213 pages.

Nazaire Diatta, *Proverbes jóola de Casamance*. Éditions Karthala, 1998. 400 pages.

Pierre Xavier Trincaz, *Colonialisme et régionalisme, Ziguinchor en Casamance*. Éditions de l'ORSTOM, 1984. 270 pages.

Dr. Bérenger-Féraud, *Étude sur les populations de la Casamance (côte ouest de l'Afrique intertropicale)*. Source gallica.bnf.fr / Institut Fondamental d'Afrique Noire Cheikh Anta Diop (IFAN Ch. A. Diop). 1890. 19 pages.

Paolo Palmeri. *Retour dans un village Diola de Casamance. Les Diola du Moff Evvi : la terre du roi des pluies au Sénégal*. L'Harmattan, 2e édition, 324 pages.

Dr. Maclaud, *Notes anthropologiques sur les Diola de Casamance*. « L'Antropologie », Tome dix-huitième, 1907, Source gallica.bnf.fr / Bibliothèque Nationale de France.

R.P. Poulain, supérier de la mission de brin, « Brin, mission de la Casamance », Horizons Africains, n° 166, décembre 1964.

B. Les études scientifiques

Séverine Awenengo-Dalberto. « Usages de l'histoire et mémoires de la colonie dans le récit indépendantiste casamançais », *Outre-Mer Revue d'Histoire*, 2010, 368-369, pp. : 137-157. ffhalshs-0070539.

Vincent Foucher. « Tradition africaine » et résolution des conflits. Un exemple sénégalais ». Politix 2007/4 (n° 80), p : 59-80.

Baum, Robert M. *Les femmes de Dieu d'Afrique de l'Ouest : Alinesitoué et la tradition prophétique Diola*, Indiana University Press, 2015.

Wilmetta J. Toliver-Diallo. « The woman who was more than a man » Making Aline Sitoe Diatta into a national heroine in Senegal », Canadian Journal of African Studies. Vol 39 n°2. Contest Casamance (2005) pp. : 338-360.

Djidiack Faye, « Techniques de transposition littéraire de la légende d'Aline Sitoe Diatta dans Les Tambours de la mémoire de Boubacar Boris Diop », in : *Dialogos,* édition n° 39, pp. : 116-130, 2022.

Lucie Hubert, *Héroines africaines. Vol. 1. Aline Sitoé Diatta, Anne Zingha, Lalla Fatma N'Soumer*. Monde global éditions nouvelles. Collection(s) : Héroines d'Afrique et d'ailleurs. Année 2012.

Papis Comakha Fall, « L'échec des résistances à la colonisation en Afrique de l'Ouest : l'exemple de la Sénégambie et de sa région », *Centre d'histoire du XIXe siècle*, n°9-10/automne-hiver 2020.

Paul Diédhiou, « Pour une analyse du processus d'héroïsation d'Aline Sitoué Diatta », in : *Comprendre le Sénégal et l'Afrique aujourd'hui.* Mélanges offerts à Momar Coumba Diop. Ed. Karthala, 2023. P : 415-446.

C. Articles de journaux

TV5 Monde, *Aline Sitoe, reine africaine contre les colons, une réhabilitation* signée Karine Silla. Terriennes avec Le Temps, décembre 2020.

Fatou Sow Sarr, *De Ndaté Yalla à Aline Sitoe : un siècle de résistance*. Musée de la Femme Henriette Bathily. Gorée, février 2007.

Fatou Sow Sarr *Aline Sitoe Diatta, reine et prêtresse, héroine de la résistance casamancaise*. Mars 2008.

C. Thiam, « Une prêtresse nommée Aline Sitoe », in : Le Soleil, mars 1993.

Aliou Kande, Kabany Johnson Sambou. Aline Sitoe Diatta, sur les traces d'une héroine immortelle, in : Le Soleil, Feuilles d'Hivernage, septembre 2013.

Jean-Claude Djéréké, *Aline Sitoe Diatta, héroine de la désobéssance civile*. SenePlus, août 2022.

Djib Diédhiou, « Aline Sitoe décédée au Mali en 1944 », Le Soleil, 1982.

Mundu Afrique n°2. *Aline Sitoué et la révolte des Floup*.

Agence de Presse Sénégalaise (APS), *La figure emblématique de la résistante Aline Sitoe est « une invention intellectuelle »*. Senewb, 26 mai 2011.

Ibrahime Maiga, « La déportation, l'internement et la mort de Aline Sitoe Diatta en 1944 », in : Sud Quotidien. In CREDO LES NEWS, 28 avril 2021.

https://histoireparlesfemmes.com, *Aline Sitoé Diatta, héroine de la désobéissance civile.*

Ruth Bush, *Aline Sitoé Diatta : la résistance anticoloniale des femmes au Sénégal*. Département d'histoire. *Mai 2020.*

Sur les traces d'Aline Sitoé Diatta, mystérieuse héroine anticoloniale sénégalaise. GEO et AFP, publié le 04/11/2022.

https://www.senewebnews.com, *Me Wade annonce le rapatriement des restes d'Aline Sitoé Diatta.* Par : APS 25 novembre 2015.

– *Une commission sur le rapatriement des restes d'Aline Sitoé et Sihalébé Diatta en gestation*. Par : APS 16 décembre 2011.

– *Alioune Tine veut rapatrier la dépouille d'Aline Sitoé Diatta*. Par Seneb-News, 26 novembre 2019.

https://www.leral.net, *Rapatriement des restes d'Aline Sitoe Diatta.* Jeudi 22 avril 2021.

D. Romans, pièces de théâtre et Films

Marouba Fall, *Aliin Siitoye Jaata ou la Dame de Kabrus suivi de Adja la militante du G.R.A.S.* Nouvelles Éditions Africaines du Sénégal (NEAS). Dakar, 1993.

Boubacar Boris Diop, *Les Tambours de la mémoire*. Éditions L'Harmattan, janvier 1991.

Karine Silla, *Aline et les hommes de guerre*. Éditions de l'Observatoire, 2020. University of Bristol, Département d'histoire, 2021.

Troupe Totok, *Aline Sitoe, la reine de Cabrousse*. Konrad Adenauer Stiftung. Bureau de Dakar et Gambia. 10 mars 2011.

E. La Filmographie

Rokhaya Marième Baldé, *À la recherche d'Aline*. Festivals : Les films de Visions du Réel. Année 2021. Durée : 27 Minutes, langues : Français, Diola, Wolof.

Geneviève Georges, Aline Sitoë Diatta. Année 2001. Durée : 28 minutes, langues : Diola/sous-titrage en français.

F. Les sources orales

Bassène Sambouyi né en 1920 à Etama. Desservant du Batoŋay, un lieu de culte très connu dans la région. Entretien en diola Eegimaa.

Bassène Libert né vers 1918 à Séléky. Ancien combattant de la Seconde Guerre mondiale. Entretien en diola Eegimaa.

Cissé Nouha né le 31 décembre 1949 à Kolda. Historien, Proviseur du Lycée Djignabo de Ziguinchor. Entretien en français.

Diatta Amagnesso né vers 1946 à Nialou. Ménagère à la retraite. Résidait à Dakar. Entretien en diola Eer traduit par sa fille.

Diatta Abajebe née en 1940 à Nialou. Cousine germaine de Áliin Siitoye. Réside à Dakar. Entretien en Eer, traduit par Alphonse Diatta, neveu de Áliin Siitoye.

Diatta Niakassar née le 28 juillet 1940 à Nialou. Fille de Álugay Diatta, mari de Áliin Siitoye. Entretien en Eer, traduit par Edouard Bábayi Diatta.

Diatta Marie Dembulo née le 15 décembre 1935 à Nialou, demi-sœur de Áliin Siitoye Diatta. Ménagère à la retraite. Entretien en Eer, traduit par Edouard Bábayi Diatta.

Diatta Alimbisso Gnakayela née le 18 mai 1942 à Nialou. Ménagère à la retraite. Entretien en Eer, traduit par Edouard Bábayi Diatta.

Diatta Jikamut né le 18 janvier 1927 à Nialou. Cousin germain de Áliin Siitoye. Entretien en Eer, traduit par Edouard Bábayi Diatta.

Diatta Áuwen dit Aribannakaay né vers 1923 à Nialou. Frère de Álugay, mari de Áliin Siitoye. Entretien en Eer, traduit par Edouard Bábayi Diatta.

Diatta Louis né le 20 juillet 1949 à Nialou. Il fut parmi les premiers chrétiens du village de Kabrousse. Entretien en Eer, traduit par son fils Edouard Bábayi Diatta.

Diatta Thérèse née le 20 juin 1950 à Esoukoudiak en Guinée. Entretien en Eer, traduit par son fils Edouard Bábayi Diatta.

Diatta Alphonse né en 1969 à Nialou. Militaire moniteur de sport à la marine nationale du Sénégal. Neveu de Áliin Siitoye (fils de Marie Dembulo). Entretien en français.

Diatta Elisabeth née en 1967 à Nialou. Fille de Kualimo Diatta, frère aîné de Áliin Siitoye. Ménagère à Dakar. Entretien en français.

Diatta Ekouroubene né en 1952 à Mossor. Issu de la concession Kahaañ à laquelle appartient Alakafuren dite Áhuko Diatta, mère de Áliin Siitoye. Entretien en Eer, traduit par Edouard Bábayi Diatta.

Diatta Joseph Kájumba né en 1910 à Diembereng. Cultivateur. Entretien en Kwataay, traduit par Claude Diatta, agent du tourisme au Cap Skirring.

Diatta Atabo né en 1932 à Oussouye. Agent municipal à la retraite. Entretien en diola houlouf.

Diatta Marie-Bernadette Atalebe née le 12 mai 1940 à Nialou, nièce de Benjamin Diatta, ancien chef de Province d'Oussouye. Entretien en diola houlouf.

Diédhiou François né en 1938 à Oussouye. Ingénieur des travaux agricoles à la retraite. Oncle de l'actuel roi d'Oussouye Sibilumbay Diédhiou. Entretien en français.

Diédhiou Ndeye-Marie enseignante de formation, Madame Thiam est l'actuelle présidente du Conseil d'administration de la Plateforme des Femmes pour la Paix en Casamance (PFPC) et membre du Conseil National de la Réforme de l'Audiovisuel (CNRA). Entretien en français.

Lambal Bénédict né en 1946 à Oussouye. Inspecteur des sports à la retraite. Ancien maire de la commune d'Oussouye. Entretien en français.

Mané Mamadou né le 17 janvier 1950 à Ziguinchor. Historien de formation, ancien professeur d'histoire au Prytanée militaire de Saint-Louis et à l'école Normale William Ponty de Thiès, chercheur-boursier à la Fondation Lépold Sédar Senghor, ancien secrétaire général de la Commission Nationale pour l'UNESCO ; actuel secrétaire général du programme Histoire Général du Sénégal (HGS). Entretien en français dans le cadre de la préparation d'un film sur Áliin Siitoye intitulé *Et si Áliin Siitoye m'était contée…*

Mbow Penda professeur d'histoire au Département d'Histoire, Université Cheikh Anta Diop de Dakar où elle enseigne l'Histoire du Moyen Âge musulman et Occidental. Membre du gouvernement du Président Macky

Sall, elle fut Représentante personnelle du Chef de l'état à la Francophonie. Madame Mbow dispose d'une grande expérience dans la réflexion sur les questions de démocratie, citoyenneté et bonne gouvernance en Afrique. Elle a participé à plusieurs études pour l'UNIFEM, le PNUD, le FUNUAP, le CRDI, etc. Engagée dans la société civile depuis plus de 20 ans, Penda Mbow a créé le Mouvement citoyen qu'elle dirige et qui est centré sur le leadership intellectuel et politique des jeunes.

Sagna André Koupira né en 1936 à Essyl. Petit-fils de Sibaay Sondo, roi-prêtre du Mof Ávvi. Comme son père Demba Sagna, il a assuré jusqu'à sa mort en 2014 le culte de la pluie. Entretien en diola Eegimaa.

Sagna Benjamin Butunjo né en 1930 à Djibonker. Ancien policier résidant à Néma, Ziguinchor. Entretien en français.

Savané Marie-Angélique, sociologue née à Dakar. Féministe et militante politique, elle est une consultante internationale, experte dans les questions de développement, des femmes et des systèmes alimentaires, Marie-Angélique Savané a été de longues années directrice dans le système des Nations-Unies. Entretien en français.

Sow Sarr Fatou, Docteur en Anthropologie et Sociologie du politique, elle a enseigné à l'Université de Namur en Belgique avant de rejoindre en 1999 l'Institut fondamental d'Afrique noire (IFAN) – Université Cheikh Anta Diop de Dakar – où elle a fait entrer pour la première fois l'enseignement du genre, en créant le Laboratoire de Genre et de Recherche Scientifique en 2004. Alliant recherche et action, elle a mis en place en 2010, le Caucus des Femmes Leaders qui a joué un rôle déterminant dans l'avènement de la loi sur la parité au Sénégal et qui poursuit le travail d'accompagnement pour le leadership des femmes en politique.

Elle a publié plusieurs ouvrages et articles relatifs à l'égalité entre les hommes et les femmes. Elle est l'auteure de bandes dessinées sur *Talataay Nder* et *Ndaté Yallah Mbodj Reine du Waalo* (premier souverain à avoir ouvert la résistance face au colonisateur dans sa conquête du Sénégal). Depuis 2022, Professeure Fatou Sow Sarr est Commissaire au Développement Humain et aux Affaires sociales de la CEDEAO où elle poursuit le combat pour les droits des femmes au niveau régional.

Entretien en français

Tendeng Emmnanuel Fodé né en 1938 à Séléky. Il était un adepte du culte de Áliin Siitoye qu'il a honoré jusqu'à sa mort. Entretien en diola Eegima.

Tendeng Ekousse né en 1932 à Séléky. Il était un adepte du culte de Áliin Siitoye. Entretien en diola Eegima.

Tendeng Lerner né en 1918 à Séléky. Ancien combattant de la Seconde Guerre mondiale. Entretien en diola Eegimaa.

Tendeng Ajuma née en 1918 à Kamobeul et mariée à Essyl. Son beau-père après avoir été envoyé à Kabrousse pour apprendre le culte de Áliin Siitoye fut également choisi pour en assurer le culte dans son village. Jeune fille, Ajuma Tendeng fut aussi envoyée à Kabrousse pour assister au culte de Áliin Siitoye et apprendre les chants du Kasarahak.

TABLE DES MATIÈRES

Structures éditoriales du groupe L'Harmattan

L'Harmattan Italie
Via degli Artisti, 15
10124 Torino
harmattan.italia@gmail.com

L'Harmattan Hongrie
Kossuth l. u. 14-16.
1053 Budapest
harmattan@harmattan.hu

L'Harmattan Sénégal
10 VDN SICAP AMITIE 3
BP 45034 Dakar-Fann
direction@senharmattan.com

L'Harmattan Cameroun
Tsinga/Derrière polyclinique FECAFOOT
BP 11486 Yaoundé
Jacques.koukam@harmattan.fr

L'Harmattan Burkina Faso
Villa 281, secteur 23 623, rue 14.32
Ouagadougou
zagbie@outlook.fr

L'Harmattan Guinée
Almamya, rue KA 028 OKB Agency
BP 3470 Conakry
harmattanguinee@yahoo.fr

L'Harmattan RDC
185, avenue Nyangwe
Commune de Lingwala – Kinshasa
matangilamusadila@yahoo.fr

L'Harmattan Congo
219, avenue Nelson Mandela
BP 2874 Brazzaville
deunovmikhael@gmail.com

L'Harmattan Mali
Immeuble Mgr Jean Marie Cissé
Aci Hamadallaye
BP 145 Bamako
syllaka@yahoo.fr

L'Harmattan Togo
Djidjole – Maison Amela
face EPP BATOME
02 BP 20680 Lomé
didieramela11@gmail.com

L'Harmattan Côte d'Ivoire
Résidence Karl – Cité des Arts
Abidjan-Cocody
03 BP 1588 Abidjan
harmattan.ivoire@gmail.com

L'Harmattan Bénin
Rue 604, (Immeuble à l'entrée
de la rue UCAO- Cite de Saint-Jean)
Cotonou
stepcorpus@gmail.com

Nos librairies en France

Librairie internationale
16, rue des Écoles
75005 Paris
librairie.internationale@harmattan.fr
01 40 46 79 11
www.librairieharmattan.com

Librairie des savoirs
21, rue des Écoles
75005 Paris
librairie.sh@harmattan.fr
01 46 34 13 71
www.librairieharmattansh.com

www.ingramcontent.com/pod-product-compliance
Lightning Source LLC
LaVergne TN
LVHW080931071026
849535LV00013B/4162